黃石城
看台灣

無私見證台灣五十年手記

黃石城 著

黃石城看台灣【卷一】

目錄

黃石城看台灣 【卷二】

目錄

黃石城看台灣 【卷三】

目錄

2003年

10/7 ・有黨無國——

一、黨的利益高於國家，各政黨，只有黨的存在，眼中無國家。

二、意識形態作祟：李登輝說中華民國已不存在、阿扁昨天在世界台商會稱中華民國，在軍中喊中華民國萬歲，在世台會、在長老教會則喊台灣國、台灣共和國，現在十月十日又隆重慶祝中華民國國慶，台灣究竟是什麼國？既非中華民國亦非台灣國，台灣人最可憐是「無國」了。

主政者既認中華民國不存在，應有勇氣、有責任早日宣布台灣共和國成立，使台灣人有所屬國家「台灣民主共和國」，能屹立於世界，台灣人才有尊嚴，才有光榮。

・智慧有限，格局小的人不會有公義的，只有功利而已（中選會有些委員，為了官位竟公然倡導無法律依據的公投）。

・公義是公職人員的靈魂。公職人員無公義心必徇私舞弊的，絕無清廉可言。

・自然才有公道，才是公平。人為的介入除能主持公義外，幾乎是不公道、不公平的。

・權力與金錢是死的，唯有典範永遠是活的。

・矛盾的國家、矛盾的社會、矛盾的人，有邏輯的人很難適應。

・心不正自會偏頗，會偏頗的人，不是無知、固執，便是唯利是圖。

・公義心的人少，暴發力弱，難改革。

10/8 ・掌握人民血汗錢的執政者，無資格罵在野和人民。但民進黨執政者專門在批在野和人民，謾罵在野和人民，是無道理的。自己不檢討、不反省，又無能力做好人民繳的稅金的工作，反而譴責他人。這種不負責，是台灣永久無望的政治文化。

・領導階層水準差，國格自然降低，整個社會和人民也會受反淘汰的影響，尤其無知、幼稚又喜說白賊話，硬拗習以為常的閣揆，使過去高格調的內閣，成為幼稚內閣。自作聰明、自以為

是的內閣，劣弊驅逐良弊的內閣。

10/9 ・中央辦公大樓這幾天因國慶特別熱鬧，華僑紛紛返國，經費機票由僑務委員會補助，大家才回來，如果政府不補助，可能無三隻貓回來，這種愛國是物化，不是真心。今年破記錄，政府免費招待僑胞四天三夜，有五千七百人回台，慶祝「中華民國早已不存在」的「國慶」。台灣就是這種矛盾的國家、矛盾的社會，可笑！

・以往純潔、純真、有人情味、善良、溫暖的鄉村社會已不復來，新的一代只有功利、塑膠文化、電腦文化的生活，失去靈性、血性、人性的內涵，當然失去人的意義和價值。

・農業社會是人性化的人生，工業社會是物性化的人生。

・貧窮中固然掙扎，富裕中更掙扎。人生真是如變把戲，孰是孰非？還是自然自在安逸的生活最美。有限的時間、有限的生命，應付無限的掙扎，人生就是如此。

・有偏就有私，有私才會偏，偏心即私心。

10/13 ・十月三日《中國時報》刊登說，我認為政治人物做事應秉利國利民，「不要騙來騙去」。

當天九點，先叫劉淑芳祕書長打電話問這則新聞的真實。不到三分鐘，游錫堃親自打電給我，問《中國時報》報導有無看到？我說未看到，他很慌張又用不好的態度說，你到現在還沒看到報紙，語意惡劣。

其實果真我有說「政治人物不要騙來騙去」，有什麼不對？難道民進黨要騙來騙去才對嗎？這種無格調的領導國家，還有何希望。

10/14 ・學者失去讀書人的良知，願屈就於權勢之下，甘為權勢者的工具、走狗，是讀書人的悲哀！讀書人不說學問的話，無讀書人的氣質、骨氣，為了權勢出賣良知，違背學問、良心，與騙子、小丑何異？

・真正有學問的人，自有良知。

- 政府起用三、五流人才執政，尤其蛋頭學者，不學無知、硬拗專家一大堆，可憐的台灣人，過著無天理的黑暗生活。我的心時時與無公義的人摩擦，痛苦萬分。
- 寶島，這麼好的台灣，為何無好人統治？

10/15
- 為官之道，首應無私，次為維護公義，再次智慧和能力，當然要有典範。
- 政策、政務與事務枝節如混淆不清，甚至以事務枝節當為政策、政務，這樣內閣有何希望？就是「混」混，混到底。
- 當官者滿腦都是官，當上了官，方向迷失，原則和分寸消失，失去立場、原則，更無是非之分，一味當官，滿腸是官，滿心是官，迷失一生，只是官，不是人。尤其學界當上了官，就成為執政者的劊子手。
- 要做有尊嚴的官，不要做「狗官」。狗官才能生存，很少看到有尊嚴、有格調的官。
- 要倫理不要馬屁。
- 幼稚內閣。
- 無私的人未能在公務機關發揮潛能，很鬱卒。私心重的人偏偏在公務機關發揮潛能，反淘汰。
- 為何大家喜歡土雞，不喜歡肉雞，同樣應喜歡過去實實在在的人，不喜歡新人類。新人類與肉雞一樣，好看不好吃，均為炒短線出身的，無價值。

10/16
- 政客、學客、教客（宗教客）要當政治家勿當政客，要當學者勿當學客，要當宗教家勿當教客。政客、學客、教客為人類社會災禍之源。
- 須從祖先處找回「善良」。

10/17
- 權力與公義必須平衡，權力與典範必須平衡。
- 人性換權力，人性換金錢。人的善良和真實消失，權力和金錢抬頭。

10/18
- 功利社會不只衝擊道德，也衝擊典範。功利社會使典範和道

德貶值，今後人類歷史價值可能不在典範，而是炒短線的功利而已。

10/19 ・政治人物大多有野心，野心之源在私心，因此政治人物的私心比一般人強，是超級自私。自私的人無法給人類創造正面的價值，連農民都不如，農民至少可種稻、種菜造福人類，但政治人物只靠邪惡口水、奸猾的嘴騙吃騙喝、騙來騙去，然後取得權力，造成權力的傲慢和榮華，真是可惡。

・民主的結果是反淘汰，過去的地方有志者和紳士消失，取而代之是地痞流氓。

過去黑道、流氓因政府要捉，幾乎銷聲匿跡，所謂民主後，這些要角成為政治的領導者，惡人管善人。這是台灣民主最成功的一頁，這種反淘汰的民主，不要也罷。

・有道德、有典範、有人格的人，在民主社會是不易生存的，有道德、有典範、有人格的人，逢到民主好像秀才遇到兵，不只有理說不清，甚至會被消滅的。

・人類如無道德、無典範、無人格，何必教育，也毋須歷史，與動物園的動物何異。

・民主是野蠻者的天堂，文明者的地獄。

10/20 ・由行政院命令公投說起，民進黨是民主專制，國民黨是封建專制。

・黨貪和私貪是比政黨惡鬥更可惡、可怕。

・政策性賄選比一般賄選，罪應加十等，要辦賄選必先辦政策性買票。

・台灣有政治校長、政治警察、政治法官，是台灣之恥。

・主持公義就是積德，違背公義就是缺德，這是我的標準。

10/21 ・《聯合報》社論提及曾任尼克森、福特、雷根、柯林頓的文膽葛根（David Gergen），著書總結，總統的七門課最為重要，「人品貴重，總統言行必須言行一致」。

福特說：「如果你為人正直，其他都不重要，如果你人格不

正，其他也不重要。」

- 台灣無公義的天空，只有一片功利的地獄，只有欺騙而成功的假象。看到官員答詢的嘴臉，不敢面對事實，無誠意面對問題，甚至逃避事實、迴避問題，只要能不面對事實、迴避問題，表示答詢成功。

  這樣不面對事實、迴避問題的官員，是執政黨的特色，也是官員的本領。

- 我就是不能忍受虛僞，才過得比他人辛苦。在功利社會，只要能虛僞，也能忍受（接受）虛僞，將是人生的好年冬。

- 學術是中立的，是獨立的。學問是中立的，也是獨立的。很可惜，在功利社會學術、學問成爲附庸工具而已，不只是學術界的悲哀！也是讀書人之恥，因而讀書人被看不起的。

- 行政院長最值得佩服的是，能整天站在立法院被詢台上，硬拗到底。

- 以做官爲中心的內閣團隊，無人敢說實話，無人有擔當，也不需擔當。有擔當說實話的人，無資格進入團隊爲官。

- 現在學校應增「硬拗課」，使國民大家都會硬拗，有硬拗能力和功夫，這樣才能公平。不然現在敢拗的提去吃，不敢拗的吃虧是不公平的。

- 一個人如被「不公義鏽」卡住，永不會有公義的感覺（公義生鏽）。

- 民代與官員對話四步曲：一、罵來罵去，二、騙來騙去，三、拗來拗去（冤枉來冤枉去），四、擱來擱去（沒有工作很閒的樣子）。

10/22
- 權力與金錢易使智慧和良知迷失。
- 面對權力和金錢，很多人忘了自己是人。
- 人性最大弱點是屈服於權力和金錢之下。
- 面對權力和金錢就沒有公義。
- 過去人是萬物之靈，現在權力和金錢是人類之靈。

- 人的價值應是智慧、品德、人格、文化、藝術素養。功利時代，人的價值是權力和金錢。
- 院會看到林佳龍有感。林佳龍是台灣的優秀人才，很為他抱屈，願擔任雜差的發言人，而放棄耶魯大學博士的學術研究地位，太可惜！
- 以「選舉第一」為考量的政府，是做不出什麼事，僅是表面的騙選票而已。新政府為了選舉，要有關機關提出與舊政府政績比較，顯然太差。其實新政府眼睛閉起來都應做比舊政府好，人民自會感受，用不著去比較。
- 我無法與西瓜人對話。
- 我既不向黨派靠攏，更無法向利頭派接近，我只有向公義靠攏。

10/24
- 我就是無法硬拗下去，所以我不加入政黨。
- 立法院大家說是亂源，我想也是最無是非、無公義之地，是硬拗的示範場，是無良知、無良心的人的集會所，這種國家還能存在，真是不可思議。
- 我只尊敬智慧和典範，也是懷念智慧和典範。
- 我只看真實和公義，簡單明瞭的人生。

10/25
- 民主的結果，過去足資為後世典範的地方士紳、有志者、人格者均已消失。

10/28
- 政黨對立連死都不放過，遺憾！宋美齡前日逝世，殊不管宋之功過，但民進黨在死後開炮實欠厚道。如林重謨罵宋為母狗。政治人物，連死都不放過，有欠厚道。
- 是非須靠智慧，並非靠利害而分。是非須靠道德勇氣，而非靠好惡而分。
- 有吃說有吃的話，無吃說無吃的話，過去在Callin上的主角如此，現發現閣員更然。當了官就無是非、無公義、無道德勇氣，有官做說有官做的話，令人痛心。
- 讀書人一旦做官就失去讀書人的風骨、風格和風範。讀了那麼

多書，腦中碰到權力和金錢還是會動心，書呢？敵不過官位和金錢。

- 治國者必須考量整體性、國家性的大問題，小人只考量選舉、有利於己的事。如領導人為了選舉，在台南對村里長大放利多，如他連任村里長四萬五千元的上限改為下限，還有補助買機車及出國經費。如此為選舉慷他人之慨，財源從哪裡來？也不是自己要拿出來，子孫將會被掏空。

10/29
- 執政黨如黨的利益高於一切，則典章褒揚均無法中立、公正，有利於黨者給予褒揚，不利於黨而利於國者，則無法褒揚，因此褒揚無價值，是西瓜人的天下。

10/30
- 由於國內意識形態過於膨脹，人與人之間的交流、相處亦隨著意識形態而分，如此的生活很沒有人性。人與人之間只有意識形態，而無感情、無愛心，生活將朝向冷漠殘酷。

- 世上最無人格的是政客，政客唯官是圖，無是非、無道德、無公義、無血無淚，心中只有權力、利害，西瓜人。

10/31
- 憲法第十七條：人民有選舉、罷免、創制、複決之權。足見創制、複決之權，人民才能享有、人民才有發動權，政府並無創制、複決之權。民進黨政府提出的公投法竟是行政院及總統有創制、複決之權，與憲法十七條規定人民有創制、複決權相違，很敢拗。

- 政府故意用些水準低的人，較易控制，並可操弄違法不合理的事。因水準低，被提拔當政務官，當然要配合，否則何德何能能當政務官？因此以私心為出發點，用低能之士，自己較易操弄，如果以公為出發點，絕對要用第一流人才，不可能用三、五流人才。

- 在台灣，不管是高層或一般民眾（包括民代），每日都在五四三、不倫不類、不三不四、罵來罵去、害來害去、拗來拗去、騙來騙去、無是無非、混來混去地過活。

11/1
- 權力的傲慢是腐化之本，權力的謙卑是淨化之源。看到權力傲

慢的嘴臉，痛苦萬分。

・讀書人、知識分子，照樣有吃說有吃的話，無吃說無吃的話，吃一點點說一點點的話，而不說良心話，不說公義話，不說真實話，這個國家還有什麼希望呢？讀書人、知識分子淪落到這種地步，何必再教育，辦學校有何意義？我很為讀書人、知識分子，悲傷、掉淚。

・民主國家不可不要人格、骨氣、風骨、風格、風範。民主國家參政人士，大多無人格、無骨氣、無風範、風格、風骨。有人格的人無法存在。

・高層官員如無人格、無典範、無骨氣、無廉恥，甚至以罵人、傲氣、欺人的嘴臉對付人民、對付在野，做盡不良示範、不良表率給人民學習，你說台灣不亂才怪。

・為國為民做事的才值得尊敬惜現在大部分的官是為黨派而當官，其當官的目的，只是討好黨、為黨盡力，而非為國家和人民。
最可惡的是為做官偎來偎去、飄來飄去、靠來靠去、搬來搬去的無恥政客。

・陳進興質詢：《公投法》國親在十月二十五日以前就提出，而行政院於十月二十五日以後才提出。如此民進黨於十月二十五日，在高雄市動員二十萬人進行公投的大遊行，不知代表何意義？是否因民進黨政府迄未提出公投法而遊行，提醒民進黨政府早日提出公投法，因在野早已提出，民進黨的大遊行只不過是選舉造勢而已。

・台灣實施地方自治及民主政治五十年來，很多參政人士不是跟著卸任而消失，便是因死亡而消失，為什麼呢？大部分政治人物無典範、無人格、無為國、為民立功，大多是為自己立功。無典範、傲慢、不謙卑、炒短線、貪圖一時爽，自然在任紅極一時，卸任（下台）人民看不起、人民唾棄，自然淘汰而消失。

- 扁所喊的民主與人權，如同蔣時代「反攻大陸」的口號、標語而已。以台灣政治人物的品質和國民素養，真正的民主和人權實難實現，只是口號式的民主與人權而已。
- 文天祥言「時窮節乃見」。
- 人治的色彩太重，人民只好看權力者的頭臉而生存，權力私有化的結果，政府成為權力者所有，權力非屬公有，因此無中立、公正的單位來維護人民的尊嚴和權益，事事看人的頭臉。今日看穆閩珠的質詢，因文化大學受政府管轄，她的質詢軟化很多，怕得罪政府之故。

  所謂為民服務，為公做事，均是假的、騙人的。因權力者當權力是他家的私產，人民必須看他的臉色，必須拍馬屁，甚至賄賂以討好他的官癮，然後才能處理問題，才能生存。

11/5
- 政治家重公義，政客重功利。政治家是非分明，政客利害分明，無是非。政治家負責，政客不負責。
- 傲慢的嘴臉、白賊的嘴臉、欺人的嘴臉、罵人的嘴臉、豎仔的嘴臉、硬拗的嘴臉。
- 台灣的選舉成為政客的生命，一切施政只為選舉而非長遠的國家觀和歷史觀，只有選舉語言，而無典範，是為選舉而不擇手段的炒短線，一切是表面功夫，說好聽話、馬屁精、騙人民，是政府的取向。
- 惡性競爭力，台灣應列為前茅。
- 院會大部分時間用於表面的報告。這些報表我不相信，大多為討好長官的臉色而灌水的，然長官以偽表作為宣傳，最後目的是選票。
- 當六年的國民黨內閣閣員，在院會從未聽到黨的名詞或為黨的考量，但民進黨則不然。院會院長經常批在野黨，而閣員如今晨的林盛豐政委，對世界經濟論壇發表台灣競爭力第五名一事，提出如何駁斥在野黨的論調，足見民進黨的內閣是民進黨人的，非屬國家的內閣。依理，如要批在野黨盡可在民進黨中

常會批駁。

- 內閣首長有些是丑官，看到他們的奸臣笑的嘴臉就可明瞭。

- 台灣之亂，在於意識形態高於是非，即無是非的意識形態，是非常可怕的。只要同一意識形態，貪汙腐敗也無事，就是殺人放火也無事。因此在同一意識形態下，貪汙無罪、殺人放火無罪。

  只要你主張台獨，你就可在台獨保護傘下為非作歹、犯科犯法，不但無事，甚至還會支援你犯法，保護你犯法，這是台灣之痛。

  照理台獨應有表率，絕不容許貪汙、殺人放火、犯科犯法存在才是，否則台獨有何意義？

- 最有是非的人竟出生於最無是非的年代，這是我一生之痛。

- 公義高於一切。韓國法官敢辦全斗煥及盧泰愚兩位總統，是基於公義高於權力之故。韓國敢辦總統，表示韓國是有出息的國家。

- 台灣教育失敗在於學生無是非心、無公義感、無人格典範，更無國家觀念。

11/6
- 劣根上的茂葉，權力的暴發戶及金錢的暴發戶均屬之。

- 民主時代的政治人物，尤其領導者自私、無知、無道德、無人格、無典範、無能力，完全靠威權領導。時勢造英雄，只要敢向威權挑戰，人民當他為英雄，因此在選舉中受同情、支持，而當選取得權力，因權力的傲慢而成為新的威權而已。韓國的全斗煥、盧泰愚，後來的金泳三、金大中，現在的盧武炫，不是貪汙腐化，便是無領導力。

  台灣的李登輝是因機會受蔣經國的拔擢而取得政權，阿扁靠推翻威權腐敗的國民黨取得總統之尊，結果也是新的威權代替舊的威權而已，人民永遠是輸家。

11/7
- 幼時過一天感到很久很久，現在過一星期感到很快很快。過去以日計日，現在以週計日。

- 內閣閣員亦然,有吃說有吃的話,幾乎所有閣員均說執政黨的話,不說國家利益的話,不說公道話,不說正義話。無格調、無骨氣。
- 不誠實才有爭議、才有爭論、才有爭執、才有爭鬥。政府官員、政黨,有私心自然不誠實,不誠實就要想盡辦法騙人、騙對方,才會引起爭鬥、爭論。

  如果大家均能開誠布公,自可減少爭議、爭鬥、爭執,而讓人與人之間和睦、社會和諧。
- 高明見立委參加世衛組織在新加坡會議時,被民進黨官員的圍剿,扣「賣國紅帽」,現經監察院查明是冤枉。今日高明見以受害者身分,在立法院總質詢時,游錫堃對高明見的受委屈,一點表情都沒有,足見閣揆為了權力沒有風度。

11/11
- 現在大學生不少在混「學歷」,而不在求「學問」。
- 紀國棟問游錫堃坪林公投合法不合法?金門、馬祖要辦公投獨立合法不合法?游不敢正面答覆合法或不合法。如此閣揆,連合法或不合法都不懂,或不敢說了,叫人民如何守法?很悲哀!
- 台灣因欠高層次、高格調、高品質的從政人員,大部是豎仔層次、短線層次、利害層次的人參政,因此只有向下沉淪一途而已。
- 台灣由於政黨惡鬥和意識形態對立的不良示範下,無公正、中立的空間,只有靠邊站才能生存,一個國家如無超然、中立、公平、正義的空間和生命,則這個國家已無希望可言。

11/12
- 學人從政本是好現象,能將學人的智慧、學問注入政府,能將讀書人的風骨、風範、風格帶動政務的新氣象。奈何在功利主義下恰相反,學人取得權力,腐化更快,面對權力,學問都忘了,不只無讀書人的風骨、風範、風格,甚至拗蠻、硬拗,將讀書人的骨氣毀掉,然後被人看不起,實在可惜。
- 真理可多元化嗎?是非可多元化嗎?黑白可多元化嗎?真實不

能多元化，人格不能多元化。

- 多元人格即人格分裂。

- 無謙卑就無社會，人與人的關係也不存在。

11/14 ・很多大官，做官都做不夠了，做來不及了，哪有時間做事。

- 游內閣答詢是硬擱的、硬拗的，只要拗得過、擱得過就可當閣揆、部會首長。

- 他有官格但無人格，他有錢格但無人格。

- 大部分的人，面對環境很容易認命，而草草地過了一生。我從不認命，不斷地爲理想、爲眞理、爲公義層層地突破而活，至死不認命。

11/18 ・權力流氓（白道流氓）比黑道流氓更可惡。

11/19 ・有公義的實力，自可對抗邪惡和惡勢力。

- 院會人事行政局提出「行政中立規範及目前推動情形報告」，我想是「虛應」而已。「生吃都不夠了，焉有曬乾」。政府到處利用行政資源進行賄選和拔樁，此際提行政中立的報告，無非以行政中立來掩蓋其不中立，和進行行政資源的賄選和拔樁。

- 言論雖是自由，但不得侵害他人的權利。言論自由到處侵害他人權利，而政府又無法維護人民權利，那何必設立政府？而人民又何需繳稅呢？
當最近鬧得滿城風雨的《非常報導》光碟片出現，專門抹黑反對黨人員時，政府發言人說是言論自由，並不違法。如果是抹黑執政黨時，就是妨害言論自由應予取締，足見言論自由還要看執政黨的頭臉而定。

- 閣揆應有政策的節奏，並非浪費時間說些雞毛蒜皮事或宜蘭經驗，而炫耀他的小功夫。

- 國家如無公義人士存在，只有「靠邊站」的人才能存在，則這個國家已無希望。

- 由於人治的色彩太濃厚，而成爲「頭臉政治」，亦即「對人政

治」而無「對事政治」。因此很少有骨氣的人能堅持「對事不對人」的原則，而唾棄頭臉政治的人治。

11/23 · 過去是「尊賢敬老」，現在「尊惡敬幼」。

11/24 · 專制素養的人民，哪有民主生存的空間？有你無我，有我無你的絕對心態，無包容相對雅量的國民，民主是口號、假的、騙人的、反淘汰的。

· 民主的結果消滅了過去的地方士紳、有志者、人格者，取而代之的是地方惡勢力、惡霸。

· 人生要活得完整、完美，不可活得離離落落。

11/25 · 這個年頭靠意識形態呷卡油洗洗（吃得肥滋滋）的不少。

11/26 · 在無公義的環境下工作，本應辭官歸鄉，奈何掌握具公正、中立、超然的機關，我怎敢棄守呢？我必須堅強與惡勢力對抗到底。公義不淪為惡勢力的俘虜。

11/27 · 人的同質（等）性：人性、人本、道德及二十四小時。

不同等性：錢多與錢少、官大與官小、官與民、職等有異、富與貧有異。

但同質性的人性、人本、道德應高於一切。無人性、無道德的財富、大官、職業，均不足取。

最後結論：道德、人格是普世價值，不分地位高低、貧富、職業，只要有道德、有人格，人人肅然起敬。

11/28 · 過去認政治人物有典範，如今看到領導階層的嘴臉，對政治人物的印象惡劣，無典範的政客主導國家大政、歷史和下代子孫，要好好地記錄還其真面目。

· 我一路走來，堅持中立、公義、道德、超然、客觀、不趨勢、不利誘，始終如一。可惜有些人「搬來搬去、汗來汗去」（台語），西瓜人太無人格。

11/30 · 藍支持綠的意見和政策，說為拿香跟著拜；藍反對綠的意見或政策，稱為扯後腿。這是台灣的民主，這是獨裁的專制。

· 權力不僅傲慢，且當成他家的。觀他的嘴臉和罵人、批人的態

度實在很恐怖，一點慈悲、尊重、包容都沒有，以民主和人權的口號欺騙世人，而行非人道的獨裁專制，踐踏人權和民主，台灣人從此墮落、腐化。

・典範是明燈。

・有你就無我，有我就無你，無生存的空間。不是拿香跟著拜，便是扯後腿，也是無生存空間。如此主政者很恐怖。

12/3 ・背叛而得的權位，是卑鄙而非榮譽。

12/5 ・人權是建立在人的尊嚴的基礎上，公義是人類尊嚴的起碼。因，此無公義就無人權。

12/7 ・五千年文化貶值爲兩百年文化的生活，當然不適應，更會墮落迷失感。道德價值貶值爲功利取向的生活，覺得人的意義已受扭曲。

・以道德對抗權力才能迫使權力就範。無道德的經濟只不過是地下經濟而已，是炒短線的。

12/8 ・無典範的權勢和金錢等於零，甚至是負面的。

12/10 ・馬英九有其魅力，在院會，他不計毀譽侃侃而談，任憑執政團隊如陳定南、許志雄的惡意圍剿和侮辱，馬孤掌難鳴，仍沉著應付，實非易事。

・肚量容易講，不容易做到。因爲每位人的肚量早有規格，很難改變。

・院會討論公投法覆議案，馬市長的意見較負責，執政團隊如許志雄、謝長廷是硬拗的。我不發言，因爲無是非的預設立場是政黨鬥爭的競技場，我毋須發言。

12/15 ・日本過去是帝國主義，是軍國主義，只有國而無家，只有國家意識而無家庭意識，因此國民團結有團隊精神，不會有個人間的勾心鬥角。由於家庭觀念較淡，因此父子間、兄弟間、姐妹間和親族間、親戚間缺乏親情，感情也較疏淡，形成特殊的群體，此種制度較適於君主制度。

現在日本以君主體制實施民主，缺乏以家庭爲中心的凝聚力，

加上缺乏宗教信仰，因此日本已出了嚴重社會問題，家庭既無溫暖，青少年問題、教育問題層出不窮，如此社會也難培養出政治家，只有政客治國。看來日本明治維新後的傳統，將在過去「有國無家」轉化爲民主的「無國無家」，日本未來很難存在。現在日本勉強還能被視爲強國，主要是靠經濟力，同時靠日本帝國教育下，高品質國民的良好資源維繫社會的安定，相信高品質國民消失後，日本灰頭灰臉必遭淘汰。

- 日本的狀況：戰前，有國無家。民主：戰後，無國無家。

  有國無家國必強，無國無家國必亡。

  民主國家的國民必具修身、齊家的條件，否則國難治，天下難太平。

  日本宗教信仰弱，加上缺傳統的修身，又無過去帝國團隊思想，這個國家不會維持好。受傳統修身教育的人消失了，這個國家自然墮落。

- 防衛性公投，如果是公投中國撤去飛彈和放棄使用武力，則可證明台灣與中國是同一國。因公投是國內的事，台灣既是獨立國，怎可公投中國事？如可投外國的事，也可公投美國出售台灣先進武器、公投日本放棄釣魚台……過去一九九七年香港歸還中國時，蔡同榮舉辦「反對中共併吞台灣」的大型運動，將計劃給我看時，我立即將「中共」改爲「中國」，即「反對中國併吞台灣」運動。蔡說我很厲害，這個名詞經很多學者設計，我能發覺……因反對「中共」，等於與中共同一國家，台灣既是獨立國家，不能稱中共，應稱爲中國。

12/17
- 法國大革命三大口號爲自由、平等、博愛。
- 無良知的人自無公義心。

12/18
- 台灣的部會首長大多是做官臉，而新加坡的部長全部是做事臉（從電視鏡頭可看出來）。

12/19
- 《公投法》覆議案中有關設公投審議委員會一事，我認爲不合理。因覆議成功，公民投票審議委員會就不存在，然所有公投

事項之認定由誰掌理？本案在黨政協商時，他們（邱義仁、李應元、陳其邁、劉淑芳、林信義等）只考慮能拉到無黨籍立委，覆議就可成功，並不考慮合法性。只要硬拗成功就可，完全不考慮國家理想體制，只是爭權奪利，惡鬥而已。

本件應循修法進行，將公投審議委員會刪除，將認定權修正為由中選會為之，否則覆議成功無公投審議委員會，而中選會又無明定有審議權，如此由誰認定呢？

- 黨派之私不下於幫派。幫派是無意識之私，而黨派是有意識之私，幫派是無知識之私，黨派是有知識之私，幫派是愚私，黨派是精私。

  由於私心太重，由於黨派之私太重，是鋼鐵之私。公義根本無法溶解鋼鐵之私，自然無公義的生態。

- 黨派的拗蠻，令人不齒，我就是硬拗不下去，才無法從惡如流，也不加入黨派。

- 現在的官與賊無兩樣，一是合法一是非法，但本質都是一樣，惡性無異。過去還有忠義賊，有被稱為樑上君子的賊仔，但官就不然了。官與賊同為人所唾棄，但起碼我認為賊比官可愛。

12/22
- 宗教與政客狼狽為奸，宗教喪失功能。

12/24
- 國家不是一群豎仔所能建造起來。

- 政黨如幫派，政黨比幫派還幫派，政客比黑道還黑，政府高層其實是黑幫高層。黑幫高層心中只有選舉、只有政權，他們不擇手段地操作、操弄人民。這個國家只有「私」，無公義可言。

- 為當官而忍心放棄公義，為當官而淪為無人格，為做官甘為公義的啞巴人，為做官甘願違背良心，為做官甘為明眼說瞎話。

- 幫派式的統治是短暫的，幫派式風華是一時的。

- 有官骨而無風骨。

- 在台灣，真正為國家做事的無法生存，只有為黨派工作的人不只能存在，甚至吃香。

看到內閣成員絕大多數是看政黨的臉色而為黨派做事，缺中立的人、缺超然的人，真正有國家心、公義感的人很難入閣，這個國家怪可憐，子孫更悲哀！

- 馬英九雖孤獨，但仍苦口婆心地請游錫堃再三考慮法務部站台輔選事。在內閣會議幾乎是一言堂的場合，他一再為陳定南不宜輔選站台提出呼籲，但得不到游一聲回應。選情危急硬拗，不擇手段都來不及了，還考慮什麼中立、超然、公義等問題。

12/25
- 政治是短線的，教育是長期的。
- 國民有「公義能量」，國家才有希望。
- 人權、人道、民主、自由是政客欺騙人民的四大籌碼。政客開口不是人權、人道，便是民主自由，其實本身並無人權、人道、民主、自由的基因。

  人權、人道、民主、自由充其量是口號，是政客統制人民的口號。
- 以帝王思想和觀念談民主人權是不合身的，台灣的統治者均然。

12/26
- 讀書時代對做官（公職人員）非常羨慕、尊敬、學習；現在（近五十年來）對做官的人非常厭惡，看不起，不屑一瞄。如幼時的人格者、有志者、士紳在德望上受地方的尊敬，以當時的保正（村里長）均受尊敬。

12/30
- 這次台灣的選舉是大清算、大鬥爭、大抹黑，不擇手段的大決戰。
- 無人權的人談人權，無公義的人談公義，獨裁的人談民主。所謂人權、民主、公義，完全是虛偽、騙人的美麗謊言。
- 惡人從負面算計人家，善人從正面算計人家。
- 真是一人得道，雞犬升天的內閣。幼稚內閣、幼稚自滿、幼稚欺騙、自以得意。
- 只有狼狽為奸的閣員，而少仗義執言的閣員，這是游內閣的特質。

- 團隊是一言堂的意思，團隊是要大家看人的頭臉的意思。
- 監委巡視行政院對部會問題，部會首長無法明確答覆，大多在解釋一大堆理由，模糊焦點，最後還是回到原點不解決問題，問題仍然存在。這是台灣的行政效率，也是標準答案。
- 解釋能力高，解決能力低。
- 我的看法和作法：做與不做、解決與不解決、能做與不能做、合法與不合法，解決問題是屬是非題，解釋問題是屬選擇題（打太極拳）。
- 有效能的政府是解決問題的政府，無效能的政府是解釋問題的政府。內閣是解釋問題的政府，我聽到解釋問題聽得不耐煩了。
- 由於閣員無格調，更無治國理念，自無眼光和長遠計劃，做大格局的國家建設。
- 惡性競爭力已高度提升，惡性循環也加速腳步中。

12/31
- 意識形態治國，民粹治國，國家永無公義。無公義的社會天下只有大亂，亂不完。
- 無公義必亂，無公義不亂是不正常的，也是不應該的。

2004年

I/I
- 做與不做、解決與不解決、改革與不改革,只有「是非題」,不能有「選擇題」的解釋理由。
- 政治家說「正面」的話,政客說「負面」的話。

I/2
- 游錫堃元旦團拜時「朝小野大」,將施政責任推給在野,顯無常識。民主政治當然是多數決政治,少數只有服從多數,政治才正常。如果少數硬拗多數,就失去民主政治的意義。游錫堃不服從多數,把施政失利推給多數的在野黨,不了解民主的意義。

I/7
- 政治倫理和典範的喪失,導致天下大亂。主政者沉醉於權力的傲慢,強化倫理和典範的惡化,造成反淘汰的惡果。
- 不正常的思維只有製造問題,而不是解決問題,因腦筋「秀逗」很難對話。行政首長如果屬不正常思考型人物,則這個政府是神經團隊。
- 政務官無政務官的條件,如高度智慧、治國能力、宏觀遠見、豐富經驗、歷史責任感……等。惜現在政務官只具選舉能力、技術、事務性,敢拗、敢騙、敢擱的條件則可擔任。

I/9
- 「頭目津貼」一案,花蓮檢察官李子春傳訊證人陳水扁,應是傳民進黨主席的陳水扁,不是傳中華民國的總統陳水扁。然民進黨一直攻擊李子春不應傳訊總統陳水扁。
  如果陳水扁不違背競選諾言擔任全民的總統,不去擔任民進黨主席,就不會有今日被傳訊。
  由此,因憲法規定元首除內亂外患,不負刑事責任之規定,總統不應擔任黨職,否則元首將以總統刑事豁免權來掩護政黨違法。

I/12
- 法令只是招牌,硬拗才是政治。
- 沒有公是公非,就沒完沒了了。
- 明明是自私自利,偏偏說是為國為民……政治人物的口號。
- 台灣教育之敗在於政客主導教育。台灣無教育家、思想家和哲學家,只有一片荒野的沙漠。

- 論加入政黨：我迄不加入任何政黨，在政治上我還是「處男」，我是不靠政黨幫派吃飯，而是靠典範和誠信生存。
- 我從不亂活、黑白活，活得不答不七，更無千千插插的活。

1/14
- 一個國家的國民如無是非之分，表示教育徹底失敗。無是非才有民粹，無是非才有意識形態。教育如無法教育有分是非的智慧和能力，表示教育徹底失敗。
- 非治國的風格，只是黨派或私人利害的策略和鬥爭，國家永不會好。
- 是選舉內閣、是豎仔內閣、是鬥爭內閣，而不是治國內閣，更不是建設內閣。
- 幫派式的政府是全民的悲哀！
- 豎仔、小人、小丑當道掌權，無可奈何！

1/15
- 處處為選舉，處處為選票，可惜！
- 靠豎仔起家，專門搞選舉、搞鬥爭，無格、無品，這款人主導國政，是台灣人的悲哀！
- 將人當為物質處理，太可惡，但這種人很多。
- 功利社會將人當為物資處理者眾，這是最無人權觀念的人。所謂人權是將人當人的，才是人權。現實社會是將人當為東西，東西哪有人權可言。
- 人最苦憐的是自己做錯事而不認錯，甚至還硬拗。最悲哀的是害人而不知害人，甚至還裝善。
- 明的大多為偽的，暗才有真實。
- 我只看公義的頭臉說話、做事，我從不看人的頭臉說話、做事。

1/16
- 遲到是最丟臉的事，守時才有尊嚴。
- 真人格的得意勝過名利的得意。
- 每逢聽到鴨霸式不公義的聲音，猶如毒針在刺心般的痛苦。
- 有權威的人（如李遠哲諾貝爾獎、王永慶台灣經營之神……），無足夠智慧和能力為國為民為下一代奉獻，實在可

惜。

1/18 ・法律是無彈性的，個人雖有彈性但也應有公義原則的。

・阿扁硬要辦防衛性公投，其實從內容是與公投法第十七條不合。惜違法審查權在大法官，中選會只有依法辦理，在大法官未解釋違法前，中選會無權拒絕辦理。

・企業界、學界、文化界應為目前硬拗的政治教育、社會，說清楚並應嚴屬的批判，引導清流並力挺清流到底，非只說爽話或點綴而已。

1/23 ・該活的才活，不該活的就不活，這樣才會長壽。

1/24 ・治國非治口。不少人民均說，阿扁敗在那張嘴巴，少說幾句他就贏了。

1/25 ・要有尊嚴的民主，要有法治的民主，要有人格的民主。

・要有維護人的尊嚴和社會公義的智慧和能力，始有資格擔任領袖。

・善良的治理和典範的治理，是政治家的基本智慧和行為。

1/26 ・牽涉名利就不純潔。

・名利足以使人腐化。

・善的治理是十五年來的新名詞、新觀念，是針對「惡的治理」而來的。

・惡的治理產生特權、貪汙腐敗、貧窮、不公義。

1/28 ・死的可辯為活的，活的可辯成死的，面對如此學法、玩法的執政團隊，台灣永無公義可言。人民無可奈何，只好接受現實。除非學法的人有良知，反省為公義和法治的守護神，否則台灣是無救的。

・墮落的年代——

一、教育無法教養出有道德和公義的國民。

二、有道德和公義的中立人士，在功利的目前社會生活得相當辛苦，甚至很難生存，這是多麼悲哀的事。

三、有道德和公義者難存在，而教育又非培養有道德和公義的

國民，這個國家只有墮落、腐化，毫無生機。

- 多跑步一天多活一天，多在家吃一餐也可多活一天，在餐廳多吃一餐就少活一天。

1/31 ・時間能控制好，事業自能成功。

2/2 ・民主政治大多是功利的當選而非典範的當選，也非公義的當選。華盛頓、傑弗遜可能是典範的當選，其他各國的政要，大都是功利的當選。在功利的領導下，只有現實功利的社會。

- 硬拗內閣。

2/4 ・政黨大部分靠拗一世人、罵一世人、吃一世人。

2/5 ・開始說官話的人，就是開始腐化的人。

2/6 ・掏空國庫也掏空政府。

- 很多決策者只注意現在式，不注意進行式和未來式，因此會產生虎頭老鼠尾，其狀況百出，結果問題重重。然我呢？比較注意進行式（過程）及未來式（結果）。

- 偉峰意見──

一、中選會主管選舉總統、副總統。把總統選舉辦好是中選會之責，至於公投主管機關非中選會，行政院拿來與中選會合在一起辦，不應干涉總統選舉，也不可妨害總統選舉。如今行政院霸王硬上弓，喧賓奪主，靠行的反而主導選務，又不負責。是你來與我結合，並非我要與你結合辦，照理應聽我的，並非我要聽你的，其實我也可拒絕與公投同時辦。我雖然有責辦公投，但不一定要與總統一起辦，如今給你機會一起合辦，照理不應妨害我主辦的總統、副總統選舉。

二、公投法與選罷法係不同法律，怎可綁在一起辦？

2/7 ・最守時的人，一定是最好人。

2/8 ・與不公義的人為伍或能接受或容忍不公義的人，就是小人。

2/9 ・張榮發中午提出阿扁任他為三通特使的阿扁親筆字，寫在阿扁的生活照片專輯（黑白）。上面文字為「張榮發資政：兩岸特

使，三通先鋒。陳水扁」。

還有三冊託張榮發轉給江澤民、陳雲林、李炳才等三人。

阿扁給江澤民那本冊上寫著「兩岸三通開門」。時間是二〇〇
二年五月二十日（日期不知有無記錯）。

張榮發因看到照片專輯僅為陳水扁私人活動，非國家要政，不
敢轉交江澤民等人，回國後交還阿扁。

2/10
- 無公義就在黑暗中，有公義的人，才在太陽下生活。
- 無公義的人就是無血無淚的人。
- 人類百百種，主要分為——

  一、領導型：應有高度的道德、公義、智慧、能力。如果是豎
  　　仔，那就完了。

  二、唯唯諾諾型：無是非心，什麼都好。壞人的話也聽，好人
  　　的話也聽。

  三、工具型：為生活而充人家的棋子，埋頭地為主子賣命，就
  　　　　　　是做到死也甘願。這種人雖做壞事，他也不知道，只知道
  　　　　　　為了生存。

- 政治人物只有黨派的利益，眼中無國家無人民存在，只以假民
  主、假人權硬拗，欺騙世人。無修養的流氓型政治人物也甚
  多，這種絕對性的政黨利益、個人利益高於一切的政治結構，
  台灣的真正民主和人權永無希望，人民的稅金如石沉大海，餘
  生不是黑雲密佈，便是狂風暴雨，再沒有幼時學生時代的快
  樂、純真年華。

2/11
- 一個無公信力的政府不管真正執行率達百分之百，人民也不會
  相信，甚至會認為是造假或玩弄數字而已。如此的政府，做與
  不做都是一樣，失去公信的政府還有存在的價值？
- 無智慧或以情緒化處事，越處理越亂，不只無法解決問題，甚
  至會製造更多問題。但情緒化是傲慢的專利。
- 自己宣傳的（說的），在目前的社會無人會聽信（沒人相
  信）。

2/12　・無公義就如無空氣，會悶死的、窒死的。

　　　・驕兵必敗，傲慢的權力必敗，民進黨應慎戒之。

2/13　・自己無做，無法做，比人還兇，自己理虧，不只不知恥，還比有理的人兇。這是功利社會一貫的做法和想法。

2/16　・價值是是非的問題，價格是利害的問題。

2/17　・基於公義的思考和發言，才是正人君子。可惜大部政客均基於自己利害出賣公義的小人。

　　　・民進黨政府無法做事，將責任推給四年前的國民黨政府，天天說過去的政府的是非，缺政治教養。記得我就任彰化縣長後，從不說前任縣長的壞話，從不批評過去。前任好壞，由人民批評，我不便說，我總覺得前任如做好，我哪有當選的機會，因此我要感謝前任做不好。也因我的當選，前任做不好的責任一筆勾消，從自己上任算起，檢討自己的責任最重要，不要再批評人家。這是民主素養，也是民主風度。

　　　・政治人物失去公平和正義，導致政治黑暗和社會腐化。

　　　・矛盾中的榮華，快樂嗎？西瓜人靠來靠去、偎來偎去的榮華（官位），不痛苦嗎？

2/18　・傲慢而不謙卑的人，正走上毀滅之途，很為這些人惋惜。向傲慢看齊，出賣良知和公義而享一時的權力榮華，最不明智。

　　　・縱是御用亦應有良知、有中立責任（御用學者最可憐）。

　　　・無良知的人什麼都做得出來（最近看到中選會有些學人，很可怕）。

　　　・酬庸用人就是不清廉的（公器私用）。

　　　・無證據不可輕易批評人家，更不可輕易論斷是非。

　　　・有限的生命不可浪費於無真實的生活。

2/19　・功利社會無人格存在的空間，人格在功利社會是無地位的。功利社會只認權力和金錢，人格排不上場的。

2/20　・政務官除專業外應具典範條件，如無典範的教養，這種人主導國政，國乃滅亡。執政團隊幾乎未具典範條件，大多是打手、

豎仔、硬拗的人。

2/24 ・無理性就無中立的空間。

2/26 ・善良的人，才有公義感，惡劣的人，絕無公義心。

2/27 ・台灣人要有充分的道德細胞和公義血液，可惜在功利主義之下，道德細胞失去了，公義血液也漸流完了。

・意識形態對立，只有口號、口水、教條，完全失去良心、良知和理性。

・台灣因西瓜出産地，西瓜人特別多，致使無眞正中立的機構。如大法官會議也是西瓜偎大邊的解釋，看總統的臉色而解釋，中選會本應絕對中立、公正，但委員是總統派的，因此也出現西瓜效應。其他如考試院、監察院、司法機關、警察、軍隊均然，這是台灣人的悲哀。

※二〇〇四年三月至二〇〇四年六月十四日的記事簿遺失。十四日夜整夜未眠，將近一百五十句的智慧遺失，使三月至六月的智慧斷層，至為可惜。

6/15 ・做官的只有「官格」而無「人格」。

・政治有政治幫派，社會有黑道幫派，政治幫派比黑道幫派更屬害。

・第一流人才應具維護公正的智慧和能力，始能主持公正。

・有私心就不會有公正、中立。無私自會公正、中立。

・有無私心可從他的臉上和言語行爲看出來，不能欺騙人的。

・公害＋人害＝子孫的災禍。

・讀書人（學者）只認權勢不問眞理，只向權勢靠攏，不向公義靠攏，甚至寧當權勢的工具、劊子手，可恥。

・近一百七十所大學，難道無法教出有公義、公正無私的學子嗎？如果無台灣就完了。

・爲爭權奪利破壞人性，破壞自然生態，無人性、無自然，人的意義和價值何在？

・我已達無私和智慧的境界。價值觀自有領域，亦即無私與智慧

31

是我的生活領域、生活界線，我以此生活為榮，我必須捍衛此
領域。

· 搶到權力如同搶到金錢，得手當然是分贓，不是嗎？權力就是
他家的，哪無你要安怎（不然你要怎樣）？

· 真正知識分子應向權力挑戰、對抗，不能充當權力的工具、奴
才、走狗、劊子手。

· 台灣的大官都是選務人員弄出來的，但他們最看輕選務人員，
忘了選務人員的功勞。

6/16 · 政黨輪替並非壞事輪做，政黨輪替也非官位輪做。政黨輪替
後，政黨人物品質低劣、對立（政黨、族群），經濟更差、股
市下跌、社會不安。新的政治暴發戶興起，是非不分，彼此不
互相信任、社會亂，只庇蔭那些政治暴發戶。

· 政治輪替：一、權力的傲慢，二、造就新的政治暴發戶。

· 我只尊敬護航公義的人，唾棄為惡勢力（權力）護航的學者
（讀書人）。

· 讀書人讀不出公義的意思，比無讀書的人更差。

· 台灣的教育培養不少「學霸」。這些學霸是惡勢力（權力）的
錦衣衛。

· 孟子說：「無羞惡之心非人也」。台灣的政客大多是無恥，讀
書人也然。無廉恥的人、不知見笑的人，與禽獸何異。

· 有權力的人始能為人類社會工作，有財富的人也能為人類社會
服務。我現在什麼也沒有，不知如何做？如果是仁義禮智信的
社會，我可發輝很大的力量，為人類社會做事。惜現在功利社
會，金權的社會，只認金、權，不認公義價值的社會，無權無
錢的人，誰會信服哪！

· 年老如無親情（倫理），只有等死。

· 人永不退休，等心臟停止跳動才退休。

6/17 · 以權力說話是官話，不是人話。

6/19 · 台灣領導人的任官，是以自己的利害而任官，而非以國家的利

害而任官，因此並不以智慧、典範和能力爲條件而任官。

6/20 ・台灣的學人也是以利害爲依歸，而非以是非爲原則，因此，學人不像學人，讀書人不像讀書人，知識分子不像知識分子。是台灣的悲哀！

・豎仔政府比賊仔政府更可怕，更可惡。豎仔治國將成豎仔國家、豎仔社會。

・目前台灣政治亂象和社會亂象是豎仔治國的後果。

・台灣國如果成立應由品德高、有智慧、有公義、有典範、有誠信的第一流人才來領導，如果以目前檯面上的政治人才來領導，將失台灣國的意義。

・民進黨主政者如政治暴發戶，傲慢自高。

・李登輝總統二千年大選公然指陳水扁是豎仔，而陳水扁也曾公然指李登輝是老番顛。豎仔與老番顛的組合是台灣的政治奇談。

・美國入侵阿富汗和伊拉克，殘殺人民、虐待戰俘，不只最無人道，也是霸權的心態。布希如能連任是美國的悲哀，也是世人之恥。

6/23 ・道德勝過學問，學問勝過財富。讀書人的富有在於道德與學問，讀書人如重財富，已失去讀書人的氣質。讀書人如重財富，不如不讀書。
讀書人＝道德＋學問。
財富不需讀書，就可得到很多財富。

・我最看不起有偏頗心的人，偏頗的人最沒有骨氣。

・有智慧的人不會偏頗，無私的人不會偏頗。

・邱義仁掌國安會，應非國安會而是黨安會（民進黨）。

6/24 ・與其說是政黨輪替，不如說是特權輪替或分贓輪替。

・台灣由於倫理的破產，造成社會與家庭的不平衡，產生社會問題和家庭問題。家庭倫理的重建和社會倫理的重建，非常迫切，是主政者的責任。

33

- 以權力的傲慢來罵人家、批判人家，是最不道德的。
- 台灣鄉村除了濫建濫伐，過去樹木竹林均被剷除，已失去鄉村原有面貌。過去鄉村的竹林樹木可遮蔭，鄰居族人可到樹木竹林乘涼、聊天，感情、親情交流，形成社區意識。現在全然消失，還說什麼社區建設呢？活動中心並非社區建設全部，自然環境的存在，社區意識才能建立。
- MQ比IQ重要，EQ比IQ重要。無MQ與EQ的IQ不只對自己不好，對世人也不好。無MQ的IQ是野蠻的、危險的、厲害的。MQ＋EQ＋IQ＝完整的條件。
- 客觀比主觀重要。主觀重的人不會考慮別人，易與人爭執、爭鬥，且是非常頑固又偏見的。
- 許多拿博士的人只有IQ，而缺MQ與EQ。
- 回憶當兵時（一九五八年）步校預官七期，檢討會時，提出兩種看法：一、學問與道德成反比例，二、錢是萬人之靈。這是功利社會的產物，經過四十六年已得到驗證。四十六年前已被看穿了，當時我二十四歲。
- 台灣的前途在哪裡？
  一、國民道德喪失。
  二、功利掛帥，只有利害無是非，只有功利無公義。
  三、政治人物腐化、不良示範、欺騙人民。
  四、自然生態遂遭破壞，鄉村自然風貌全失（樹木竹林遭剷除，建物亂七八糟），加上公害，很不適合人類的生存。
  五、教育失敗，國民品質只有墮落，無提升的條件。
  六、暴發戶以權力和金錢來破壞倫理、社會，無從改善。
  七、以權勢說話，無人話可聽。
  八、只有傲慢，而無典範。

6/25
- 恐怖分子是美國製造出來（如巴勒斯坦、阿富汗、伊拉克），因此應由美國自己收（負責），而造成安全檢查嚴密、不方便、不自由是因果。

- 執政者完全以利害用人。豎仔、小人、財團、垃圾一大堆。
- 過去無黨籍是清流，現在無黨是垃圾。不是被開除或是利益衝突而退出者，如果是理念不合被開除或退黨者，算有骨氣。
- 「邪的」主導「正的」，對從小分明是非長大的我，無異揪心肝過日子。
- 歌仔戲中的忠奸好壞人，分得很清楚，為何社會上分不出忠奸好壞呢？
- 小人得勢自成小人國，台灣人的悲哀！
- 歌仔戲和布袋戲影響我最深，忠孝節義的精神成為我人生自然的感受和內涵，忠奸分明、善惡分清，養成嫉惡如仇，不同流合污的生活習慣。

  感嘆現在的教育不如布袋戲和歌仔戲。我曾經主張從政人員，應強制看一個月以上的歌仔戲或布袋戲教育訓練，辨明忠奸、好惡，君子與小人等角色，自行造鏡，自行選擇當什麼角色。
- 階級分明的國家講平等是騙人的，法國大革命的口號「人生而平等」，在階級分明的國家是不存在的（美國社會階級最清楚，黑白、富人與窮人）。
- 不能以黑白、貧富之分，但應有善惡、是非之分。黑白、貧富之分是功利的，善惡、是非之分是公義的。
- 我強烈的理念和操心，是想將國家建設為有道德、有倫理、有教養的國民，使國民的品質提升，並將建立有公義的社會，同時自然生態的維護，保留給後代子孫有尊嚴、有意義的生活資源和空間。國家一流、子孫平安、幸福，這是我天生的時刻操心和責任。
- 如果我不為國家和子孫的雄志大略，我就不應從政。
- 政黨輪替只是造成新的政治暴發戶而已
- 國民黨即將消失，新的政治暴發戶將有長期的發跡。

6/26
- 穿西裝太不自由，猶如囚衣。

6/27
- 台灣鄉村好的樹木竹林被剷除，餘下的人怎麼會好。

- 長孫六月十五日上午十點十五分誕生，也是我服務公職最後一天（中選會主委），也是我虛歲七十歲。現在我將和長孫從頭開始，他一歲我也一歲。
- （補記）眞實的能量（膨脹）無限，虛僞的能量有限。眞實的力量是無限的，虛僞的力量是零的。
- 知識分子不知公義也不維護公義，可悲！
- 政黨輪替是政黨輪「賺」。
- 不必當奴才而做官，要當眞正主人的平民。不少人願當奴才而拍馬屁求官，而執政者也喜奴才不愛人才。
- 一、後任殘踏前任、清算前任、批鬥前任，無倫理而成斷層。
  二、人民團體也然，如各體協（單項）後任將前任趕盡殺絕，而成斷層，不只無法與國際接軌，也在國內推動上斷層，這是台灣永墮落的主因。
- 下午三點三十分搭上華航005班機返台，在機上有點慌恐。此次是失業回國，展轉思考，回國後的工作除了以平民身分關心國事、社會事外，我應迅速出書宣導倫理道德、公義理念，並盼重建事業的第二春。自從政縣長迄今二十三載，事業完全斷層，且時空全變，如何著手於事業，將面臨極大的挑戰。但我絕不認輸、不退卻，我應堅強，重新站起來，明知在很不良的環境下，如何在絕處逢生，將考驗我的智慧與機運，但我將全力以赴，重建我的人生。
- 台灣的勳章已成爲私人酬庸和商品行爲，並非眞正頒給對國家和人民有貢獻之人，尤其頒給金主及樁腳更噁心，因勳章已無意義價值，是商品而已。
- 無良知怎能成爲學者？明眼說瞎話就是無良知。學人應爲公義而戰，而非充當權力的打手。
- 台灣只有兩種人：有吃說有吃的話，無吃說無吃的話。連讀書人也淪落到此地步，悲哀！我只說公義話，早已超越有吃無吃的境界。

6/28
- 賺命比賺錢重要，可惜很多人要錢不要命。
- 六月二十一日文化總會開會，扁竟敢擅自宣布，將副會長改為名譽副會長。任期未到，且副會長為現任委員，怎可逕改名譽職？足見扁的性格，不遵守制度和規制，是違法的，也許非扁之意，另有人胡搞。

6/29
- 民進黨執政團隊只有權力傲慢，且是最不講道理的團隊。
- 由於綠、藍對立，很難做人，但仍應堅持原則、公義。
- 「爭公義第一」是公職人員的最佳表現。如無公義的任何高官，均不值得。
- 搞鬼搞怪（扁鬼扁怪）的人在主政，政不政，治不治。

6/30
- 台灣只有「非藍即綠」的空間，大家都要靠邊站，有吃說有吃的話，無吃說無吃的話。難道超越藍綠就不能活了嗎？一定要看藍看綠才能生存嗎？我堅不相信，藍綠的對立、惡鬥，能壟斷所有非綠藍以外的人的生活嗎？
  我一向不看綠藍頭臉，只看國家、公義的頭臉，只有對錯之分，只有是非之分，從來就超越黨派，寧做寂寞、孤獨的烏鴉，不願屈就為黨派當工具、走狗的權貴。
- 權力如無典範，無功勞可言。

7/1
- 人如不懂「人格」就不是人。
- 社會有公義表示社會進步，國家有公義表示是進步的國家。如無公義會進步是騙人，公義是進步的指標。
- 台灣如有希望，應改組或解散國親和民進黨，重新建立只有國家利益和全民權益的新政黨。
  因現有政黨口口聲聲是為國為民，其實是黨的利益高於國家和全民，這種政黨要改變很難，只有重建新政黨，台灣的民主才有希望。
- 民主化後應依政黨政治原理運作，執政黨掌握稅金、權力資源，照理應受批判，如今適得其反，專門在清算、批判在野，連掌權的也在圍剿在野，真是反常。如此的運作，將造成一黨

專政，走向專制政治的腐敗，台灣的民主已走偏了。

7/3　・不做一時的官，應做永遠的人。

・媒體固可批判在野黨，但應聯合在野，嚴加監督政府。很可惜，台灣的媒體竟甘願充政府應聲蟲，還大舉公然聯合政府攻擊，圍剿在野黨、摧毀在野勢力，真是怪事，如此媒體公義何在？

殊不知在野無錢、無人、無資源，媒體不針對大權一把抓的政府，反而批鬥無資源的在野黨。我很懷疑這些媒體是否得到政府的好處，否則它們為何拚命保衛擁有資源的政府，站在政府這一邊來反批在野黨，很難想像。

真是角色混淆，反是為非，忘掉媒體的責任和角色，是媒體的悲哀！民主的悲哀！

・與人說話不是只聽話，而是在話中尋找核心問題。甚至一面談話，同步掃瞄、切片、基因解碼，處理問題、解決問題，這是與人對話的目的。

・動物園可設戶政事務所，專門受理無倫理道德的人的遷居工作。

・一位領導人如無公義感，這個國家就完了。

7/8　・科技島不如自然島（看到關島保護自然生態的用心和努力有感），科技是一時的，自然是永遠的。科技是階段性的，自然是永恆的。

7/9　・一、人害：學校拿掉「禮義廉恥」的教育，無倫理道德的教育造成人害。政治人物品質差，社會風氣敗壞，治安惡化，家庭問題嚴重，青少年問題……。

二、公害：無計劃的過度開發，自然生態的破壞，汙染的嚴重，造成水災、土石流、生命財產的嚴重損失，不可收拾，沒完沒了。

三、天害：人害＋公害＝天害。二氧化碳排量過多，溫室效應，地球壽命的弱化，人類面臨存亡危機。

7/10　・台灣任憑放任開放、濫墾濫伐，造成土石流的天災、水災。教育也然，大學及學院濫開濫放，無大學的條件，無水準的教授也成大學、學院。如此似無政府狀態，但私人政府相當強勢，國家的政府並不存在。因之，台灣只有私人的政府，而無國家的政府。

7/11　・由言行中，有道德性的是政治家，無道德性的是政客。信口開河的幾乎是政客，無道德的不會負責任，當然是政客。

7/15　・明的較好，暗的較不好，尤其政治的操作，明的都很好，講得很迷人，可是暗的就很可怕的。俗語說「暗箭難防」，說不定有一天大家都會死得很難看。

7/16　・責任感控制誠信和守時，人格控制責任感。
　　　　人格──責任感──誠信
　　・政治人物的話哪會聽，狗屎也可吃。
　　・無治國修為和理念，只有黨派和個人利益的幫派理念和條件，怎能帶領國家呢？
　　・說假話對人類社會只有製造紛亂和負面，欺騙人民是最無人權觀念的人。敢說假話的人，是最無資格談人權。
　　　可惜政治人物大都說假話，騙取選票、騙取政權。因此，政治人物的話最好不聽，更不可信。
　　・勤儉不只是勤勞儉用，有效率應是勤儉之意，凡事用心用力，切入關鍵點，切中要害，捉住重心，自可節省時間、勞力和生命，如此才算勤儉之意。

7/17　・偎來偎去，自會騙來騙去。唯有不偎來偎去的人，才不會騙來騙去。

7/19　・人類既是感情的動物，因此感情是自然的反應，無感情就麻木不仁，也是植物人。
　　　無感情的反應，就無生存價值，不管你有多大財富或地位，無感情，財富地位何用？唯感情應是有倫理道德的感情，是天性的。

7/22 ・選舉是抹黑比賽，政治人物的角色是劣品，不管是當選或落選在抹黑競爭下，怎有好貨。

在人民無是非善惡分辨能力之下的民主，是反淘汰的，有人格的領導者難出頭（香港立法局議員選舉也是抹黑比賽，與台灣無異有感）。

・爲國家的未來和理想，思路越深，越難如意，永遠折磨、痛苦。爲自己名利的思路越深，滿足感越多，因名利是短線的。

國家的理想是無限的，是永遠永遠的長線，無窮盡的。

・無道德的是壞人，壞人自有邪氣，因此與無道德的人相處，等於活在邪氣的陰影中，絕不會健康。

7/23 ・權力落入小人和豎仔之手，是人民的大不幸。

・統治者不將全民當爲主人，而有敵視對方或反對黨，該統治者將得不到全民的擁戴，只得到小部分的支持而已。

・統治者如時時陶醉於權力的傲慢，天天說那些不三不四、五四三的話，人民永不會甘服的。

7/24 ・在不道德的世界下，人類很可能會在政客和科技者手裡消失。政客爲選票不負責的破壞人性，科技者爲鈔票破壞自然生態，近來氣候的反常如溫室效應、洪水山崩、土石流、地震……是人類面臨危機的警訊。

・鈔票＋選票＝破壞人類。

選票破壞人性，鈔票破壞自然，選票的破壞力超過鈔票。

・選票和鈔票是威脅人類的兩顆「紙彈」。

・政客爲了選票，不擇手段賄賂、欺騙、抹黑、不誠信、不道德、破壞倫理秩序，反淘汰。

・選票是人性消失之源，鈔票是自然消失之源。

・小人、豎仔當道、善良的老百姓倒楣？

・選票破壞了台灣鄉村社會的樸實、道德、倫理的生活。

・選票培養無數的政客，黑金主宰權力，主導社會。

・無誠信、無水準、無道德的社會，民主、自由、人權是騙人

- 的。
- 無國家共識加意識形態掛帥的社會，談民主談選舉，均是假的，毫無意義的，只是浪費人民的生命而已。
- 無國家意識只有黨派意識的台灣，談民主是假的，不能以其他民主國家的情形與台灣相提並論的。
- 追蹤績效，比說話重要。
- 有責任的治理與無責任的治理，應搞清楚。
- 傲慢、仗勢凌人、言行不一、不誠信、虛偽、不公義、假公，均為私心作祟。無私的人是謙卑、惻隱、公義、誠信、真實。
- 靜態的計算不正確，動態計算才能正確。我不說靜態而是說動態。靜態往往是如意算盤，與實際落差很大。

7/25
- 統治者應具化解對立的智慧和能力，而非製造對立強化對立的傲慢。
- 以色列與中東和平問題出於以色列，而以色列後台老闆是美國。美國為爭中東石油資源和消滅伊斯蘭，只好唆使以色列對付中東伊斯蘭國家，因此中東問題在以色列，以色列問題在美國。
- 我雖缺金錢資源，但我的道德資源、社會資源和人脈資源均甚豐富。
- 有條件、有能量、有實力始能主持公正、公義，如果自己沒有公義條件，又無能量和實力，自難主持公義。
- 無私始有人格，私心人格掃地。無私始有尊嚴，自私的人誰會尊重？被人看不起還有什麼尊嚴。
- 人家是學術地位高，台灣是邪術地位高。

7/26
- 無道德性的人在主政，國之不幸。
- 執政者只會放「權力屁」，其他連道理都不懂。「權力屁」最臭，又會傷人
- 報載假學歷何其多，原因是無恥也。連學歷都公然做假，政府又無可奈何，像什麼國家。

- 假學歷、假經歷、假鈔票、假有機、假話，社會生病了。
- 蔣介石搞反攻大陸，蔣經國搞經濟建設，李登輝搞政治鬥爭，陳水扁搞族群對立。對人民有福祉的是蔣經國，政治鬥爭和族群對立是分化性的。
- 有權力的人應以權力來照顧無權力的人，爲無權力的人解除痛苦或解決問題，並非以其權力來吃無權力的人，欺侮無權力的，以其權力來橫行霸道。
  很可惜，目前在台灣掌權者，均以權力的傲慢，暗地做傷天害理的事。

7/27
- 中選會主委未親自移交，因移交日期是六月十七日，我的任期到六月十六日，除非任期延一天，否則我已無權移交。
- 第一流的挺公義，第三流的挺藍或綠。

8/2
- 羅家用國安局公務車及人員事，阿扁以過去服侍蔣夫人之例，認爲合法合理，不應該。
  蔣介石時代的專制不是民進黨要推翻的嗎？爲何取得政權後仍沿用蔣時代的特權，並引蔣時代的特權，解釋他的合理性，台灣人是這樣憨嗎？
- 民進黨主政下的弊端不自加反省或改進，竟反咬過去國民黨也是一樣。如果民進黨均在學國民黨過去的腐敗，那何必政黨輪替，也不需換人。民進黨做錯不認錯，又把責任推給過去，如此永無責任可言，有權無責的民進黨認爲是天經地義的。

8/3
- 總統選舉時對國會議員的語錄——
  一、官多大我都不信他。
  二、什麼黨我都不怕。
  三、我看不起政客。
  四、我不癮乎你問（我不想讓你問）。
  五、你是垃圾，你不是人。
  六、跟你們講什麼風骨，是瘋狗而不是風骨。
  七、我從未騙人，我也不能騙你。

八、看你還炫耀多久。

九、你不能壓我。

十、我不癮做（我不想做了），我如果不做就比你卡大。

十一、我已做到很斥頁（不耐煩）了，你們擱來棲棲插插（再來亂搞）。

十二、你們都不用功，專門作秀說那些五四三、騙人民。

十三、亂質詢，我不抬頭看他。

8/4　‧功利掛帥下公義只成口號、標語而已，主政者根本不會有公義存在。

8/5　‧無良心自無公道，無良知自無公正。公道和公正有良心、有良知的人才有。

‧民進黨領導階層無知、無能、幼稚加上傲慢，是最可惜的。台灣的政治就是這樣的玩法。

‧我執政的原則只認法令制度和公義，從不認「人」。因此我也只配合法令制度和公義，而不配合「人」。
不配合人是最難生存的。講利害的社會，人與人的配合對自己最有利，等於私相授受、私相勾結，分贓公權力。

‧中立機關絕不能配合個人、黨派，否則將失中立、公正立場。

‧我不是以做官來倚老賣老，而是以公義來倚老賣老的。

8/8　‧現在的人生只有功利的生活內涵，而失去倫理道德的內涵，非常可惜！其實倫理道德的生活內涵是天性、是自然、有情感的、有愛心的，是純真的。

8/9　‧人如無是非，等於活得不明不白。

‧領導階層把權力當成他家的（權力私有化），加以無知、傲慢，只為選票、只為權力、只為情緒的滿足感，只為私利，無治國理念，並非要把政治搞好，因此豎仔橫行，小人當道，造成惡人當道的反淘汰的政局。

‧台灣的民主，壞人死，好人或官員均應向壞人致悼，這種情形台灣還需辦教育嗎？教育的目的在於人人講道理，分是非，明

善惡。

- 黑金和惡勢力（白道）是台灣人民的主人，台灣人的不幸。
- 很可惜台灣現在最吃香的是言行不一致的政治騙子，這種人均位居要津。

8/10
- 當我看到那些無公正的臉孔，我是多麼替他們悲哀，尤其還替無公義公然強辯或維護，更加可怕！這種垃圾還能在媒體上自以為高人一等地亮相、批人、罵人，更是無恥。
- 道理出於公正、公道與公義。無公正、公道、公義，就無資格說理由、說道理。唯有公正、公道與公義才有理由，也才有道理。
- 在台灣權力就是真理、公理，也嘸你祙安怎（不然你要怎樣）。

8/11
- 一生以「不現實的修為」對待人家，不分階級、貧富、地位高低，一概以「誠愛」相待。但很可惜，功利社會之下百分之九十九是現實的，他會以現實的勢利眼對付你，因此不現實的人在現實的人眼下是沒路用的。
  我真是做了一輩子的無路用人，也是憨人。

8/12
- 明爭暗鬥，明的與國親爭，暗的與黨內鬥。

8/13
- 任何脫離公義（公正）的權力，均為幼稚而有罪的，社會不能容忍不公正的權力。
- 三二〇總統選後，不公正的政治人物或媒體人員（包括主持人、Call in）明顯地公然浮出檯面，這是台灣人的悲哀！
  不公正的人，心必惡、不善良，是黑心的、無人性的、無良知、無良心的。這個社會不公正的人何其多，足見台灣人性消失，天理良心已滅，這種社會與人的差距甚遠，與這種人活在一起很難適應。
- 看他（她）的言行是否公正，便知有無人格。自己的天秤已失靈而不自知，抑或眼睭起濁、硬拗，只看收視率而無廉恥，公然明眼說瞎話。

．黑道出殯——

一、花籃、輓聯（痛失英才、風範永昭）均爲大官顯要致送，是什麼世界？雖大官顯要少有露面。

二、祭文全部是嘉言好話，讚佩歌頌一番，不只不是黑道，好像是偉人。

三、出殯行列比大官顯要更炫耀，數百賓士（Benz）黑頭車相送。

眞是黑白不分，是非不清。

8/16 ．唯有高度智慧的人，才有公正心，才能說公正的話。唯有良心的人，始有公道心，說公道話。

．不公正的人不管你有何辯才或鬼辯，馬腳都會露出來的，除非無恥和厚顏的人不自知。

8/18 ．將權力當成他家的，他的言行出發點以私權化爲主，不知權力是公的，是全民所有，非屬於他私有的。台灣的紛爭原因在此，公私不分的政局，沒完沒了。

．人生最好不要與大官和有錢人對話，大官說官話，不會說人話，有錢人說錢話，不說人話。與不說人話的人對話，如同對動物園的動物對話。

8/19 ．在《聯合報》第二版〈黑白集〉讀到史賓諾莎的名言「不要哭、不要笑，只要理解！」

．甘地曾列舉傷害人性的七宗罪，第一宗便爲「沒有原則的政治」。原則一爲理性，一爲道德。（《聯合報》A十五版，陳眞）

8/21 ．典範爲首，官位次之。

．叫做官的說官話，叫有錢的說錢話，叫人說人話。

8/22 ．說「明顯不公正」的話而不自知，可憐蟲！明知不公正，而說不公正的話，是泯滅人性，此種人在目前社會最多，是爲利的職業「說客」。

不公道的話說得出來，是一點教養也沒有的人，媒體工作者、

主持人顯然不公正，公然在台上說謊，臉不紅，反而振振有詞，實社會不幸。

8/23 ・國家的事不得以私情處理，公事也不得以私情處理。

・總統夫人公然漏稅而不知錯，如何查百姓的漏稅？

・台灣之敗在於大家靠權力和金錢站，而不靠公義站，這是教育問題。

8/26 ・台灣腐化之日——

一、領導階層及人民過於現實、自私、炒短線，致斷層無延續性。

二、領導者無是非感，只有利害觀，以賺錢利害為出發點，極端屬害「死的辯成活的，活的辯成死的。」「白的辯成黑的，黑的辯成白的」的心態在治國，不亂才怪。

・台灣只有藍綠而無公義，台灣人永難出頭天！

・無良知無道德的主張、作為，均非進步文明。

8/28 ・人生看人的頭臉而生存，是最痛苦的，最無尊嚴的，也是最不自在的。但看國家的頭臉和公義的頭臉，是最愉快的，最有意義的，也是最自然的。

8/29 ・我過不慣利害的人生，但已習慣是非分明的公義生活。

・違公義成為媒體人，賺錢的籌碼，悲哉！

8/30 ・天災人禍不斷之因——

一、為選票顛倒是非、黑白，政府（政客）不負責，只要騙到選票不擇手段，豎仔也。

二、炒短線：無長遠觀，只有任內的騙選票策略。上下不銜接（前後任、上級政府與下級政府），甚至後任鬥爭前任，政黨鬥爭，無心國家長遠計劃，政治也如土石流。

三、非真正民主：口號民主，其實只有選票和炒短線的土石流，假民主害了台灣，天災、人禍是必然的。

8/31 ・要認真活才活，懶惰活何必活。

・學校應開公義課（即公平正義）或公正課（即公道正義）。因

人類社會已無公道、公平、無公義、正氣，應從下一代教育重
　　建人的尊嚴。

- 無公義、無公正的人，無尊嚴可言。

- 人類在功利社會已成為高級野蠻動物。

9/2　・不公正就是奸臣，就是壞人。公正才是忠臣，才是好人。

9/3　・智慧、自然、宏觀（整體），聰明、人為、狹窄（局部）。

9/4　・敢騙頭過身就過。游錫堃前日在桃園保證九月四日零時，分區
　　供水的支票公然跳票。我想政客均如此，「騙人治國」是他們
　　的職業，何必大驚小怪，只要「敢騙頭過身就過」。政治人物
　　的話比鬼話更難取信。

9/6　・跑步有感：人家拚命賺錢，我是拚命賺命。

9/7　・政黨敵對連政府機關也然，執政中央專門對在野的地方政府施
　　壓、猛批、吹毛求疵，使其難堪，無視政府是人民的，非政黨
　　所有，對付異黨等於對付人民。

9/8　・這個社會大都是為利害而活，但我才不那麼笨，我堅持為公義
　　而活。

- 觀伊拉克與中華隊之戰有感，伊拉克在「搶球」，中華隊在
　　「等球」。

- 功利國家，個人表現項目的運動員較會得金牌，團隊表現的項
　　目很難得金牌，如足球。

- 電視上Callin節目人，為了賺三千到五千元，隨便咬人、罵
　　人、批人、拗人，可憐！

9/9　・白色恐怖與綠色恐怖：專制時代固有白色恐怖，政黨輪替後也
　　即所謂民主化後，竟成綠色恐怖，而綠色恐怖並不遜於白色恐
　　怖。

- 真正的政黨，黨員認同黨的理念，為黨付出代價的。並非黨為
　　黨員付出代價而入黨的。

9/10　・當大官但人格分裂有何意義，將遺臭終生。

- 孟子說無是非之心非人也，功利社會絕大部份無是非之心，依

此不能以人待之，因此人道主義很難有適應對象。

9/11 ・國民黨時代的特權未減，反而增加（民進黨的特權）。

9/18 ・正義是無選擇的。

9/19 ・正確下的事才做，有副作用或負面的事不必做。

・只有政黨而無是非的政治，非政治也，也是最可怕的。

・人民如跟著政黨的利害而起舞，不分是非、黑白，為政黨而政黨，則政府將成幫派政府而已。

・權力壓過是非而成無是非。

9/20 ・人民對公義的麻木（中風），造成殘障的國家，只好忍受權力者宰割，知識分子不感痛苦，也沒有反應，是國人的悲哀！

・台灣只有藍綠，不要是非，是台灣政治絕症。

・無治國理念、無治國能力、無治國條件，只好一群將死的辯到活，活的辯到死，無公義律師主政下，只好用豎仔治國、硬拗治國、口水治國、傲慢治國、特權治國、權力私有化治國。

9/21 ・民主時代政治人物只知選票考量，不做長遠整體考量，也即只會炒短線，無歷史責任感。

9/22 ・一、人類本性、本質的維護，倫理道德公義的實踐。

二、維護地球上的自然生態，包括動植物、生物、自然大地不得破壞。

三、歷史文化、文物的維護和保存。

四、人類教育的強化，優質人類的永續。

・智慧處事而非情緒處事。大部分的人是以情緒化來處理事情，情緒化是為爽而處理，並非理性的處理事情，而智慧是理性、是公義的、是道德的。

9/23 ・我參與公職是來積德的，別人參政是來積財的。

9/25 ・民進黨不只權力傲慢，而且是權力的橫霸。由十一位院士反軍購，被游錫堃等批為意識形態和不愛台灣或中共同路人，如此到處扣帽子的高壓統治手段，比國民黨獨裁更專制，眼中無人民。

殊不知，政府應受監督，受人民的監督，受民意的監督（包括民意代表和任何人），這是民主機制的常識。統治者連此常識都沒有，哪有資格談民主呢？

民進黨以「意識形態」、「不愛台灣」和「中共同路人」，三頂高帽來對付監督者，比槍斃更可怕。奈何國親和學界也不明民主機制，任憑扣帽子而不自知。

監督機能喪失，等於免疫功能消失，這個政府一定是失控的、亂不完的。

9/26 ・是「公是與公非」，而不是「私是與私非」。

9/28 ・不少人以生命及人格去換金錢及官位，結果是無人格的財主和權位。

・要看結果也看過程。不擇手段的過程，雖有成果，但非值得讚賞的成果，非法不公義得來的表面成就不足取。

9/29 ・黨政必須分離，黨國非民主，國家是全民所有，非執政黨的。政府既然靠稅金養活的，政府自然是人民的。中共以人民政府稱呼是正確的，任何人只要有繳納稅金，有智慧、有能力，均有資格為他的國家和政府服務，非為政黨服務。

我以無黨身分擊敗國民黨取得縣長，是為彰化縣民服務，屆滿到中央服務，也是為國家為全民服務，而非為國民黨或民進黨服務，須搞清楚，我從不為政黨工作，連黨都不加入了，怎能為黨工作。

我心中只有國家和人民，絕不會有「黨」存在。況台灣的政黨如幫派，我是看不起的，我永遠與黨扯不上關係。這是我有權為國家和人民工作的基本立場，絕不看黨派的頭臉，因國家和人民不屬於政黨、幫派的。

10/2 ・權力如無公義，就是獨裁。無公義的權力是獨裁。

・當權力與黑金結合時，即黑天暗地之時，也是國家終結，人民最悲慘之時。

・民進黨抱財團大腿，巴結財團太肉麻，在野時反財團，執政時

巴結財團，比國民黨執政五十年更不像話。

- 民進黨用權力來巴結財團，是唯一的政績。出賣公義換取官商勾結，操作選票，財團選舉時投資黨和大官，執政後將公權力和國家公器交與財團共榮共貴，天理何在！

- 正者善也，不正不善也，連公正都無法了解也無法維護，算什麼善人？

- 用權力說話，用權力壓制人，用權力批評他人，用權力打擊他人，用權力罵人，用權力指責他人，是政府高層的一貫作風。國家該哭，人民該哭了！

10/3
- 我不是綠人，也不是藍人，我是有公義的台灣人。

- 民進黨的統治，跟過去的天子一樣「順我者昌，逆我者亡」，披著民主的外衣，行獨裁專制。

- 短短數十年人生無法做主、選擇是非、判斷公正，須看權勢的人或財勢的人，選擇是非和公正，實在悲哀！

- 權力者不允許公義存在，不容許公正存在，如此我感到難活。

10/4
- 權力本是公義、公正，惜現在權力變成權力者的私產，變成他家的。用權力壓制人民，接受私有化的公義或公正，如此公義和公正是用來騙人民、騙社會，美化權力私有化的道具而已。

- 一個國家如無公義、公正，不管你怎麼選舉，只不過是專制獨裁的國家而已。

- 人才屬國家所有，非屬權力者所有，因屬國家所有，才叫做公務人員，如屬權力者所有，應叫做私務人員。因此權力者應用對國家忠誠，能為公做事的人，並非用對其自身忠誠，為其做事的人，要公僕不要私僕。

- 高層把權力當成私有，才會有權力的傲慢，忠於國家忠於公義的均為他們的眼中釘，遲早被拔除。

- 無公義的權力就是土匪，無公義的權力，我是看不起的。

10/5
- 法正人不正，不如無法（大法官和法官公信力盡失）。范光群為當幾年的官，被打入綠色陣營，有損他一生無黨公正的清

50

譽，代價太高。我也差點被打入不正不義之地，幸能堅持到最後急流勇退，才免受毀損人格的災難。

- 對執政者說公義易起衝突，權力與公義不能對話。
- 有典範的人始有資格掌權，才能主持公義。

10/6
- 參與所有Callin節目的人，均留有歷史記錄。主持公義的言行將受尊敬，不公義的言行將人格破產。不要逞一時之快，胡言亂語，是有記錄，為了一時的權位出賣公義、出賣人格是最笨。

10/10
- 我們不能等死，我們應更加奮發，為好的台灣、為下一代子孫付出，道德、公義、是非善惡分明的重建，台灣才有希望，子孫才有生機。

- 不敢面對事實，年年否定中華民國存在，且年年中華民國國慶，明顯自相矛盾，政客居然不臉紅，反而花那麼多人民血汗錢來放國慶煙火，舉行中樞的假國慶大典，說假的國慶祝詞，一個假的領導人，一個假的政府。兩千三百萬人民被這些人操弄，枉活了一生。

10/11
- 現今不只無公義，連私義也沒有了。也即無私義了，還談什麼公義。

- 炒短線的國家：政客炒短線、經濟炒短線、政府炒短線、選票炒短線、社會炒短線、價值炒短線……台灣是炒短線國家，炒短線的人民。

10/17
- 民主的設計如果只為黨利、私利，非為國利、民利，無公義則民主是騙人的，人類可不必民主制度。很可惜現在的民主說來堂皇，僅止於私利和黨利，而無國利民利可言。

10/22
- 公事如有私心，天下大亂。

- 一生只為國服務不為黨服務。我擔任縣長、政務委員、中選會主委，是為我的國家工作，並非為黨服務，況國家是我的，並非某黨開的，因此我從不為幫派或黨派服務。

- 今日晚報登在野黨對九十四年預算五分鐘內通過，內政部、國

科會、法規會，一毛不刪，如此鄉愿。如此選在野黨幹什麼？不盡職、失職、違背人民託付的責任，將來選出來還不是一樣，如此反對黨，不要也罷！

10/23 ・政府體制下的公義機關，如司法、軍隊、警察、中選會、公平會，不能有黨派意識，政黨止步，魔掌不可伸入，否則比土匪更惡劣。

11/4 ・知識分子無公正的認知，無公正的良知，無公正的活力，與無公正的動物何異？

・無智慧的潤濕，只有乾涸的生命。

11/6 ・他雖貴為高層，可惜不道德、不誠信、不謙卑、不典範，只是將權力當成他家的。

・有智慧的人，才能說公正的話，才能主持公道。可惜現在大部分是聰明人，說功利話、說西瓜話，出賣公義求榮華，可悲！

11/7 ・人類的價值在於智慧、道德、人格、典範、公義，如此才有真榮耀，不管生前或死後。

11/8 ・無公義的新聞自由比無新聞自由更惡劣！台灣現在的新聞幾乎無公義的言論自由，偏頗，有吃說有吃的話，無吃說無吃的話，不說公正、正義的話。這種媒體不要也罷。

11/9 ・不說藍綠，只說公義，以公義定藍綠的是非，不可以藍綠來定公義，以藍綠的公義就無公義。

11/12 ・利用權力爭取選票，如同利用職權強暴下屬之罪。

・以褒揚令換選票，褒揚令成為私人兌換選票的籌碼。

11/19 ・公義被權力取代後社會只有淒涼，人民只有陰天而無晴天。

・椿腳政治破壞了真正民主。椿腳是黑金政治的溫床，是黑金之根、黑金之源。

11/20 ・要向智慧靠攏，而不向權勢靠攏。

11/21 ・國民黨常喊正義、公理，但面相無正義、公理的眼神，而民進黨很少喊。

・我滿身無私的細胞，造成我在功利社會下，被邊緣化。

11/22 ・拒絕官話、拒絕錢話，只有人話才是話。

- 無官和錢成分的話，才有真話、人話，才有善良。因絕大多數人，為爭權奪利說假話，做假動作欺騙他人，傷害對方，然後才達到名利雙收的目的。
  如果名利須靠假話、假行為，欺瞞世人，傷害對方才得到的，我想這些名利不是價值，而是垃圾。

- 人類享有時間每日二十四小時最公道。肉體原則上也是公平的，只是對殘障者不公平的。其餘是靠每個人的造化或業障，或情緒、人性、道德修養……等因素，來決定生命的平衡。

11/23 ・在台灣，為國家做事的不能生存，保持完美人格的人更無法生存，唯有靠攏執政黨和無人格的人最吃香。領導階層不誠信、無人格、無國家、無全民，只有個人、只有幫派、黨的利益，生活此地只能有動物園的感受而已。

- 無國家、無人格、無公義的環境下，我活得很苦。現在只有個人、只有幫派，無人格的人、無公義的人，活得最得意、傲慢，也是他們的天下。在這種人的帶領下，下一代的子孫能像人嗎？

- 功利之下，善良難存。

- 一生誠信、無私、純正、善良、道德、公義、典範，已在政治領導者的傷害和破壞下很難生存。

11/27 ・我一生最怕是「對不起他人」。七十年的人生最守本分，以嚴責己、以寬待人，我是分秒想到、做到。對不起人家是最丟臉，最無恥的，很難生活。

11/29 ・自然真實，自然最美，自然不病。

12/5 ・公正才能永久，不公正只有一次，因人格破產（不公正），自失公信而無法存在。（世界盃決賽，西班牙對義大利，馬市長在旁）

- 對事不對人。主政者應容入異意（包括敵人的意見），然後經縝密高度智慧整理、溶化，產生最公正，無人反對的公意和行

動，這才是眞正最成功，歷史上有地位的典範人物。

‧不公正就要出局。

12/6 ‧我雖無權力，但我有道德。道德力量高於權力。

‧張岳軍（張群）說，人生七十才開始。如果是開始，我想要活在自然的人生，不活在人爲的人生。因自然眞實，人爲很多不眞實，眞實才美，不實不美。七十年雖堅持自然的人生，但在政治生涯中遇有不少的不自然事，很不適應我的意願，此部分相當痛苦！

12/7 ‧配票不只有違民主，也違選賢與能原則，配票如配銷，把人當商品處理，政黨之私在此。

12/8 ‧我的視線是三百六十度，因此我的包容量也很大。但我看不少人的視線只有十、二十、三十度而已。我視的深度是無限的，一般人是淺度或浮面。

12/11 ‧彰化人的悲哀！是認錢不認人，是選錢不選人，是錢的當選不是人的當選，是利委而不是立委，是孫中山的當選，而非彰化人的當選。

12/16 ‧蔣方良一生有感：修養（爲）只不過爲自己的人生整理出符合人性的有規則、有秩序、有系統、有邏輯、有倫理的簡樸生活而已。

任何榮華、奢侈、傲慢均爲炒短線、暫時的、炫燿自己、壓迫他人的行爲而已。

‧政府不只不除惡，甚至欺善怕惡，無法保護善良，讓惡勢力橫行霸道，造成反淘汰的社會。

12/17 ‧無是非就無責任。

12/18 ‧是尊敬你的典範而不是尊敬你的權力，是尊重你的人格而不是尊重你的權威。

‧人性消失，造成工具型的生活價值，浪費人的核心價值，虛耗時間和人的生命。

‧工具型的生活價值取代了人性的價值，使人的意義失去方向。

- 功利教育，師生間只有利害，愛心已不存在。老師與社會、社會與老師，也只有利害，因人師、尊師也不存在。

   古人說「尊師重道」是教育的基本，如無尊師重道，教育的意義也不存在。

   很悲哀，人師、尊師已消失，只剩「利害」、「對等」，如何教育！

- 杜忠誥大師給我的墨寶「應著人間讓子棋，平衡結局最相宜；君子從不求全勝，得意當時是錯時」。

- 最有權力時，只有施捨，為公做事，幫忙他人解決或增值，也吸引不少人對我好感。一旦無權力，那些人態度馬上轉變，真是現實，真無天理。七十歲了，已無後次的教訓機會了。

- 未來的願望——

   一、完成口述歷史。

   二、出書。

   三、籌備傳統基金會。

   四、如經營事業獲利，做喚醒人性、重建道德的工作（因現實的社會一日不在朝人家不理你，不會贊助，只好自己奮鬥。人生七十開始，我準備有三十年的奮鬥，要有志氣，這是我一生不變的堅強性格）。

12/19 ・不公正就無人格，小人才能做出不公正的事。有吃說有吃的話，無吃說無吃的話，而不說公正的話，最被看不起。

12/21 ・民進黨完成政黨輪替取得政權，仍與財團共享權貴生活，也無法摧毀黑金政治，反而承繼國民黨政權與財團勾結，黑金照樣當選。真不如中共取得政權後，至少權位者保持無產階級專政的體制。

   而民進黨當初不滿國民黨腐敗政權的理念，等取得政權後，將國民黨腐化政策照單全收，實吾人一大遺憾和失望。

12/22 ・人說上山易下山難，然我呢？既不上自不下山，無易難之事，縱工作需要或環境須上山，可是我的人格，不隨著昇華，自無

上下山之事，是永遠的平民。

12/23 ・無是非的社會，無典範的政治。難怪靈鳩山基金會最近民調結果，人民最討厭政治人物，其次才為犯罪人。政治人物在犯罪人之下，足見政治人物的可悲。如此則此時只有壞人才參政，好人參政除非抗壓性很高，否則很快就成壞人，令人討厭、看不起。

因此目前政治生態只有壞人可從政，好人從政水土不合，會變壞人的。

12/25 ・心地善良、純潔、單純、誠信、自然、真實、必壽。心地不善良、不純潔、不單純、不誠信、不自然、不真實，不管生活環境和條件如何好（包括財勢、權勢），很難壽。

・政務人員不可以求官的心態爭取高位作為其求生的職業。

・唯有能突破藍綠的意識，台灣始有希望。

12/26 ・只有無私，你的公正、正義人家才會相信，才有感應，才會接受，才會支持。有私心的公正、正義口號，無號召力、無吸引力，講了幾百次，人家都不會相信。唯有無私才是改革的動力，無私才有公義。

・心肝善良是補上補，心肝不善良對任何補品都會排斥。

・切不可以權力和財勢欺壓人家，應以權力或財力來慈悲人家。

12/30 ・我不能把我有限價值的人生，浪費在無是非的官場上。

・無私才有智慧，有智慧才能解決問題，無智慧只有製造問題。

12/31 ・用金錢說話的人還是最多。

2005年

- 1/2 ・過去俗語説「不見棺材不落淚」，現在的人就是「見到棺材仍不落淚」，這是人類墮落的現象。
- 1/3 ・做官、作秀而不做事。
  - ・道德與公義是我的養分，無道德與公義我就會枯萎。
  - ・要看他「是人」還是「不是人」，而不是看他有錢還是沒錢、做官還是沒官。
  - ・人格的成就才值得尊敬，並非地位或錢財的成就。
  - ・地位與責任是對等的。
- 1/5 ・感情的結合是一時的，理智的結合是永恆的。
- 1/6 ・政治家將法律當規範，政客將法律當工具。
  - ・古代的官以典範為榮，現代的官吃軟飯為常。
  - ・對身體無好的任何菜餚，包括鮑魚、魚翅、山珍海味均厭煩，對無公義的任何頭銜，包括高官、財勢，也感厭煩。
  - ・我現在無壓力，非常輕鬆，比不穿西裝還輕。
- 1/7 ・所謂政客即將政治當買賣的行為。
- 1/8 ・跑步有感：賺命比賺錢難。
  - ・七十歲的人，活一天至少要有過去活一個月的效率，否則無機會了。
  - ・有權力而無私才會謙卑，有錢財而無私，也會謙卑。
  - ・謙卑是美德。謙卑的人，才能以權力和錢財來慈悲他人（弱勢）。
  - ・憶父母：父母親的善良，永遠照耀著我。
  - ・善良的人才會謙卑。
  - ・善良不是懦弱而是厚道。
  - ・有是非的善良才是真善良。
  - ・善良的生活才會健康。
  - ・無私是美德之源。
- 1/10 ・有志氣的人，才有分明的是非，有志氣的人，才會嫉惡如仇，有志氣的人，才不會變來變去，有志氣的人，才有責任感，有

志氣的人，始有成功之時。

1/11・無實力才需妥協（看人頭臉），要妥協須分部分資源給他人才能妥協。妥協是不得已，並非上策。

1/12・賺命比賺錢苦（難），賺命滿身大汗，五藏六腑均有相當壓力。賺錢尤其賺大錢的人，只用嘴巴和腦筋，輕鬆而易得，只有賺小錢的苦命人會滿頭大汗，因此賺小錢的人會兼賺命。

1/13・民視合作有感：有利害就無是非，唯有是非才無利害。
・功利（利害）社會：是非、公義、人性、道德、情感均不存在。
・不說是非就是不說道理。

1/14・權位是一時的，人格是永恆的。不可為被利用的短暫權位而犧牲永恆的人格。
・無人格的權位只不過是一個棋子而已，是工具、是東西。
・一般人是展示官位（權勢）或展示金錢（財勢），但有氣質的人是展示人格。
・不可以權力罵人、騙人，以權力罵人、騙人是不道德的。

1/17・是以道德、公義為準，而非以權力或金錢為準，道德與公義高於一切。
・台灣做大官的，大多搞民粹、搞勢頭、搞利頭、搞封神，失去理性，當然腐化。

1/19・人家拚命賺錢而我是拚命賺命。
・政治人物臉皮最厚，不知羞恥，還說大話，真是無教養。
・人類的劣根性在自私自利。
・道德下和法律下的民主自由，才是民主自由。無道德、無法律的民主是假的。

1/20・台灣是騙來騙去的社會，只是騙多與騙少的問題。
・開發生命比開發產品重要。
・傲慢才會有上山易下山難的感覺，謙卑就不會有下山難的感受。

・無典範，無資格站在台上。

1/24 ・台灣人的劣根性在於太過迷失於權勢與財勢，而忽略了是與非、善與惡，公義的價值，人格的讚美。

・民間組織大部分缺錢推動會務，唯為何大家爭相成立民間組織（團體），其原因係在爭相在名片上掛頭銜而自己不出錢，才導致人民團體無錢推展會務。

1/25 ・是說「做」，而不是說「話」。說話只要非啞巴，任何人都會說出來。說話免本錢，做事要本錢。

1/26 ・很多人說：這個年頭堅持公正的人，只有死路而無活路可言。其實我仍認為，唯有公正才有活路，無公正的官才是死官，是死路一條。

・行政官員只有「做」。無做無資格說話，這是我的從政信念。

1/27 ・謝長廷、蘇貞昌還有兩年左右的任期，即被調為行政院長、總統府祕書長，違背與民有四年的任期的契約，餘兩年派代理，無民意基礎。因此，今後對連任的候選人投票應謹慎，最好不投連任的候選人，更不投會違背任期的候選人。

・我從政一本無私，心中只有國家、人民、子孫、歷史，而無個人、黨派的存在，自幼至今始終如一。

1/29 ・如果不誠信，如果有權謀，身段柔軟是軟拗、暗拗，身段傲慢是硬拗、明拗。軟拗比硬拗更厲害更可怕，碰到軟釘比硬釘更嚴重。長扁之別只是軟功與硬功，政治意識與意識形態不同。要有政治意識不要有意識形態。

1/30 ・宋楚瑜自美返台，強調親民黨今後「不藍不綠」，無誠信。

一、標榜深藍而當選者，無資格說不藍，宋如說不藍即欺騙人民。

二、在野在民主體制下是擔任監督角色，不扮好監督者的責任，一味想與執政黨合作，將失去民主機能，民主制度無存在的價值。

三、民主政黨之設計，執政黨應負執政者的責任。在野黨開宗

明義是在野，只扮監督者的責任，不可一味與執政者合作，分贓權位或資源。

2/1 ・政黨是「對立」，而不是「合作」。

・甘迺迪說：「權力足以使人腐化，詩足以使人淨化。」我說：「錢財足以使人腐化，學問足以使人淨化。」

2/3 ・對國家、對全民有利的，任何黨派均應絕對支持。對私人或黨派有利的，應絕對反對不能合作。

・執政者應負執政失敗責任，在野應負監督與制衡失敗的責任。在野與執政者合作，誰要監督誰能制衡？

2/5 ・有智慧的人，不與人計較，而會為大是大非而計較。有智慧的人，面對問題會解決問題，而不會製造問題。有智慧的人，是看遠處，不看現實。有智慧的人，是對事不對人。

2/6 ・儲命比儲錢重要。

2/11 ・權力凌駕於道德和智慧之上，是人類墮落的主因。

・台灣數十年的發展，只是製造幾家政治暴發戶而已，無政治家出現，缺有道德、無私、有智慧、有典範的人參政。

2/13 ・有權力的人，經常罵人的嘴臉鏡頭，就可蓋棺論定這個有權的人，是把公權力當成他家的。

・罵人是傲慢的行為和炫耀，尤其掌握公權力的人更無資格罵人，擁有公權力的人更應戒之。

・公僕怎麼可罵人民（主人）或無權力的在野呢！

・為何選項只有藍、綠或偏藍、偏綠？顯示這個社會無公義、無是非存在，況台灣只有政黨之私，是幫派政治而非政黨政治，偏藍偏綠是有利害無是非之心。

・為私利一生不敢說「不」，不敢說「反對」，人生是最無價值。

・要公義的社會，只有靠人民的力量。權力者雖也喊公義，那是騙人的，如果真愛公義，權力在手隨時可做，不必用嘴巴行動，權力者為騙人，把公義當口號來欺騙人民，和五十年代的

反攻大陸口號，同樣手法在騙取政權而已。

2/14　‧傲慢的官不是好貨。

　　　‧公私不分的官，才會傲慢。把權力當成私有才有傲慢的行為。

　　　‧幼時羨慕權力，認為權力是典範，是主持公義，幫助弱勢。現在厭煩權力，認為權力不只不是典範，是垃圾，是違背公義，是惡勢力，是欺善怕惡。

2/16　‧說比較簡單，做就不容易。大部分的人只會信口開河，不做事，也不會做事。俗語說「精的出嘴，笨的出身」。

2/18　‧有新鮮的生命，才有健康的身心。

2/19　‧要問魚肉有否新鮮，應先問自己有否新鮮，自己不新鮮就無資格要求他人（物）新鮮。

2/23　‧執政黨與反對黨是可協商而不是合作，在野黨與在野黨之間可合作制衡執政黨，並非在野黨與執政黨合作。

2/24　‧國家不是政黨所有的，是全民所有的，這是政治常識。政黨取得政權，是以黨的政策或政見經人民認同支持始能當選，取得政權。

　　　但很可惜台灣的政黨在選舉開很多政見，一旦當選，立即忘掉民意，立即成為黨意而 棄民意。因此台灣的選舉不是賄選就是騙選。

　　　錢＋騙＝台灣民主的可貴。

　　　‧場面大，內涵小（元宵燈會活動有感）。

　　　‧政治人物如無道德內涵和公義心，暗的操作才可怕。法令制度固明確，但暗路和暗的操作是超出法令和制度的。

　　　‧暗的操作是權力腐化的主因。

　　　‧古代題字和匾額，均出於有道德人格和學問家之手，今之題字或匾額均出於三教九流，縱有政治人物之名，亦非善類，亦非好貨。

　　　照理，題字人或匾額應出於道德文章和典範人格者之手，如今反之。因此現在題字的人和頒匾額的人，實無價值和意義。

- 權力的傲慢就是將公權力當爲私有。
- 扁宋會達十點共識，宋楚瑜接受華視記者沈小姐的訪問——
  - 一、宋認爲與扁達成共識，自認得意成功，是犧牲自己爲國家爲人民的利益，縱被罵也甘願。不過問題不在此，問題是在立委選前的政見完全忘掉，一字不提，人民容易被騙。
  - 二、宋一再感謝省民愛護支持才能當省長，有沒有搞錯？若不是國民黨的提名、動員組織和黨產支持才能當選，關鍵在於國民黨的功勞，宋不可忘記，否則是不公平的。
- 無道德還像人嗎？
- 與自然共生共存才能長久、長壽！太人爲化、名利化是短暫的，是炒短線的，是短命的。

2/25
- 名利固可炫燿於無知的人而自滿，但面對名利不但矮小、不自在，甚至失去尊嚴。

2/26
- 唯有真實才沒有矛盾。

2/28
- 正派有能力的人，以實力領導。邪派無能力的人，才以口水、欺騙、作秀方式領導。

3/1
- 無時間可活了，只有嚴加選項而活。

3/2
- 現在搞政治的人大部不務正業，跑婚喪喜慶最勤。

3/3
- 現實的人「必私」。

3/4
- 李安妮批扁：「老人家要你相親喝咖啡，沒叫你上床。」心中無把阿扁看在眼內。
- 李登輝對阿扁的精彩語言——
  - 一、豎仔。
  - 二、不會治國只會選舉。
  - 三、叫他捉鬼反而被鬼捉。
  - 四、話一大堆。
- 我公義的生活活最多，精神生活也不少，物質生活還可以，這是我的一生。

3/7
- 過了七十歲的人應努力賺命，而不是賺錢。有些年老了還以生

命換金錢，快要沒命了。

3/9　‧老年人應有分級的生活規劃。

　　　‧當你要說話時應先考慮你說的話，會見笑否，然後才說話，可惜很多人只要沒啞巴，不知見笑（羞恥），什麼話都說得出來。

　　　‧德育高於智育也高於體育、群育、美育。

　　　‧現在的人說謊話臉不紅，甚至有職業的說謊話（說謊話是頭路）。

3/11　‧利益固可和解和妥協，但人格是不能和解或妥協，人格能妥協就沒人格了。

　　　‧人格者一定有原則，堅持原則，無原則的人，怎會有人格！

　　　‧專制時代還有王子犯法與庶民同罪，民主時代反而有特權，有權力的人與無權力不同罪。

3/12　‧功利社會有錢的人靠錢說話，做官靠權力說話，很少說有智慧的話，也因此錢話、官話，汙染社會，誤導人民，一個無智慧的社會，國民只有墮落而無生機。

　　　‧窮途末路的人僅靠「無原則」、「左右逢源」而生存。

3/13　‧年越老，活的速度越慢（生理的關係），由於速度慢，每日的成果有限。因成果少，就感到日子過得很快。

　　　‧要掌握高速度的生活才會年輕，活的速度不可放慢，應加快。

3/14　‧近日有兩件因車按喇叭而被開槍事件，足見台灣人的野蠻，心窄煩躁。這個社會是可怕的，不幸只有政治人物在歌頌功德，難道是動物園的歡呼嗎？

3/16　‧靠馬屁存在的人，不只是無恥，也是險惡的人，也是小人，最無品又無格。

3/17　‧這個社會靠馬屁生存的人不少！

3/18　‧喜歡人拍馬屁的人，亦是無品又無格。

3/21　‧司法人員看權力者的臉色而生存，司法獨立如緣木求魚，永無司法獨立之日。

- 很可惜憲法既授與法官獨立審判，然我們司法人員偏偏自甘墮落，淪爲權力者的政治工具，是司法人員之恥。

3/23
- 用權力解釋或處理問題，或用金錢解釋或處理問題，都是不正確的，其實應以道德和法令處理問題，才是正確的。

3/24
- 無爲而治不只適用於政治上，現在應加上適用於健康上（預防醫學）。

3/30
- 甘地「世間的七宗罪」第一宗罪爲「沒有道德的政治」。台灣的政治完全不講道德，政治人物不講道德，甚至反道德，無道德的人是不守法的，甚至鑽「法律縫」，如此政治只有私心私利，不會有是非、公義的。
- 説話做事均應公正、公道。不公正、不公道的話説太多，雖可逞一時之快，但最後會毀損他的人格。

3/31
- 該做好事而不是只説好聽的話。台灣的政治人物大部只會説好聽話的Pro，而無會做事的Pro。

4/8
- 心腦失去平衡，顯示心智已失控制，表示心神不正常。不正常的人，説話語無倫次，自然不公正，也不負責，也成爲心術不正之人。政客、媒客、學客皆是也。
- 有良心的人，眞話不可不説，假話（謊話）不可説。有些Callin節目中的人，有不少是失去良知的職業説謊高手。
- 無智慧自無公正，私心重也無公正，不公正的人表示自私和無智慧。

4/9
- 我一生的立場始終如一，不變來變去。大部分的政客均隨著利害而變，變來變去、變去變來，心中只有「利」字，無是非無公義可言。
- 媒體是國家最大亂源——
  - 一、媒體人物無公義性格。
  - 二、媒體人物水準差，學識低。
  - 三、製造是非、製造問題。
  - 四、最大的修理廠。

五、政治人物怕媒體修理，只好伴隨著媒體起舞。

六、媒體主宰政治。

七、無公義的媒體，無國家觀念的媒體，無整體觀念的媒體，無責任感的媒體，無水準的媒體。

八、大多為藍綠之分的媒體。

上述主導下的國家社會，自無新局，也無希望，台灣的政治和社會只不過如此而已，無什麼企望可言。媒體是國家之大害

· 我現在最舒服，因為：一、無壓力，二、不看人的頭臉（一貫性），三、不欠人的人情，四、永保道德形象、公認的公義立場和始終的人格，五、生命的新鮮感。

· 政府分四類——

一、民主又乾淨的政府

二、專制而乾淨的政府：新加坡

三、民主而腐化的政府：台灣

四、專制而腐敗的政府。

4/10 · 要支配權力，而不可被權力支配，要支配金錢，而不可被金錢支配。權力腐化的原因，在於擁有權力而被權力所支配，才會腐化。

· 不要有私心的權力，才不會腐化。唯有「無私」的權力，才不會腐化。

4/11 · 台灣政界每日在五四三、不三不四中過著權威的生活，這種權威生活自以得意、自滿、高人一等，其實是毫無內涵、幼稚、浪費生命的人生而已。

· 專制時代：主權在王，上樑不正下樑歪。民主時代：主權在民，下樑不正，上樑歪。

4/12 · 宋朝理學大師程頤曾說：「古之仕者為人，今之仕者為己。」

· 做人要「差不多」：父母之言，意指不可太過分。

· 由於教育之亂，家教不清、社會惡化、政客操弄權力、媒客誤導，價值崩潰，造成上上下下均在「弄柳連淵」中過日子。

4/13 ・公害掏空了地球，人害掏空了人性。

・看人的頭臉（臉色）而生活的是最不出息、最無靈性、最無尊嚴的，欠人的人情或欠人的錢債亦然。

・非權力的偉大，才是真偉大。大自然才是真偉大，典範也是真偉大。

4/14 ・說真話就不需稿子。

・「扁宋會」宋的理由是扁因泛藍扯後腿才無政績，因此親民黨與民進黨合作，才能解決目前的政局，其實宋無知——

一、民進黨政績不好，宋承認是泛藍扯後腿之故。

二、政策和政績好壞是執政者的責任，將來才有政黨輪替的依據，是正常現象。

三、宋的作法是報復國民黨。本應泛藍合作制衡民進黨，親民黨竟與執政黨合作，不只破壞制衡機制，也出賣泛藍選民。

四、宋完全無理可說。

4/17 ・政客寧想盡理由，而不願面對，永難成事也。

・所謂「立法從嚴，執法從寬」。我想非法治也，而是人治也。執法人員「可從寬」誰授權的？不是違法便是貪瀆，法治國家不應有「立法從嚴，執法從寬」現象和名詞。立法從嚴，執法從寬之間，留有灰色地帶，灰色地帶是特權與貪瀆的空間。因此，立法從嚴，執法從寬這句話是講不通的。

4/18 ・馬英九喜秀跑步和游泳，謝長廷喜秀伏地挺身、體操、爬岩。其實行政院長和台北市長是嚴肅的職位，也是公眾人物，應在做事能力的表現和個人修養的典範方面著力，而不是秀那些非專業的生活。我對此類的秀不感興趣。

・阿扁昨天在國際扶輪社大會席上，批連戰「國共和談輸掉大陸，現在和談將把台灣輸掉」。主張台獨的人，說此話不合邏輯，因說此話把台灣與中國大陸扯在一起，也即台灣與中國大陸界定在內戰的延續，可證台灣與中國大陸是同一國。這是阿

扁政治智慧不足之處。

- 黑槍與毒品泛濫，無法杜絕暴力犯罪，治安將更惡化。黑槍與毒品是暴力犯罪之源，政府應有能力杜絕，無能力治黑槍和毒品，無資格談治安。治安不好之因，爲國民品質低劣加黑槍加毒品。

4/19
- 政治人物以「尊重民意」爲藉口，來搪塞應負責任，真正的民意在哪裡？政治人物有心在乎民意嗎？

- 說話與事實均有差距，說話與實行亦有差距，「說」只是「好聽話」而已。

4/22
- 飛機最怕亂流，人也是最怕亂流。不守信用、不守規矩、不守時間，均爲亂流。

4/28
- 政治立場無法堅持始終如一者是政客、是騙子，實無資格批判他人。今日甲黨，明日又成乙黨，後天又成爲丙黨，這些以政治利益而隨便選黨，不是無立場、無原則，便是爲利害或無知，此種人我最看不起，是垃圾。

- 自己不守道德就無資格批評他人。不知道德者，不是人。

- 當你得意時，勿把全部活掉，應留些部分待失意時可活。

- 得意時應考慮未來失意的生活。

- 權位與金錢均爲身外物。

4/29
- 我是靠人格而生存，而不是靠金錢或權位而生存。

- 靠金錢或權位處世的，非人也。唯有靠人格處世的才是人。

- 人與人格不能脫離，但金錢和權位則不然，隨時可脫離。足見人格的價值，人格是人的生命。

4/30
- 我迄今不油條，可能是少吃油或油水少。油水多自然油條。

5/1
- 解決爭議，解決難題，必先替對方設想，然後自然解決。

5/4
- 民主固然有多元聲音，但問題是水準高或水準低。如果是水準差的多元聲音，是無意義的。

5/7
- 第一流的人，重視根；第二流的人，看枝；第三流的人，只看葉。

5/8 ・李登輝批阿扁較重要課題——

一、阿扁只會選舉不會治國。

二、扁、宋會後李登輝批

（一）阿扁說，扁、宋會是李先生叫他做，如今批我。李說他說瘋話。

（二）我（李）是叫他去捉鬼，他反而被鬼捉。

三、阿扁會賣台。

四、選前說制憲正名，選後說修憲，無誠信是騙選票，如果是日本、美國，早被彈劾了。

・阿扁接受三立鄭弘儀的訪問，暗批李登輝——

一、過去的總統有人想得諾貝爾和平獎，曾申請要得諾貝爾獎，並請人推薦、提名……。

二、阿扁只想當平凡總統，不是像別人想當台灣之父、台灣國父，他只想當台灣的總統。

5/10 ・台灣的「誠信」完全崩解，連領導者都「爾虞我詐」，說謊話已成自然，不說謊話反而有點怪怪的。敗根之國。

・時間的週轉比金錢的週轉重要（即時間的運用比金錢的運用重要）。

5/11 ・三十五年前我說萬惡之源在民代。現在呢？萬惡之源在政治。

・除非幾個爸爸生出來，否則人與人之間應互相尊重，不可隨便罵人、欺侮人。尤其有權的人不可罵無權的人。

・這幾天扁痛批李登輝，李回應：「扁童言童語不必在意。」批總統是說童話，把總統說成小孩子，比童子軍治國還差。（三立電視）

・只有是非而無權勢。

・權勢不能代表是非，權勢不能操縱是非。

・權力的是非就是無是非。

5/12 ・敢說仁義道德的人，自然會有仁義道德的典範。因為現在是民主社會，與過去封建社會專制迥然有異。

- 專制時代有人滿口仁義道德，但事實上是傷天害理、狼心狗肺。民主時代說仁義道德，必須實踐，否則人民會追蹤。
- 有充分人性和道德基礎的人，始有智慧，解決人的問題和社會國家的問題。
- 政治人物只會利用宗教，宗教成為政治的工具，宗教應抗拒政客。

5/13
- 政治人物的臉皮最厚、無廉恥，連領導階層亦然。前天罵得一文不值，隔天馬上滿口懺悔、失禮，甚至還要去請益，如此無格，實令人失望。堂堂一國政治領導者如此無志氣，給國人做最惡劣的示範，如果國人都學他，還像人的世界嗎？
- 無誠信的人是騙子，有的騙錢財，有的騙感情，有的騙權勢，有的騙選票，有的騙吃騙喝，可以行騙天下，無人格可言。
- 我一生最看不起無誠信的人。
- 政治人物無誠信比監獄內的詐欺犯更可惡。

5/14
- 台灣社會價值觀是無誠信、無倫理道德、無人格、無公義和無恥。尤其官位愈高，越無誠信、無道德、無人格、無公義、無恥。這種人是蟑螂、垃圾，人人應有是非，唾棄他、看不起他，唯有這樣，才能重建真正的價值觀，才能真正愛台灣。
- 愛台灣應是真心，應有誠信，應有道德，應有人格，應有廉恥，應有公義。並非只掛在嘴上，而行反道德、反誠信、反公義、反人格，無恥地「愛台灣」。這稱愛台灣的口號，是要害死台灣的。
- 現在有讀書動物而少讀書人。
- 讀書人應有讀書人的風範、風骨。讀聖賢書，而無風骨，只是讀書動物而非讀書人。
- 無誠信者無賴也，無賴者無恥也，無恥者與禽獸何異？無恥者自無風骨，無風骨者非「讀書人」，而是「讀書動物」也。

5/15
- 愛台灣不是天天在那裡騙來騙去。

5/16
- 有智慧必有度量，無智慧就無氣度。有智慧心胸寬大，無智慧

心胸狹小。

- 無智慧自無福氣。
- 無典範的舞台，不管站多久、占多久，均毫無意義的。

5/17 · 台灣的良知和學問，均受權力和惡勢力的控制和左右。

5/18 · 人生最愉快的是能與好人相處，得一好人勝過萬金，更勝過高官。

- 二十一世紀由於科技年代，傳統倫理觀念打五折，親情感情度只有百分之五十，不能再妄想過去傳統親情價值的溫暖、倫理孝道。家庭觀念將消失，老人的空虛、寂寞、溫情和照顧、關懷將成大問題，也是老人面臨一大挑戰。

- 如果你想安享天倫之樂，你應趁子女未成年前才有機會（或未成婚前）。

- 「天倫之樂」四字快要滅絕了。

- 老人休想子孫的孝順，年老應自覺，並應有進入老人院的心理準備。

5/19 · 大家都說社會結構改變、價值觀改變，究竟要變好或變壞？有人性變無人性，好嗎？有道德變無道德，好嗎？有人格變無人格，好嗎？有是非變無是非，好嗎？有廉恥變無廉恥，好嗎？有公義變無公義，好嗎？
其實並不是「變」就好，應該是不好的變好，好的變更好才是。如果是好的變不好，最好不要變。

- 動態感始能處理問題、解決問題，靜態感（思考），是如意算盤，很難面對問題。

- 在台灣可公然無誠信，這算什麼人間？

- 掏空時間，就是掏空生命。

- 掏空時間比掏空金錢嚴重。

- 在野黨是要監督執政黨，是要反制執政黨，要拉下執政黨，這是民主政治、政黨政治的原理。
唯目前台灣的政黨非如此。在野黨無法監督執政黨，執政黨反

制在野黨、猛批在野黨，在野黨又無法招架，實質上已非監督問題，而是朝野鬥爭的問題。因執政黨比在野黨凶，執政黨不依政黨政治原理接受監督，才造成政黨惡鬥。

5/20 ‧無道德觀念的領導者是幹不出好事的

‧資政、國策顧問爭論甚多，不是哪位可以、哪位不可以的問題，是存廢的問題，不能以過去存在的制度，只是繼續下去而已，表面上言之有理，其實保護少數既得利益和特權而已。

一、國民黨遷台為安插抗日元勳和元老，才設資政和國策顧問的制度，以酬勞這些過去對國家有貢獻之士。

二、且當時為反攻大陸須藉重這些有豐富經驗的黨國元老，有其歷史背景才有所制度。

政黨輪替不反攻大陸後，此制度應廢棄，其理由如下——

一、既不反攻大陸，無須這些人充當資政、國策顧問。

二、中國有十三億人口的大國，也不設此制度。

三、民主國家從無此制度。

（一）美國只有一位國安顧問和一位經濟顧問。

（二）日本也無，新加坡只有李光耀一位資政，其他國，英、法、德、俄、加，均無。

（三）資政、國策顧問是專制封建時代的封爵制度。

四、國民黨時代資政資格為五院院長，國策顧問曾任部會首長、副院長，才能擔任。民進黨既無院長、部會首長，提那些無經驗人士擔任，失去意義，應廢棄而不廢棄，令人納悶。

五、資政、國策顧問又淪為金主、椿腳之手，幾乎為酬庸性和選舉工具。

六、民主化後民進黨應扮改革政黨，現竟師法國民黨的壞制度。

七、資政、國策顧問每年只於年終聚餐一次，發言機會也在餐會上，可能只有特殊的幾位可建言而已。而資政、國策顧

問主要功能，是擔任治喪會主任委員、委員，公祭時以總統府名義，排在前面而已。

八、花費民膏、民脂，數億血汗錢又無意義。

九、民主國家已無此制度，共產國家更無，全世界只有台灣有此封建制度。

十、酬庸就不是民主，民主就沒有酬庸。

‧很慶幸我一生未曾生鏽過，藍鏽綠鏽我都沒有。不過很多人靠藍鏽和綠鏽吃天、吃地、吃政府、吃老百姓。鏽越重，利頭越多，鏽重的應該很快會解體的，無生鏽的人應站出來，大家來去鏽。

5/21 ‧領導階層常喊維護「台灣人的尊嚴」。無誠信，哪有尊嚴？無誠信是無賴，還有什麼尊嚴？無誠信的人，大家都看不起了，還遑論尊嚴。其實台灣人最無尊嚴，一再出了無誠信的領導群，台灣人無尊嚴活該，是台灣人真正的悲哀。

‧以道德核心對抗權力核心。

‧善良是權勢、財勢和野蠻人的剋星。權勢、財勢只有假愛，無真愛，唯有真正有人性、有道德的人才有真愛。

5/22 ‧如果人間有「傲慢」，應說只有「人格的傲慢」。任何「權力的傲慢」或「錢財的傲慢」均會壓死人的。

5/24 ‧台灣的學界最悲哀。甘地七誡中所說的「要有是非觀念的學問」。台灣的讀書人只當御用工具、權貴的走狗、西瓜人、紅頂學人，無是非觀念，缺讀書人的良知和風骨，這是台灣敗根一大隱憂。

‧古代書生報國、書生救國，現在書生誤國、書生禍國。

‧人性、倫理、道德、是非、典範、風骨、良知、公義、廉恥、誠信、責任均已漸消失，台灣人何去何從。

5/25 ‧道德重整的理念：誠實、純潔、無私、仁愛、誠信、正直、典範。

‧以有限時間、有限生命，選擇活最意義、最精華部分的人生。

- 台中市式晉衛浴設備工廠，二十四日大火又奪取九條人命——

  一、又是違章工廠。

  二、只要有選票的一天，違規違章無法根除，甚至比合法多。

  三、民代和特權除了選票還有保護紅包，在保全違規行業。

  四、無道德、功利，犧牲無數苦命人的生命。

  我每次在媒體上看到苦命人的悽慘，均落淚為他們悲哀！台灣的執政者，失去人的條件，哪個人能替這些苦命人伸冤呢，鐵石心腸、無人性的大官，你們在幹什麼！

- 政治人物絕大多數眼睛起濁，起瘋狗目，亂吠、亂咬，天下大亂。

- 台灣無宏觀格局大的領導者，無心中只有國家、人類、子孫的領導人，只有——

  一、私心重，權力是他家的。

  二、搞人與人的鬥爭、黨與黨的鬥爭，胸懷狹窄之故。

  三、只說五四三、不三不四的格調而已。

  四、無人格典範。

  五、缺人類觀、歷史觀、價值觀。

5/26
- 所謂民主即「主權在民」，亦即唯有人民有權批判官員、監督官員，而官員憑什麼資格罵人民呢？無權力的人，才有資格罵官員，而擁有權力的人無資格罵無權的百姓，這是民主的真義，也是民主的常識。如果有權的人可罵無權的人，這是古早皇帝時代的事。

5/27
- 台灣的高官不只名利雙收，且可亂罵人、被拍馬屁、榮華富貴。不像民主國家

- 李、扁、連、宋互相罵得很慘。罵人最多的是李（因李當權最久），其次是扁，再次是宋，最不會罵人的是連。連連人家罵他，他都聽不懂。被罵得最功夫是宋，其次是連，再次為扁。他們四人，照互罵的資料，可說一大堆，但他們居然是總統、

副總統和省長。

- 一個國家的領導階層，天天罵大罵小、批東批西、罵天罵地，好像無罵會死，置國事與天下事於不理，不務正事，成何體統？只享受權力的傲慢，做最幼稚、最不良的示範，使台灣不像一個國家。人家看到你們這些人的嘴臉在領導，就不當為國家了。

- 領導人不知自己是公僕的角色，反而喧賓奪主，天天罵他的主人，實不像一個國家的領導人。

5/29　· 台灣現在只有「玩權力」與「玩金錢」兩種人，無人「玩人格」。

5/30　· 得意時，心身旺盛，怕死；失意時，心力交瘁，想死。年輕，精力旺，怕死；年老，厭煩疲憊，不怕死。

- 活久就臭（發霉）。

- 人活久了，信譽和風聲會遞減，除非能保持百分之百的人性。

6/1　· 無道德基礎的任何言行和行業均是騙吃騙吃的

- 古代讀書人有風骨，現代讀書人拜金權。

- 台灣的政治人物一逢選舉均提「為民服務」的口號，一旦當選就「為我服務，自肥不斷」——

　　一、立委自肥待遇提高，出國出遊花費公幣，提高助理為十人，還有隨扈，大多是樁腳，喜喪事和私人工作，並無立法方面的專業知識。

　　二、省諮議委員吃定無給職，也巧立名目領十萬以上。

　　三、過去國代無給職，當選後巧立名目，成為有給職。

　　四、五月三十一日任務型國代照說三天內可完成修憲，他們要拖，有拖就有錢，有拖都有吃。

　　　　（一）增加「憲政論壇」。任務型國代只是代表政黨行使「是」與「否」的職權，竟無恥地增所謂憲政論壇，其實是「作秀論壇」，拖延時間，多收入而已，與會議意旨不合。

（二）每人可領二十萬元左右，揩人民的油。

（三）每天吵吃，要吃好一點，真無恥。他們無看「有那麼多無法生活，舉家燒炭自殺，父母帶子女自殺的苦命人」，他們的良心何在？

綜上可見我過去的口頭禪，政治人物是吃天、吃地、吃百姓、吃政府的。所謂「服務」是騙人的，「吃人」才是實在的。這款騙人騙瘋子的政治，是無救的。

- 馬英九競選黨主席在中常會報告路線時，說國民黨要切斷黑金。唯他去年立委選舉，均為黑金立委站台助選，不誠信、騙人！

6/2
- 大家都說政治太黑暗，可能比黑道還黑暗，因此從今改變觀念，認政治人物與黑道為一丘之貉。其實黑道的嘴臉比政治人物慈祥多了

- 凡事注意「根」，然後有系統的注意「枝」，最後才注意「葉」。亦即先處理根，枝葉自然可解決。處理枝葉，而不注意根是不成事，浪費時間和資源的。

- 在這互不信任的年代，人與人間不信任、人與政府不信任、人與金錢不信任，只有金錢對金錢可相信（如銀行對銀行間或看到金錢就相信，人不及錢）。

- 教化「根本」問題，而不是教化「枝葉」的問題。

6/3
- 政治家是理念和公義的結合，政客是現實和功利的結合。政治家如與政客結合，就不是政治家，也成為政客。

- 我對道德和公義典範的要求較絕對化，也較Pure（純粹）的道德、公義、典範的價值人生。也許很多政客無法見容，但這是我的天性，也是我的嗜好。

6/4
- 過去窮貧時代，雖大家都無錢，但無人幹出黑心肝的事，這是台灣之根已腐爛之例證。

- 一切以錢第一，一切以權力第一，眼中無人的存在，這種反淘汰的人生，尊嚴在哪裡，人權在哪裡？空口騙人的民主和選票

掛帥的政客，應負歷史的罪責。

- 回想去年游錫堃在立法院答詢立委時，自承是政客，還理直氣壯地公然大聲稱他是政客，不知是無知或真正政客。一個國家的行政院長是這款貨色，你說悲哀不悲哀？當政客的子民，最掃興、最見笑。

- 用權力說話或以金錢說話的人，最惡質。說人話的，才是人。

- 台灣是幫派政治、黑金政治、硬拗政治、豎仔政治。

6/6
- 所謂智慧是無私、判別善惡是非，講價值、公義心、慈悲心、道德心、孝心、謙卑。

- 有智慧者必壽。

- 權力的傲慢是最可惡的。

- 有智慧始有仁心。

- 連戰在政治人物中較單純，可惜——
　　一、身邊無人，無法保護他，無法提出戰略。
　　二、被李罵慘了，罵到不知所措，無法反駁。
　　三、不會用人。

6/7
- 傲慢的人，不會替他人設想，只為自己設想。謙卑的人，不會為自己設想，只為他人設想。

6/8
- 學者、輿論、司法、治安、軍人、充為執政者的工具，悲哀！上述人物心中應只有國家、人民、中立、公義。

- 台灣社會瀰漫著有權力的壞人、有權威的壞人，反淘汰。

6/10
- 自由還是要有規矩，要有禮貌的。台灣的自由就是亂，亂就是自由，無法無天就是自由，這是墮落的自由。

- 每履行一件有信用的事，我都感到很爽快，也就等於付清一筆債（帳）。

6/11
- 吃公家頭路，不做公道事，是無賴。

- 新政府的問題——
　　一、生活困苦，父母帶子女自殺（燒炭、跳水）最多。
　　二、綁票、搶劫最多。

三、死豬肉、死床舖。

　　四、行政院各部會首長均甚短命，位子坐燜燒就轉台。

6/12　・施哲三畫展致詞深受感動。無淚不成人，善良才有淚，有血才有淚。俗語說無血無淚，無血就是魔鬼。

　　・倫理道德是我的空氣，無倫理道德就不能活了。

　　・非對等（公平）而得的權力和財富，非榮譽也。

　　・權力的傲慢等於權力的腐化。

　　・台灣的政治只有非藍即綠，非綠即藍，無公義的生存空間，非藍非綠難存在。堅持中立、公義的我正遭遇如此的情景。

6/13　・面對權勢和金錢，靈肉都賣了，靈性當然也賣。

6/14　・日本高齡化時代，歐美國家也然，成嚴重老人問題，加以年輕人不生孩子，致老、青、幼斷層，形成人類永續和家庭問題。解決之道還是儒家倫理，家庭價值的重建。

　　民主制度固然好，但人倫家庭制度遭破壞。人類的危機面臨挑戰，這是二十一世紀哲學家和政治家的重大責任和應做的課題，也是人類應莊重地深刻反省。

　　・日本當前突破性發展項目——

　　一、壽命十五年內延長平均九十歲。

　　二、磁浮列車時速五百八十一公里。

　　三、人性化的機器人。

6/15　・歸棚戲攏是奸的。（整齣戲都是演奸的）

　　・破壞大自然比破壞文明更嚴重。

6/16　・台灣人出產經濟動物和讀書動物。

6/17　・物質爆炸時代，窮人還是多數，貧富差距大，破壞自然生態，剷除人類生存之根，匯聚搜刮全部財富的財團與政治領導者利益輸送，共同壟斷人類的命運，這是人類問題、世界問題。

　　・不只要有幾分證據說幾分話，更重要是有幾分分量說幾分話。

6/18　・說官話和錢話的人，只有傲慢、炫耀而已，無智慧，製造差別、難受、壓制人的尊嚴。

- 炒短線的國家是無根的，無根就無歷史。

- 一百七十多所大學無法培養公正人士，甚至只培養炒短線的國民和領導階層。

- 炒短線的領導人，自無治國理念和能力，甚至是反淘汰的。

- 如果人仍是萬物之靈，則自然生態和萬物（動植物）均生存，才能完美，因人類應維護自然生態和愛護萬物。

6/19
- 只有權力和金錢的傲慢，而無人格的傲慢，自無價值觀可言。

- 權力既足以使人腐化，則喜與權力接近的人應小心才不會腐化。

- 慶幸重視人格，起碼還能說「人」的話。否則無錢無勢，錢話不能說，官話也不能說，就要成啞巴了。

- 古言要錢不要命，現在的人要錢不要臉。不要臉的人是人嗎？

6/21
- 社會既無是非，又無是非的需要，無人可寫歷史。因政治人物包括領導者，不怕歷史的裁判，享受權力的傲慢，我行我素，笑罵由你，將權力當成他家的，權力私有化且無限上網，任何人均無可奈何，所謂民主法治，是騙瘋子的。

- 無是非又無互信，歷史家難出現，亦無用武之地。

- 古代不管你官位如何顯赫，終不能逃過歷史的裁判。現在社會不需是非了，歷史家也消失了（歷史家也趨附權勢），誰還怕歷史呢？更不怕面對歷史的裁判。

- 無是非就無歷史，無歷史就無國家，無國家就是動物園了。動物園的動物是無歷史的。

- 幼時鄉下有一位村民偷一隻鵝，被捉到，在眾人面前跪下，村人爭相觀看。他雖無受法律的制裁，但他受更嚴重的道德制裁，不敢面對村人，村人也看不起他，只好孤單單地在社會上很快消失。足見六十年前道德在安定社會，如今法律都無法安定社會。

6/22
- 年輕時與名利搏鬥，年老時與死神搏鬥

- 有智慧和善良（道德）才有哲學。

- 善良的人，才需天倫。
- 尊嚴比名利重要。
- 百分之百的責任感，即對自己對家庭負全責、對職務負責到底、對社會有責任感、對國家有責任感、對人類有責任感。
  我一生只有責任，對責任最興趣，最感榮譽，最感有價值。
- 責任感可稀釋權力的傲慢。無責任感的人，才會權力的傲慢。
- 責任感重的人不會負債，責任感重的人不會欠人債，而是人家會欠他債。
- 不少人只會說漂亮話，但從無責任感。

6/23
- 說話不負責，如同放屎叫人擦屁股的惡劣。
- 人生價值的開發至爲重要
- 國人欠缺「長期邏輯思考的本能」，才造成今日競相炒短線之風。
- 責任與傲慢成反比例。有責任就無傲慢，無責任自然傲慢。

6/24
- 近年來在權力的傲慢，權力的至高無上論出現後，權力取代了道德，使人性失落、價值崩解，造成人類的危機。

6/25
- 政治暴發戶比財團暴發戶更可怕。
- 權力的傲慢是暴發戶的心態。
- 意識形態與幫派心態無異。
- 善的治理，必須心地善良的人當領導者始能爲之，否則是空談的。
- 權力當爲私有情緒的反應就是權力的傲慢，亦即權力私有化才有權力的傲慢。
- 台灣負債四兆（朱炳昱說），其實心靈上的掏空更嚴重，至少數百倍負債之上。
- 政客掏空了台灣人的心靈，是不可原諒的。

6/26
- 是幫派政治，不是政黨政治；是錢主政治，不是民主政治；是口水政治，不是做事政治；是豎仔政治，不是誠信政治；是小人政治，不是君子政治；是黑金政治、分贓政治、酬庸政治、

魚翅政治。

6/27 ・台灣最重要的是心靈開發的工作。物資開發已過度，幾乎已是物化的社會。

・炒短線的社會，人已是現實、短視、無情、勢利眼的動物，人與人之間無互信基礎，很難共存。

・無互信就難存在。

6/28 ・台灣的公義是由權力和金錢來解釋的，因此台灣無公義可言。

・權力和金錢操在無靈性動物的手裡，人類是無希望的。

・台灣領導人物的兩大本領：一是騙人，一是罵人。他們的政績是騙人和罵人，這是台灣人的悲哀！

・擁有權力的人，只有責任，無資格罵在野和人民，是執政者起碼的常識。

・口水政治的精神是騙人與罵人。

・騙人和罵人只有奸惡和無人格的人才做得出來

・不誠信就是無賴、無恥。權力落入無賴、無恥之手，台灣人不可承受，應群起抗拒、對抗、消除之。

・看到高官專程到帛琉為台灣飯店剪綵的傲慢，令人心痛。由高層及部會首長，以公帑競相大撈到國外渡假錢，如此奢侈，公然藉機浪費公帑到國外旅遊（美其名不是考察便是開會，還有是堅固邦誼）。趕快趕快，還有兩年多，快玩，否則沒機會了。

國民黨時代哪有此情形，官員出國均受嚴格的限制，高層哪有年年出國，甚至一年出國數次，想出去玩就出去，完全無節制。

・政府高層官員玩透世界，真是過癮，此生只有這次，怎可放棄千載難得的機會。

・開公帑又受特別禮遇，威風凜凜，多麼使人羨慕和傾倒呀！這是執政者的傲慢，無視百姓，還有天天眾多無法生活而燒炭自殺的人。

・執政團隊的十大缺失——

一、騙人罵人的嘴臉。

二、藉機出國旅遊（查明出國旅遊高官的次數、國家和公帑）。

三、不像執政黨。

四、權力的傲慢。

五、硬拗、作秀專業。

六、財富滾滾可進入私人褲袋。

七、眼中只有財團無百姓，最勢利眼。

八、人才以椿腳、酬庸、金主和意識形態為主，非品德、能力、典範之士。

九、與黑金掛勾不遜於國民黨。

十、不重視倫理道德和公義。

6/29 ・政治人物無理想性、無整體性、無國家理念、缺歷史性，天天說那些五四三，這款政府叫做五四三政府。

・以倫理控制情緒，才不會凸槌。

・民主、自由、平等，過去喊得很響亮，也曾經流行一時，滿足過不少政客，現在才知道是騙局，是政客掠取權力、操弄權術的美麗語言而已。

6/30 ・我天生不私、正直、不偏頗，難為功利社會接受，既不同流合污也不為虎作倀，只有過著不私的孤獨生活。

7/1 ・我的主政十大理念——

一、主政者呷卡壞的，人民呷卡好的，即主政者吃稀飯，人民吃清米飯。

二、有權的人不可罵無權的人。

三、典範的領導代替權力的領導。

四、權力的謙卑而不是權力的傲慢。

五、是價值而非價格。

六、永續而非短線。

七、重弱勢輕強權。

八、重公義唾功利。

九、無私爲治國之本。

十、智慧、道德、能力、誠信、人格、典範，是主政的基本。

7/2
・台灣的建設是選票建設（椿腳建設）、分贓建設、人情建設。人民死好！

・平鎮市五星級市場建設，建好後不使用，成爲蚊子市場，因公帑已被賺走了，管你使用不使用。

我曾說過，台灣的建設是分贓式建設，「是誰要賺多少錢而建設」的，不是「爲建設的需要而建設」，否則誰去爭預算呢？

・不誠實是浪費資源、浪費時間、浪費生命之源，不誠實就是問題。政府花費很大資源處理問題、解決問題，人與人之間，花費很多資源、時間、精神、生命來處理問題、解決問題，實在沒有意義。

誠實就沒有問題，上述政府資源、人的資源、時間、生命，都可節省起來。

7/3
・不誠實如製造垃圾，政府和人民每日爲清理垃圾，花費很多資源、時間、精神和生命來處理垃圾、清除垃圾，太不值得。誠實就沒有垃圾，每日清潔溜溜，用不著處理垃圾多麼舒服，把清除垃圾的時間、資源，活在有意義的人生。

7/4
・生命的深度、生命的廣度、生命的遠度（長），最重要的是生命的鮮度。

7/6
・高中時代前的人與人之間是「忠來忠去」，大學時代以後的人是「奸來奸去」。

・價值重建，始可挽回人性。

7/7
・阿扁只怕獨派而不怕正派。

・人性消失，問題叢生——

一、生活困難：自殺、父母攜子女跳水、燒炭自殺或其他方法。

二、治安惡化：殺人、放火、綁票、勒索、強盜、殺人、性侵幼兒、兒童……

三、生活安全問題

　　（一）食品有毒：黑心麵紛、黑心麵（涼麵、傳統麵）、鹽水雞（雙氧水洗漂白）、蚵漂白。農產品農藥殘存量高誰管呢？死豬肉、雞肉的販賣。添加物太多食品大都有毒。

　　（二）死人床三萬床流於市面（五股）。

　　（三）土石流、淹水問題

四、教育問題：量多質劣，大學由十五年前的四十所增爲一百七十所，破世界紀綠。功利教育非人本教育，無人性、人格的教育。教育首長意識形態出身，非教育家、哲學家、思想家，非爲教育而教育。

五、無法杜絕大陸黑槍、毒品及大圈仔和偷渡客問題。

六、炒短線：上下炒短線。

七、特權公然掏空（國營事業）無人管（監督），政府無處理、杜絕上述人民起碼生活環境，人民可不要這款政府，除了革命或離開台灣「也無你要安怎」。

7/9　‧看白永傳先生回憶錄——

一、很羨慕他的時代，有自然、善良、眞實、勤樸、親情、溫暖的環境。

二、敬佩白先生能在那樣環境下，實實在在地活，他的人生有意義、有價值，是他的偉大，也是他的福氣。

‧傲慢的人不會有「愛」的，謙卑的人比較有「愛心」。

‧人類的弱點是甘願爲金錢和權勢而失去人性。

7/11　‧有道德的人應是非心、明善惡，否則雖有很好的道德修養，但他的朋友無道德，將會被誤爲他也缺德之人。

7/12　‧我是爲國家和全民而生，是爲道德和公義而活，我屬於公道派，而不是藍綠黨。我是爲我的國家做工，非「藍官」亦非

「綠官」，因此如果做官的話，是「國官」。從不做「藍官」也不做「綠官」。

- 民主政治演成幫派政治實想不到的，什麼政黨政治，其實是幫派政治。
- 難道政黨政治不需公義嗎？公義無生存空間嗎？如果只爲黨派利益，無國家、無公義的存在，則這個國家無需道德教育、公義教育。無道德、無公義的國家應是動物園。
- 我的主體意識是公義。
- 政黨應是「拚公義」而非「拚黨私」。很可惜台灣人竟接受拚黨私，而拒絕拚公義，眞是反淘汰。
- 公義在台灣只是口號，沒有市場，這是台灣人的不幸！
- 無公義是野蠻社會。

7/13
- 爲國爲民的組織是政黨，爲黨爲己的組織是幫派。
- 無私爲寬容之本。

7/14
- 藍綠半斤八兩，Callin節目的主持人及參談人，大多是半斤八兩，龜笑鱉無尾而已。
- 無慈悲的大官和有錢人是最可惡的。
- 孟子的四端，就是人性，即是非心、惻隱心、辭讓心、羞惡心。是非是公義，惻隱是愛心、慈悲心，辭讓是禮貌、謙卑，羞惡是廉恥。
- 智慧和人格的炫耀才值得，權力和物質的炫耀是無知又幼稚。
- 台灣大官們或財團的餐會不是五四三會，便是利害的馬屁會。有智慧、有格調，正人君子不屑一會。
- Callin節目中的參談人，大多「不是爲誰辯護，便是替誰出口氣」的言行，很少有提出中立、公正、超然、內涵、公信力的言行，因此那些主持人和參談人，除了賺些違心錢外，人格應是Out。
- 死魚仔才會隨波逐流。惜台灣人大部也是隨波逐流，與死魚何異。

- 私則不清，也不高。
- 台灣人的劣根性是自私自利。
- 台灣人可能是水土的關係，公的智慧少，私心才會那麼多。如果公的智慧多，台灣人的品質才會高，才有公義的中心價值，自然有公義的共識，社會的紛爭才可消失。
- 動用數百警力，才捉到張錫銘，領導階層均表示極高的興奮（竊竊自喜）。然張錫銘的綁票固可誅，那些綁標的官員更應誅，其實掏空台灣人的心靈和國家資源的更可誅，他們的狠心並不亞於張錫銘，只是他們偽裝得天衣無縫而已。
- 幼時做官，大多是賢能之士，現在做官幾乎是庸劣之輩。
- 無公義意識的人顯示頭殼壞掉，頭殼壞去的大官在主導國家和社會，而人民也甘心受主導，只有死路一條。
- 綁標比綁票更嚴重。綁標有工程綁標、人事的綁標，只是綁票無陪票，但綁標有陪標。
- 黑道、白道均為唱歌高手，歌唱成為黑道漂白和掩護的工具，並不是過去說「學音樂的不會變壞」。
- 過去說國庫通黨庫，現在是國庫通私庫。
- 無親情、感情的成就均是假的。幼兒的教育重點應在親情溫暖的感受，有親情、感情的孩兒，將來才有真正的成就。幼兒不要功利化、塑膠化的教育，不要給他炒短線的環境。
- 民進黨執政五年，所有部會首長以上的官均競相出國，美其名為考察，其實是利用公帑出國遊覽。頭等機票、五星飯店，出入境禮遇、拍馬屁的下屬送出迎入，代表處無什麼外交，只是侍奉那些官員，宴請好的料理，全世界都去透透，享受人生最高的待遇，真是大撈一票。
  國民黨統治五十年，不及民進黨五年。
- 虧時間比虧金錢嚴重，虧時間等於虧生命。
- 要求自己百分之百完美，你就不會隨便批判他人。也唯有自己有百分之百完美，你才有資格說人家，否則無資格說人家。

- 自己不要求自己的修養，專門說他人的是非是不可以的。

7/16
- 金錢騙子容易敗露，成詐欺犯罪，政治騙子不易敗露。因無客觀的金錢、利害，只有人與人之間的騙來騙去、挑來挑去和拍人家不知道的馬屁，個個擊破，加以大家均誤認政治人物較高水準，不疑有他，結果大家均墜入他的圈套而受騙，連陳水扁、李登輝都不放過。
- 政治騙子比金錢騙子更可惡。
- 金錢騙子刑法上有詐欺犯處罰。政治騙子既比金錢騙子可惡，也應立專章處罰。
- 金錢騙子只是騙金錢而已，政治騙子受害的是人的尊嚴，同時可騙權力和金錢的名利雙收。
- 環保如下——
  一為人性的環保，包括道德環保、善良環保、教養環保、宗教環保、倫理環保。
  二為自然生態的環保（地球的環保）。

7/18
- 台灣的危機是國民無國家觀念，沒有一致的國家認同，有台灣共和國、有中華民國、有中國，等於有三國國民同住在一塊土地上，天天互相鬥爭、攻擊、開火、對立、對抗、仇視，永無安寧之日，即無國家意識，無整體國家觀念，也無法整合，這個國家是危險的。現在只有三國人民，各黨派做炒短線的爭權奪利，無法為台灣整體發展規劃，無心為台灣的發展設想。
- 目前在台灣的人民暫時共同認同台灣共和國、中華民國為國家主權，台灣共和國的人民與中華民國人民，同為一國，不應相排斥，不應相攻擊，共同維護台灣共和國和中華民國的國家主權，始能團結一致為國家主權解套，否則主權永久是分裂的。無主權共識，台灣很難生存的。

7/19
- 看到大自然有感：自然就是天地，天地就是倫理。金錢掩沒了自然的偉大，舖金舖銀的環境，人的氣質不會好的。無自然偉大的薰陶，無氣質是必然的。

87

- 功利與自然是衝突的，倫理與自然是一致的，人不與自然相處（天人合一），人類不只無氣質且遲早會被淘汰的。
- 大自然的潔淨，足以使人淨化。
- 塑膠化取代了自然化後，人的品質隨著降低。塑膠品多的地方，人的品質有限。應注意二十、二十一世紀功利化，人性的消失與塑膠產品的普遍化有關。
- 自然化的人生對抗物化的人生。

7/20
- 自然力是無限的，蘇格蘭（Scotland）對自然生態的完整保護，令人讚賞。雖物質生活的豐富和科技的進步，但從不破壞它。
- 大自然給我的生命力是無限的，多欣賞幾下，多呼吸幾下，足以增加你生命的信心。
- 以潔淨的大自然換取骯髒的錢財是不道德的，也是人類的災難！
- 自然是全人類所共有的，也是下一代子子孫孫所擁有的，任何人均應珍惜它、保護它。
- 人到哪裡，自然就遭不幸。唯蘇格蘭在大自然地區，縱有廣大土地也不開發，道路只築單線來往，如果是台灣，早在選票掛帥下和政治人物的介入下面目全非，已成四線道、六線、八線了。
- 先進國家對國土自然生態保護完整，不需利用或破壞自然生態發展經濟——
  一、以高科技換取破壞自然的代價相當大。
  二、利用無民主條件的國家破壞其自然生態，而自己國家的自然生態不動一汗毛。
- 假民主是破壞自然的禍首，公害和人害之源。
- 傲慢（炫燿）是衰敗之兆。
- 無倫理你會覺得不順，也即不順天應人，而是逆天逆理的。
- 一個善良的人是橫不起心來，也狠不起心來。

‧緬懷東吳大學讀書時——

　　一、離開父母，依依不捨之情。母親的淚水，是我立志奮發之
　　　　源。

　　二、表姐夫清課、表姐碧娥不平凡的協助，至爲感動，迄今念
　　　　念不忘。

　　三、北上經費拮据。

　　　　（一）曾睡公路局車過夜。

　　　　（二）無錢繳房租，房子被鎖無法進入，只好在街頭流
　　　　　　　浪。

‧一生受小人之害迄不敢忘懷，全是恩作仇報，古代說是被奸所
　害。

7/21　‧人活久了，比較烏魯木齊，自然油條。做官和有錢，由於「官
　　　化」和「金化」，更加速油條腐化。

7/22　‧我一生的敗筆在於「動態的對事，靜態的對人」。如今始體會
　　　到人是活的，變化更大，非如林肯總統所說的「人性是不變
　　　的」（當時人較純潔、有倫理道德、有誠信，才不會變，也是
　　　我過去堅持的人性不變）。因此功利社會，人的飛天潛地，不
　　　敢領教，遲早會被出賣，隨時會死得很難看的，因之對過去的
　　　態度應有所調整。

‧天災固可怕，人害更可怕。

7/23　‧台灣官員愛編謊話，Callin節目參談人不少是職業的說謊專
　　　家。

‧無「智慧」和「能力」說「實話」，可悲！

‧無爲而治是治本的原理。

‧海棠颱風造成中南部嚴重災害，包括淹死人、淹水、農漁損
　害、斷橋、斷路（高速公路麻豆段淹水）等等，人民損害叫苦
　連天，而官員仍然忙於作災害秀，束手無策是官場文化，人民
　活該。

‧建設分藍綠，爲藍綠選票和賺錢而建設，並非爲國家整體系統

建設。在藍綠對峙和政黨和政客的爭權奪利下，永無整體系統建設，是零零碎碎、抵銷性的建設，天頂仙也難醫，是沒完沒了（水利會長爲他的樁腳和利害關係始有建設）。

- 台灣已是開發國家，但天災比未開發時嚴重，何故？只有破壞——

一、無整體規劃、系統建設。

二、綠藍陣營對立的建設。

三、樁腳建設。

四、選票建設、人情建設。

五、攤販式的建設。

六、格局小零零碎碎的建設。

7/25 ・晨電視報導教育部宣布，下學期起解除國立大專中小學學生的髮禁，校規不得有髮禁的規定，老師不得檢查和懲罰，也即說學生要理光頭、蓄長髮、染髮、燙髮、蓄長鬍子及龐克……今後學校不再過問，由學生自主。

一、人本修身教育不做，只有做放死囝躺式的教育。

二、儀容是重要禮貌教育，整齊也是良好習慣培養的教育，也是紳士（Gentleman）的教育。如今禮貌儀容教育都不要，教育意義何在？

三、破壞教育制度，是動物園式的反淘汰教育。

四、國民教養國民品質從此下滑、墮落。

五、民進黨及教育部長正事無法做，只有做歪事，應負歷史罪責。

六、如此作法，可不必上學受教育了，真是教壞囝仔大小。

七、學校既不管教，納稅人稅金應減省。

八、台灣不能住了，如果要過有禮貌、有教養的國民生活，在台灣已無機會了，你的子子孫孫也然。

九、教育部長可請嬉皮、黑道來當了。

十、教育部長可能本身的教養出問題。

- 國之將亡，必出妖孽。
- 現在只有「意識」而無「是非」，才適應當官。只有「臉色」而無「是非」，亦是吃香的官。我只認「是非」，不認「人」，因此水土不合。
- 賄選不除，非民主而是錢主也，是錢主政治而不是民主政治，是錢主國家而不是民主國家。錢主國家並不遜於獨裁國家。
- 公權力非國家統治機制，可悲！
  公權力只是——
  一、用於政治鬥爭、整肅異己。
  二、鞏固自己和黨的好處。
  三、選擇性執法。
  四、面對選票，公權力就敗腎。
  五、特權和民代的瓜分，公權力僅剩課稅的利器，其餘節節敗退。
- 過去（幼時）歌仔戲、布袋戲，劇中有忠臣、有奸臣，有好人也有壞人，現在整棚戲都是奸的。

7/26
- 輿論是代表公正、公平、中立、正義。有偏頗或立場鮮明的媒體不能稱為輿論，只能稱為某人某黨派、某某國的代言人或宣傳品，不能受輿論自由的保障。
  台灣輿論藉新聞自由行為已為某黨派宣傳代言，應是輿論自由以外之事，不能算為輿論。
- 台灣政治人物的話若可以聽，狗屎也可吃。

7/27
- 自然是永恆，順乎自然始能永恆。
- 公義勝過藍綠。
- 只有意識而無公義是無意義的。
- 誠信、道德、正直、公義才有人格，否則是無人格的大官，無人格的財主。
- 追求完美人格的意志力太強，是我的缺點，但永遠堅持。
- 不說「沒有責任的話」，要說真實、誠信、能行的話。

7/28 ・權力足以使人鏽化。

7/29 ・幼時母親對鄉間說話，無負責的人稱爲「賣嘴花」。賣嘴花大家都會，現在電視上可看到很多賣嘴花的人。

・台灣有黑心麵粉、黑心食品、黑心夏令營、黑心床。最厲害的是黑心官、黑心民代。

7/30 ・黑心官比黑心肝惡質。

7/31 ・俗云「知其一不知其二」是錯誤，大部分的人屬此類，應是知其一亦知其二、三……無數，才是正確的。
天外有天，人外有人，就是知其一還要知無數之意。其意在警告人們勿太主觀，自以爲是，應客觀、謙卑，不是只有你知道而已，別人知道的你可能不知道。

8/1 ・我寫了五十多本手記，完全基於靈感而來，靈感的源泉是無私、倫理、道德、智慧、慈悲、公義、價值、責任。

・所謂思想，即「創造的智慧」（《文星》九十一期）。

・日本經營之神船井幸雄二〇〇二年九月五日在統一企業演講「認爲資本主義正在崩潰」，他提出「本物經營」重點回歸人類的良心和自然法則。

・美國有兩億三千萬人口，只有兩百多所大學。台灣兩千三百萬人口，有一百五十八所大學。台灣會被政府掏空，也會被扁死的。
教育品質的低劣，下一代的人能像人嗎？不負責任的開放，討好式的開放，死囝躺式的開放，像國家嗎？

8/3 ・是官癌而非肝癌，官癌比肝癌可怕。

・用無知識的政務官，然後以口水戰，轉移無知、無能、無賴。

8/4 ・自動化，效率高，成本低；人爲化（操作），效率低，成本高。人亦然，自動的人，效率高，成本低；操作化，效率低，成本高。

8/5 ・過去反抗國民黨威權、專制、白色恐怖，不公義的那批人，走到哪裡去？是不是已成爲既得利益者的植物人。

- 功利社會，公義已成弱勢，仗義執言之人是寂寞的，難呼吸的。
- 道德的競爭力我原跑在前茅，現在該注重健康（長壽）的競爭力，也是生命的競爭力。
- 領導階層只能說典範的話，不能說瘋話。可惜我們的領導階層，專門說一大堆五四三的話。
- 領導階層說那些五四三，表示這個國家水準差。

8/6
- 無知又無謙卑，才會硬拗的，拗得將有謙卑、專業、有能力的人淘汰掉，那批首長大多均然。

  無知拗有知，無知勝；傲慢拗謙卑，傲慢勝；野蠻拗斯文，野蠻勝；無能拗有能，無能勝；無經驗拗有經驗，前者勝。
- 無水準的民主自由是無倫理、無秩序的。無倫理、無秩序的生活是野蠻的。
- 自然生態的破壞＋倫理道德的消失＝人類的危機。
- 欠人家的錢，如坐錢牢。人生苦短，坐錢牢是痛苦而無尊嚴的。
- 台聯四周年，扁、李又同台，據說心結已冰釋。父子總統互相罵來罵去，又無志氣，一個國家的元首都無志氣了，被統治的人民自無志氣，無志氣的人能成事嗎？

  不過扁、李鬥罵已成史實，縱然是已和解，並不影響歷史的事實。

  李罵扁的史實：豎仔、會選舉不會治國、叫他去捉鬼，反而被鬼捉（扁宋會「叫他」、「宋是鬼」、「當阿扁為団仔」）。

  扁罵李太絕（李絕不會原諒扁）——

  一、老番顛。

  二、有人當十二年總統都無法宣布成立台灣共和國，要我當幾年總統就要成立，就是現在讓李當總統，他也做不到。

  三、運作連署諾貝爾和平獎。

  四、有人想當台灣之父，台灣共和國之父。

五、假使是他的子，也不是這樣管孩子。

六、專程問柯林頓，卸任後是否如此干預布希。柯林頓：「沒有。」

8/7 ・執政黨推行政策必須保證為最佳政策，才有市場，在野或民眾才樂於接受而全力支持。如執政黨的政策只對黨或個人有利，或有利益輸送或弊端，或三、五流政策自無市場，在野或人民自會反對到底。

當今民進黨政策為選舉考量最多，且缺專業和經驗，三流政策，在野不支持竟反而批為扯後腿，盲目挺綠的愚民竟隨民進黨起舞，以非藍即綠的心態，支持三流且有弊端的民進黨政策，不支持反而被罵。

・言行不一致和無邏輯的話（無道理）是廢話。

・今晚民視新聞，李登輝批陳水扁昨天在台聯黨慶說的「兩岸關係，有效管理，積極開放」——

一、有效管理：管理什麼，管理在哪裡，只是用嘴講，用嘴隨便講我也會。

二、做一個總統講話要有信用。

我同意李先生的批判，有效管理是空話，當總統講話要有絕對信用。

8/8 ・是非是不變的，利害是可變的。與有「是非心」的人講話，才有信用，與有利害心的人講話，信用是不可靠的。

・政治人物的話是不可信的，如果你信政治人物的話，不是會被出賣不知道的，便是死得很難看。

・藍綠的對立並不是「非解」的，如果有智慧無私心，很簡單的事——

一、執政黨尊重在野黨。

二、權力者尊重無權力者。

三、執政黨不可釋出資源給在野黨，如此將成政黨分贓。

從今起執政黨領導人能多尊重在野黨則政黨惡鬥、政黨對

抗、政黨分贓自然消失，並非資源的釋出。

- 謝長廷說開放澎湖爲小三通據點，李登輝批向中國傾斜、將帶領李友會成員上街頭抗爭，頭殼壞去。

　　看來只要李先生在，民進黨要格外謹慎，難怪民進黨說執政五年，被綁腳綁手，難有所成。

- 說來說去都是他對，別人都是錯。

- 我最重視程序，程序就是倫理，無程序就無倫理。

- 硬拗部隊進駐中立機關後，中立機關只有名存實亡。中選會有些一面倒的委員派至中選會，中選會漸失中立角色，自此中選會也如政黨，有對立之勢，外界快要罵死了，我是硬撐到最後，不得不離開，再幹下去就無良心了。

- 無良知的讀書人最可惡，硬拗部隊大部由學人成軍，御用工具、打手與黑道打手無異。

- 人本並非指身體而已，靈性、人性、人格更重要。

- 台灣如要有生機，必須解散現有如幫派的各政黨，凍結一段時間後，重組國家利益高於一切的新政黨，才能實施眞正的政黨政治，才無政黨惡鬥、政黨分贓、意識對立的幫派。

8/9
- Callin節目是罵來罵去、騙來騙去的節目，無法了解也無法解決問題，只是有些人聽來會爽而已。

- 現在的大官喊「民主」與「人權」，如同蔣介石時代喊「反攻大陸」與「消滅共匪」的口號一樣，是騙國人、騙世人的。

- 《中國時報》報導，澎湖縣長賴峰偉說，澎湖爲小三通是八年前選縣長（當時）李總統背書的，如今李先生反對，將率眾抗議（北上）。內情究竟如何？

- 桃園缺水問題只看經濟部長何美玥道歉而不負責，這是民進黨的道歉政治。阿扁也道歉，如此道歉政府，大家都會幹。

8/10
- 民進黨從政人員只要有兩下，就可穩坐高位，這兩下就是硬拗、道歉。這是軟硬功。

8/11
- 桃園缺水，呂秀蓮罵朱立倫縣長「朱靠罵中央，使自己免

責」，連這也有罵的價值。國民黨時代很少高官罵人，只有在野（人民）罵高官，民進黨當然大罵特罵一頓。現在民進黨執政，仍然是高官天天在罵人。執政時罵在野、批人民，這是民進黨的敗筆。

· 過去是一黨專政，無黨反而好生存，現在是幫派政治，不加入幫派很難生存。

· 國民黨五十年負面的罪績，被民進黨五年就玩完了。

8/12 · 天天罵人的大官，還談什麼人權？罵人的大官是權力的傲慢，傲慢的人眼中無人，哪有人權。因此會罵人的大官就是侵害人權，侵害人權還有什麼資格談人權。

　　總統府設人權委員會由呂秀蓮負責，成員不少是豎仔、西瓜人，這些人是專門投機、侵害人權的，很是諷刺。所謂「人權治國」是騙人的。

· 人權的基本觀念是「把人當人」的意思。一位大官自身優越地天天罵人，有無把人當人？這種罵人心態就是最無人權素養的人。罵人是詆毀人的尊嚴，毀損人格的利器。

· 中邪的人將失去理性，無理性的人就無原則、無公義可言。

· 與無原則的人相處是危險的，隨時會被出賣。

· 是論事，而不是罵人。

8/13 · 台灣人的悲哀——

　　一、缺典範的治國者。

　　二、很少有誠信、有智慧、有能力的正人君子。

　　三、權力的傲慢只有硬拗、騙、罵、權力私有化。

　　四、權力者成富翁，人民生活困難，自殺者太多。

　　五、讀書人風骨已失，只有靠攏權勢、財團，無公義。

　　六、無是非只有利害，缺良知、正直、德行好之士。

　　七、只有墮落一途。

　　八、五四三的政府，不三不四的公職人員。

　　九、豎仔當政，騙子當道。

8/16　・心寬能增壽，德高可延年。

8/18　・三一九公布有感：台灣的政治人物、媒體幾乎無良知、無人格，只有向財勢、權勢靠攏。情治人員（檢調警）為了地位、為了升官，公然違背良心，不正大光明，做有利於權勢的推論，編造有利於升官的劇本，無公信力。歷史家應認真繼續追求真相，還原真實。

　　　・只說道理，不談藍綠。只談藍綠，不說道理，是野蠻。

　　　・台灣人是金錢動物，只有權勢的腦髓。台灣人缺公義的腦髓，尤其大官顯要、學人，不知什麼是公正，什麼是正義，經常明眼說瞎話。

　　　・偏藍偏綠我都看不起，唯有偏國家的才看得起。

　　　・李登輝今日在桃園帶著腰痛批扁——

　　　　　一、扁政策如他的腰痛（動作），搖搖擺擺，社會成為飄來飄去的社會，無法安定。

　　　　　二、扁一心想去大陸，若不是他擋住（反對），早就去了。

　　　　　三、為此扁藉台聯四周年慶向他道歉，李說道歉也「無效」。足見李眼中的阿扁，只不過是豎仔而已，根本看不在眼內，也不把扁當為總統。

　　　　阿扁很衰（倒楣），碰到李登輝，一點總統的格都沒有。

8/19　・台灣的社會，有的是看綠的吃飯，有的是看藍的吃飯，因此非綠即藍，非藍即綠，才能生存。而我一生反對西瓜效應，心中只有道德公義，不靠藍綠吃飯，說藍綠的話。

　　　・昨天下午與國票公司總經理翁明章及鄭經理羽婷聊談中，我提出，阿扁如能以三級貧戶的姿態、心態、勤儉、謙卑、誠信，樸素、典範執政，將是執政者的一絕，全世界最傑出的領導非他莫屬，也可能是全世界最成功的政治家。

　　　　可惜他當總統馬上忘掉「三級貧戶」的最豐富執政資源。

　　　　　一、權力傲慢。

　　　　　二、財團化：炒股票、漏稅、資產階級。

三、名牌化：名錶、名牌、飾物、衣服。

四、貴族化：子女結婚之鋪張。

五、勢利眼：與有利害的人相處、有錢人、有選票者、不管是三教九流均爲他用人對象。

六、失去三級貧戶的本質：只關愛有錢人和選票，心中無貧民、無弱勢、無惻隱之心，屬資產階級。

七、無三級貧戶的執政風格，如以三級貧民的執政風格，萬民欽仰，是國家之福，不爭選票，選票自來。

8/21 ·台灣的政治人物大多無國家意識，心中無人民，只有招群結黨，如幫派地爲黨派、爲私利欺騙社會人民，搜刮公的資源。搞私利關係，無道德、無公義、無誠信，是最高級賺錢方法，是政治生意人，是以權勢做生意，是比八大行業更高層次的行業。你看當前政治人物，不是以意識形態爲本錢，便是以民粹欺騙人民，而獲得利益而已，哪個人有國家有人民存在？國家、台灣、人民只不過是欺騙人民的口號，掛羊頭賣狗肉而已。

如果眞爲國家爲人民爲台灣，國家地位有提升否？人民生活如何？自殺人口增加多少？只有他們自己成爲暴發戶，享盡榮華富貴，國家、人民、台灣，只不過是掩護他們得了便宜又賣乖的道具而已。

悲哀！台灣人被那些政客愚弄還不自知，不自省，只等死得很難看的到來。

·連戰雖無大作爲，但對國民黨的貢獻——

一、有人要分裂國民黨，當時（二〇〇〇年）對國民黨情勢非常險惡，岌岌可危，但他能忍辱負重，擔當重任，使國民黨無裂解，救了國民黨。五年來國民黨總能度過死裡逃生的命運，實屬不易。

二、完成黨主席直選的台灣政治奇蹟。

三、功成身退。國民黨在任主席非死亡即不高興的下台，連戰

是整黨歡送下、光榮受尊敬下卸任。照理他應可再連任一次，但他不戀棧，乾乾淨淨地下台，在台灣政治人物中不易找到。

8/22 ・國家腐化，人心墮落原因——

一、基本盤：數十年來的認知

（一）人性消失。

（二）無倫理道德。

（三）社會無是非。

二、政治人物

（一）心中無國家、無人民。

（二）國家人民只不過是騙取權力和金錢的資源而已，是搖錢樹而已。

（三）政治人物不只是缺德，還是心狠手辣的。

（四）一切都是假的、騙人的，不可相信的。

（五）人權和民主是他們暴發戶的兩大籌碼、兩大利刃、兩大寶藏。

三、國民品質低

（一）反淘汰的教育。

（二）非人本教育而是功利教育（非修身、非道德教育）。

（三）無是非，只有利害；無公義，只有功利；無價值，只有價格；無智慧，只有聰明。

（四）無謙卑、無誠信、無慈悲、無典範。

四、結論：國不國、人不人、君不君、臣不臣，是「劫官」而不是「民官」。難治、難救也。

・報紙、電視刊載著連「政府」也無信用，「總統」也黃牛——

一、行政院新聞局於東亞海嘯捐款四億，迄未撥給災民（八個月），有損國際聲譽。

二、陳總統義賣黑鮪魚一千八百萬要給兒福機構，這些單位迄
　　今分文未收到，是黃牛。

這些情形是必然的。這個社會是「爾虞我詐」，政治人物幾乎
百分之百，否則很難取得政權，也無機會當官。

8/23 ・政治人物說話不能算數。

・原以為政府是神聖的，官員是偉大的，現在才知道，政府如柑
仔店（雜貨店）或瘋話站（台），官員如攤販或豎仔。

8/24 ・政府官員發動募款（為基金會或救濟）是違法的，因官員掌公
權力，用公權力募款，不樂也要樂捐，有強制性意味自然不合
法。

・國民黨，將國當國：唯是威權政治、黑金體制。
民進黨，將國當家：唯是硬拗政治。

・錢固要用在刀口上，時間更應用在刀口上。時間如能用在刀口
上，不只可提升效率，最主要是節省生命。

8/25 ・泰勞暴動不如說是抗暴。外勞被層層剝削，又受不人道虐待，
應對政府譴責，並為外勞抱不平。這種古奴隸制度的心態，在
台灣重現，我絕對不認同，不可權力的傲慢，更不可金錢傲
慢，多點權力和金錢的慈悲吧！

・政府的高官非「利頭」，即是「無知」。無知指揮有知，政必
亂。無知的政務首長指揮專業的技術官僚，事務官難為也。

8/27 ・十多年來國家的典章，成為執政者私人的典章，將來無一部台
灣史，只有執政者榮耀的家族史。

・治國的要件──
一、治國的智慧：無私、公義、典範、價值觀、道德性。
二、治國的理念：國家的整體性、子孫永續的歷史性。
三、治國的能力：推動力、執行力、績效高。
目前台灣的治國者缺上述條件。

・目前台灣治國者──
一、權力的傲慢，是無知、缺德。

二、爲私利、爲利害關係人，無國家社會的誠意。

三、鬥爭能力強，做事無半步。

- 邱義仁缺全民意識，只有新潮流意識、只有民進黨意識。他主掌的國安會，事實上是「黨安會」，一切爲民進黨，無公義存在，是權力私有化而已。

- 黨外時代的氣節，民進黨創黨時代的理念全失，五年的時間，將國民黨五十年執政腐化部分，照單全收的第一名模範生。

- 一黨專政時代反攻大陸，軍情首長固可由黨籍擔任，政黨輪替正式進入民主時代，如國安會不能由黨籍人士擔任，因易藉國安之名，行政黨鬥爭、整肅異己，成爲黨安會，而非國安會。

- 現在君子很少，大部分是小人。執政者或政黨常以黨籍人士擔任，應超出黨派、中立、公正職務。他們的理由是已停黨權，不影響獨立、中立，連鬼都不會相信，此地無銀三百兩。那些人是最無骨氣的，他們不管有無停權，只是御用的工具，心中只有他所屬政黨，絕不會中立、獨立、公正、超然的，否則他開始就不會入黨。

- 其實如國安會、中選會、中央銀行、公平會、監委、考委、法務部長、調查局長、警政署長，不可由黨籍人士接掌，應由有強烈公義意識，絕對獨立、超然、中立的無黨派人士擔任，上述中立機構才能眞正維護公正、中立、獨立、超然的角色。國民黨時代大家都不相信了，民進黨更不能相信。

- 大學應設立公義科系，專門培養有公義性格、公義學問的專家，來擔任中立機關首長及工作人員。國家應設立公義人才的高普考，由考試及格人員充任中立機構的要職，如此中立機構才能維護名符其實的中立功能。

8/30
- 這幾天台灣流行馬屁橋、馬屁軍、馬屁特考（律師），馬屁何其多，因高官喜人拍馬屁，自然競相拍馬屁，其實——

  一、關鍵在於高官喜人拍馬屁，如高官不喜人拍馬屁，馬屁自然消失。

二、馬屁有物質馬屁與精神馬屁——

    （一）物質馬屁：送紅包、送物品、請吃飯。

    （二）精神馬屁：排場面、說肉麻話、奉承、巴結，使大官能爽。

三、拍馬屁的人是小人、小丑、奸巧、厚臉皮、不要臉。

四、拍馬屁的動機：利用大官得好處，如升官、調好職位、保官位、占肥缺。

五、被拍馬屁的人是被裝笑爲的，被利用而不自知，幼稚的比拍馬屁的人還不如。

六、效忠領袖，就是拍馬屁。效忠國家，才不會有拍馬屁現象。

七、大官拒絕拍馬屁，馬屁文化才會絕跡。

八、有馬屁就無清官、無清明的政治。

九、馬屁不除，國家無救。

十、馬屁是政府腐化、民心墮落之源。

‧有馬屁就無民主。如果民主，人民是主人，照理官員應向人民拍馬屁，而非人民或部屬向大官拍馬屁。

‧拍馬屁是比金錢更高的賄賂。

‧顧炎武：士大夫之無恥，是爲國恥。

‧現在我才明白民進黨執政的目的——

一、無治國條件和目標。

二、只有權力的傲慢，權力當成獲利的工具。

    （一）掏空國庫：高鐵、中華電信釋股、金控。

    （二）國營事業民營化，其實是財團化、私有化。

三、用人方法

    （一）非爲國取才，酬庸或金主爲主。

    （二）用無能力又無知的人，才能拍馬屁，才能完成五鬼搬運，才能聽話，達成其利益結構。

    （三）缺道德、人格有瑕疵的人，才能充任高官。

四、爲人詬病

（一）吃像難看。

（二）豎仔。

（三）硬拗。

四、選舉：人家說民進黨只會選舉，其實以高明手段和民粹意識形態，濫用台灣人的招牌，騙取選票而執政。

五、律師治國：不針對問題，解決問題無半步，只用那張訓練過的利嘴，將活的說到死，將死的辯到活，將黑的說成白，將白的說成黑的。每日均在辯解，不反省、不檢討、不認錯，無法辯解時就說道歉，這樣執政，只有死路一條。

9/2　・藍綠責任應釐清——

一、高雄捷運疑案（不用弊案二字）如何釐清：

（一）不是檢察總長的標準答案「證據在哪裡，就辦到哪裡」，從無法辦出結果，是敷衍騙慣人民、討好執政者的美麗謊言。

（二）反對黨或媒體質疑，執政黨人則說提出證據來。證據資料在政府手裡，要反對黨或媒體取得證據，豈不是廢話？永無法解決。

（三）照政治學或行政法，既然在野或媒體質疑時，政府應自動將證據及資料過程百分之百攤在太陽下，先行澄清，讓全民檢視或自動將質疑問題、資料交檢調單位處理，才是光明磊落，坦坦蕩蕩，也是政府的責任。

（四）政府對反對黨或人民的質疑，不敢面對又不自動將資料過程公開澄清，每逢質疑，要在野或人民提證據，或叫檢調單位出來說「證據在哪裡就辦到哪裡」的鬼話，顯示政府的曖昧、作賊心虛，人民永無法信服，政府的威信蕩然無存。

上述提出證據的責任應是政府，非人與人之間的對等法律關係。由主張人提出證據的責任分擔迥異，因政府是公家，不能如私人間的可掩飾、湮滅。政府如有掩飾或湮滅，均為犯罪行為，私人間之掩飾或湮滅則不然。

反對黨或媒體、人民迄無用心釐清責任，如何追究政府的違法呢？往往在檢調配合執政者的「證據在哪裡就辦到哪裡」或「提出證據」的鬼話下，政府的弊案永無從追究。

二、連戰不喜與扁握手之看法

    （一）扁政府或扁本人如將國當家，將政府當成他家的，則成私天下、私有化，不只連戰，全民均應拒絕握手，甚至應當場唾棄他。

    （二）倘扁或扁政府將國當國，一切為公為國為民，連戰拒絕握手，顯示連戰無民主風度和修養，應受譴責。

9/3 · 人民對政府公權力的質疑，政府應負舉證責任。非公權力的關係（也即對等關係），應由主張之一方負舉證責任。

高層（總統、副總統、行政院長謝、黨主席蘇）均學法律的，為何公私不分？將公權當私權處理，不是裝傻便是法理不清。

· 無典範就無資格說人（首長、官員、老師、長輩均應有典範，以典範領導人，教育下一代）。

9/4 · 卸任的元首在民主國中均淡出政壇，很少批判現任主政者，如美國柯林頓，前任總統皆然，就是前任國務卿也不批現任者，英、法、德、歐洲國家皆然，連中共領導人江澤民、朱鎔基、李鵬，下任後不只不吭一聲，連出面的機會都沒有，獨獨李總統下任後不是頻頻與扁接觸，便是不斷出招批扁，也許李、扁關係密切，才有此互動。所謂「不在其位，不謀其政」，道理在此。

· 道德的智慧，公義的智慧，慈悲的智慧，責任的智慧，包容的智慧，誠信的智慧。

9/5 ・《聯合報》A4版刊載，李登輝昨天到高雄李登輝學校講演，暗諷扁「沒有智慧、知識、缺之戰略、策略，只會把兒子送到美國讀書，身為國家領導人是危險的，把國家這艘船帶入險境，但他不是在批評某人」。

9/7 ・這個年頭，你只能依良知默默地堅守公義，不可聲張才能像人，否則一聲張，公義即成垃圾，寧受綠鬼藍鬼惡鬥、暗害、折磨，你都要為良心的公義保密，唯有如此公義始能長存，不計毀譽永維公義。

・智慧這兩個字不可隨便講。那些政客甚至地痞、流氓也會經常說智慧，實在太低估智慧兩字的意義和價值了。
其實我的感受是，無私的人才有智慧。也即無私的人才有資格談智慧。政客是私心最重的人，根本就不會有智慧，無智慧的人談智慧，實在可笑、無恥，不要作賤智慧的神聖意義。智慧不是任何人均可談的，智慧是無私的專利，自私自利的人永無智慧可言，只有小聰明而已。

・律師的辯護職責是為維護「真實」和「公義」而辯，並非為賺錢和顛倒是非而辯。

9/8 ・政府是國家的，是全民所有，並非少數當權者所有，如果少數當權者將政府當成自己的，將沒完沒了。這個政府就不是政府，將成私有化、私權化。既成私有化、私權化，人民或在野將難以公權力關係質疑私權化的當權者，是非黑白責任永扯不清，這個國家將成無法無天，政府就不成為政府。
其實政府的公權力對是非、黑白、責任均應公開化、透明化。因政府不是個人所有，也不是少數當權者所有的，政府是全民所有的，不容少數當權、利益集團硬拗、掩蓋事實、欺騙國人，只要無違法、無弊端、無違失、無責任，自可公開澄清，透明化地攤在太陽下，讓全民、在野、檢調、檢視，也可自動協助全民、在野、檢調澄清真相，因為政府是全民所有的，不是當權者所有的，執政者起碼應知道這個道理。

9/10　· 理念的結合、理想的共識、使命感的共事，才能永恆、才有意義。利害的結合、現實的共識，五四三的共識，是短線的、無意義的。

9/12　· 眞實就不必辯，假的才須辯。藍綠對辯就是因無眞實才強辯。
　　　· 有道理的不必協商，無道理的才想協商。
　　　· 國家利益的不必協商，個人利益才需協商。

9/13　· 部分民進黨高官的惡習──
　　　　一、自己無法做，專門挑他人的壞處，誤導他人、媒體，表示自己好。
　　　　二、無責任感，只有享受權力的傲慢，責任都歸給他人。
　　　　因此很難相處，甚至會受害。
　　　· 我一生就是奸不起來，才會如此落魄，被邊緣化。有堅強的道德和堅持公義的我，無法爲天地工作，實在遺憾。

9/15　· 弊案是不能口水戰的，任何人均應同心討伐，除非是同夥的。
　　　· 政治性、政策性的，政黨才可辯論，至於違法或弊案，是不能辯論的，只有澄清之責而已。

9/18　· 司法應高於政治，不可自廢獨立與公義的原則，而成爲政客整肅異己（武功）的工具。
　　　· 司法不可伺候政治。

9/19　· 勿爲自己舒服的生活而失去公義。

9/20　· 無私的人始能維護眞理和公理。

9/22　· 人生最悲哀的是無法過著有道理的人生。
　　　· 在張燦鍙開創文化基金會講：現在是台灣死人的盛世時代，大官、小官、民意代表競相當孝男，官員和民代最忙碌的是拜死人，一人有時一天要拜數十位死人，這些官員和民代競相祭拜，是史上死人的盛世時代。

9/23　· 中共將協助台生就讀、就業。學醫的可當醫生，學法的可當律師，此舉很有誘因，台灣年輕人將有投奔潮出現，遲早會跑去統一大陸，台灣領導階層還在自我陶醉、得意忘形，還在過著

權力癮，如吃鴉片。

9/25 ‧硬拗的律師嘴＋權力的傲慢＝台灣人穩死的。

9/27 ‧無道德＋無公義＝動物園的動物。

‧有真實就無口水，無真實才靠口水掩沒真實。政治人物應以真實取信於民，非以能言善道的口水，模糊人民。
台灣今日之敗在於人民缺真實意識，縣長時代力倡「真實意識的形成在教育上的重要」，唯迄無教育家主張和重視，造成今日無真實意識的國民，容易受政客欺騙的口水之害。

‧政府人員應以真實對付人民或在野的質疑，並非以權力的口水掩蓋罪惡，並推責給人民或在野。

‧弊案不能辯論，政策才可辯論。弊案是司法問題，政策是政治問題。

9/28 ‧說真實話不說塑膠話，要自然花不要塑膠花。因為塑膠花是假的、是騙人的、是無生命的。

‧近數十年來塑膠製品幾乎占人類日常生活的大部分，影響人性相當大，塑膠製品表面美觀，可是無靈性，非自然物，且有毒性又無法氧化，是地球上最難處理的毒性廢物。人類與塑膠時時刻刻接觸、共存，久而久之成為塑膠化的人生，過去與自然共存的生活漸失，純潔的人性已大量滲入塑膠化，難怪人性消失，而成塑膠社會的價值觀。

‧人類從石器時代、銅器時代、陶器時代，進入塑膠時代，究竟是進步還是退步。

9/29 ‧民進黨政府上至總統、副總統，下至部會首長，名為拚外交、拚經濟，實為史上最大的出國潮。利用公費搭頭等機票，還有七四七專機，住六星旅館，以國家名氣到國外接受榮典款待，享盡人間之榮華。他們五年執政出國次數高於國民黨，所浪費公帑也高過國民黨，扁專機還招待金主和椿腳酬庸做人情，如同他們的私產。

‧無力的話不必說，要說有力的話。

- 七意識的形成：道德意識，真實意識，誠信意識，是非意識，公義意識，價值意識，責任意識。
- 司法是爲執政者服務的，專門替執政者湮滅犯罪證據，替執政者開脫罪證，以其法律專業替政府違法辯護，如此司法首長才能保住官位、晉升官位。

  台灣人夠呆，要靠司法辦高官，等於請鬼提藥單，也給司法效勞高官的機會。

  因爲台灣的執政者根本不讓司法有獨立辦案的機會，司法只不過是執政者向外宣揚的法治花瓶而已，也是統治者的工具，白手套而已，根本不敢辦到高官。

9/30
- 有選舉就無倫理。
- 老實人比較有情義。
- 大家看到我都說，我的精神很好，也更健康，我均答以退休後「可不與不喜歡的人見面」，精神自然好，精神好自然健康。

10/1
- 無道德、無人格、無公義、無責任的大官或財閥均爲我不喜歡的人。小人、豎仔招搖撞騙的人，也是我最不喜歡的人。
- 真實才是善的，真實才有美，真善美之意在此。假的、虛偽的、欺騙的，均非善類，也非美麗的。唯有真實，才是善、才是美，這是我的感受。
- 人權和民主是政客殘害人類的利器。因爲政客本身並無人權和民主素養，他們嘴皮滿口人權、民主，其實他們是最無人權、最無民主。布希藉口伊拉克擁有核武，入侵伊拉克，殺害無數無辜婦幼，還有資格談人權，還有什麼資格　責他人無人權呢？自己無人權，只要有權勢就可說別人無人權，然後統治他人，征服他人。

  因此，人權和民主只有人道主義者能做到，無血無淚的政客是利用人權和民主美麗的名詞來治人的。

  我再也不相信口水人權，不相信口號民主了，已被騙一世人了。

108

10/2 ·打游擊的總統，開了七四七豪華專機，從台北、阿拉斯加、中美洲，游擊聯合大公國，過境外交峇里島。元首用公的資源，酬庸親友，浩浩蕩蕩地周遊列國，享受權力的傲慢和榮華，假藉拚外交之名，浪費公帑、廢國政。

·要有風骨而不要風肉。

10/6 ·很多人均說我退休後精神很好、身體健康。我從退休後成平民，因可不必與不喜歡的人相見，也可不與壞人相處，精神自然好，身體自然健康。可不必受不喜歡的人和壞人的壓力，自然輕鬆愉快。

·施明德講座成立，受邀說話的人（陳水扁、蘇貞昌、王金平、馬英九、郁慕明，還有台大李嗣涔校長、時報基金會余範英及台大政治系主任蘇彩足等）上台致詞有感——

一、完全不體會施明德坐牢犧牲的精神和政治生命的風格。

二、不敢面對現政府的腐化、黑金政治、權力私有化，做最徹底的反省。

三、耍嘴皮、口水、五四三的政治語言，檢討他人不自我反省。

四、蘇貞昌只藉施明德批判過去的國民黨，不敢涉及現在政府的腐敗，不敢碰執政者的傲慢不公義，是最無內涵的律師辯護。

五、阿扁還是說過去國民黨威權時代的體制，政黨輪替後的責任不反省。

六、馬英九簡單明瞭。

（一）欽佩施明德的精神。

（二）大家都說很好聽的話，不要出去會場就忘了。

七、感想

（一）笨人聽瘋話。

（二）台灣要改革，非在說瘋話、笑話、風涼話，應嚴謹、負責、正經的說話。

（三）族群、政治、兩岸只不過是政客為私利操弄的主
題、籌碼。

（四）非清流而是濁流，清與濁合必濁。

（五）不是幫派，便是豎仔黨。

（六）智慧有限，能量自也有限。

（七）有私心就無智慧。

（八）寬恕是口水，做到的不多。

（九）不誠實的語言暴力，比威權更難受。

（十）醜化與抹黑是統治者的兩大法寶。

（十一）推動反政治垃圾運動。

八、施明德四大方向

（一）領導者應有方向。

（二）堅持大原則的氣魄，應有表率也是典範。

（三）用人問題。

（四）給人民信心的魅力。

10/10 ・阿扁國慶致詞批判在野黨反軍購和霸占黨產很適當，國慶非
黨慶也，國慶應談興利除弊，國政大方向和願景、理想，非政
治鬥爭或政黨惡鬥，國家才能團結、和諧發展。
黨慶雖可批其他政黨，但仍應避免傷和氣，應檢討自省，勿說
他人的壞話，才是君子。

・執政者權力的傲慢、財團化、貴族化、名牌化、豎仔化、自肥
化、腐敗化，人民不齒，在野應嚴加聲討，絕不可支持自肥、
腐化的政府。

・政治太黑暗，現在玩政治的人，只要心狠手辣，不需人格、智
慧、學問、能力、道德、典範。台灣走到這種地步，心痛。

・整個社會無邏輯，造成全民的矛盾。矛盾中求生存，矛盾中有
魚摸。

10/11 ・媒體成為御用，故為執政者開脫罪責、護航，台灣的悲哀！

・阿扁口口聲聲要改革，我想革民進黨都無法了還要革他人、革

國家？酬庸性用人、樁腳式用人、利益輸送式用人、配合度用人、同流合污式用人，馬屁式用人，這些人是小人、豎仔、太監，能改革什麼，應是改革嘴巴吧！

改革必具無私大方向、智慧、操守、經驗、能力、責任，始能為之，並非空口嚼舌的一群小人所能辦到的。

‧政治人物專門說別人的壞話，製造壞話，攻擊罵人，這種人是最自私、黑心肝，可惡的人。

10/12 ‧說自己的話，不要說別人的話（自己檢討自己，檢討自己的責任，檢討自己的行為）。

‧十月十一日立法院為審議NCC法案，兩黨大打出手，造成國民黨張碩文立委血跡斑斑，民進黨李明憲也掛彩。分析如下——

一、把權力當成他家的才會打鬥，如果權力是公的，自無出手打人之理。

二、NCC委員由行政院長提名，是整碗捧，中選會委員足資借鏡，是一面倒的機構，非公正機構。

三、如依政黨比例，也難有公正之期，與「整碗捧」意義同，唯比行政院長提名為宜，在無辦法的情形下只好遷就。

四、很見笑，號稱民主的台灣，無中立、超然、公正、正義之士，難道政黨只推靠邊站的打手，不推公正之士嗎？照理政黨不應推靠邊站的人，推靠邊站的人是該黨之恥，表示該黨私心重，有野心，才不要中立、公正的人。

五、也許台灣已無公正、正義、有風骨的人可用，我在卸任中選會主委的歡送會席上說兩點話：

（一）我從不看人的頭臉，只看公義的頭臉。

（二）很遺憾，台灣有一百七十所大學，竟無法培養有公正人士為國家做事。

‧不是看打架誰對誰錯，而是要看誰公義誰不公義。如果無公義，這個政府我也不要。

- 主政的人不檢討自己，專門檢討他人、他黨，把責任推給在野、人民，天理難容。
- 10/13 · 金錢與權力結合的政治必是橫行霸道、無法無天的（對目前黑金政治、金權政治下的台灣，深感憂慮）。
- 總統、行政院長、法務部長、檢警首長的口頭禪「證據在哪裡就辦到哪裡」，這句話無法理直氣壯，只不過是違法統治者欺騙人民統一口徑的美麗語言而已，因此說這句統一口徑的案件，往往無法辦成。
  其實是「證據在哪裡就湮滅到哪裡」，永遠是石沉大海的。司法只不過是統治者整肅異己的工具而已。
- 政治人物品質差（操守、學識、道德、私心重、爲利益參政⋯⋯），什麼好的制度、什麼好的法律，他們都不會遵守的。如法律規定禁止賄選，結果每逢選舉，賄選數百萬人，法律都不遵守了還遑論什麼制度？難怪國外好的制度來到台灣都變了，尤其司法淪爲整肅異己的打手，學者成爲執政者的工具，吃甜頭的媒體，爲執政者護航，均爲統治者不遵守法律和制度的護身符。
- 有智慧的人，追求無形的價值（如無爲而治、預防醫學、心靈的健康、崇尚自然、治本、精神文化、理想、完美的人格）。
  聰明的人追求有形的價值（如重物質、人爲化、表面化、治標、現實、金錢、違背自然、形式化、榮華）。
- 公義的動作比公義的聲音重要，無公義的心和行爲，徒叫公義的口號，是欺騙人民的。大部分政治人物假藉公義的名詞，行「私利」的目的。
- 我的血液無法與無公義的血合流。
- 無公義就無靈魂，現在的大官幾乎是出賣靈魂的人始能當之。
- 10/14 · 要做政治家，不做政客，不做政治小丑。
- 政治人物的風範、風骨、風格始能留名青史，如不留名青史，參與政治就無價值。政客和政治小丑只不過留下惡名昭彰史。

．有人說對總統或高層要有高道德標準，其實現連低道德標準都沒了，事實上，道德兩字快消失了。現在有資格說道德的人太少了。

什麼高道德，連低道德都沒有了，還談什麼道德，講道德都輪不到他講。

10/15 ．台灣媒體訪問政府高層（如李登輝、陳水扁、謝長廷……）都先套招後才訪問，可說是共犯式的套招訪問，等於為權力者解套，並誤導社會大眾，等於向民眾灌米湯。

10/18 ．台政之腐敗，在於主政者為自己舉人或為黨舉人，不為國舉人，致政務官成為御用的家臣或黨臣。表面上是政府，其實是為私利而舉用奴才，這是台灣的敗因！

10/20 ．意識形態是絕對的、不客觀、是爽的、偏頗的。公正是對事、對國家，不對人也不對黨，是一件一件計算的，清楚、不冤枉。

10/22 ．政者，正也。無私始能正，私心重必歪，不正就非政也。台灣的政治人物大多非奸即邪，是政治垃圾。

10/24 ．政治黑金化、豎仔化、分贓化後政治人物已失去人格、清高和歷史意義。

．領導階層是庸才，所用之人必定是庸賤之才，他只能指揮庸賤之才，也唯有庸賤之才始接受他的指揮，配合度才會高，才能狼狽為奸，為非作歹。

10/25 ．佛教倡導「慈悲」非常好，但要達到慈悲層次，很少人能做到，我的看法是無私才有慈悲。重名利的人不會有慈悲心。

10/26 ．人權呀！人權呀！很可憐！您只不過是政客藉汝之名，行其統治權而達其自私自利的目的而已，真正集體侵害人權的正是那些政客。

．教育有正面和負面的教育，其實教育是正面的，否則教育就失去教育的意義了。台灣受功利的影響，負面的教育非常多，因此台灣人的品質降低，才造成今日嚴重的危機。

10/28 ・我只對公義的智慧和良心負責，從不看人的頭臉，也不受名利的誘惑，永遠站在公義這邊，不站在人的那邊。

10/29 ・公義對抗權力，權力才不足以腐化。

・文憑是老師做人情的工具，老師功利化是老師失去教育理想的主因，因此老師的地位已貶值，不受尊敬了。

・要說有智慧的話，要說眞實的話。

10/30 ・權力的傲慢和金錢掛帥是人性的弱點，民主是權力和金錢的白手套而已。

國民道德和知識水準差的人民，將成爲民主的玩具，無能力的條件由人民當家作主，如此民主只是口號而已。既無法達到民主，不如推動道德教育，提高人民智識水準，然後民主自然水到渠成。

我經常說，無道德就無法治，無法治就無民主。唯有道德始能抗拒權力的傲慢和金錢的誘惑，才有眞正選賢與能的民主。

11/1 ・斷層是台灣的致命傷——

一、政府機關的斷層，新任首長與前任首長的斷層，無連貫一體性的首長。

（一）新任清算前任

（二）新任做不好專門吹毛求疵前任的問題，以Cover自己的無能，誤導人民。

（三）全面否定前任的政績和典範，以樹立自己的權威，犧牲前任，壯大自己。

（四）如此惡性循環、清算鬥爭，結果領導者均是壞人，對子孫和國家歷史留下惡劣的史實，使國家和子孫永抬不起頭來。

二、其餘社團和機構均然。

三、政府或民間團體如不能有前後任累積的總和，一任斷層一任，一任否定一任，政府和團體實無存在的必要。

四、新任否定前任的原因

（一）首長將政府或法人當成他家的，才有新任否定前任情事，將政府當成他家的，才有排除性。

（二）如果是有民主精神，政府應屬於全體人民所有，首長的好壞是屬於人民的事，由人民來公斷，而非由後任抹黑前任，後任也無資格否定前任政績。如美國不管總統、州長或地方首長，後任從不批評前任，因政府非屬他的，而是屬於人民，首長本身無資格批前任、清算前任。

五、後任均應尊重、尊敬前任的原理，如此才有一貫有系統的累積，才有深度的整合，才不會斷層，前後任銜接才有歷史。

・斷層心態的執政是最可惡的。

11/2 ・西安新文豪食府大廳牆壁上書有：「無益之書勿讀，無益之事勿為，無益之話勿說，無益之人勿親。」

11/4 ・無倫理的社會，不會有「尊賢敬老」的傳統價值。無倫理的社會，任何典範也是徒然的。無典範的社會，只有炒短線的天下。

11/7 ・余秋雨說外國人不了解中國人的思想、邏輯和感情。中華文明是農耕文明，農耕文明是春天播種秋天收成，主張父母在不遠遊，聚族而居、因果報應、衣錦還鄉。

11/10 ・台灣的政黨是國家為黨而存在，並非黨為國家而存在的，因此台灣的政黨只是幫派而已。

11/11 ・所謂「民營化」其實是「私有化」。

・民進黨部分部會首長只要敢違法、敢拗、敢豎，能配合上級違紀亂政，均可當部會首長。

11/12 ・多為真實而活，少為虛偽而存。

・部分民進黨由無產階級掠取政權後，成為權貴，以權力換金錢換財團，個個與財團平起平坐。

・以典範為取向的民主是良性的，非以典範為取向的民主是惡性

的。台灣的民主是惡性腫瘤，參選人或權貴很難找到有典範的，大部分是垃圾、糞渣。

· 有典範的人，始有資格向人家講話。無典範的人，說話誰會相信呢？誰會信服呢？

11/13 · 人民無法監督公職人員說真話、做實事、不貪汙、不腐敗，民主只不過是騙人的。

11/14 · 執政者均強調台灣民主的成就，其實是：黑金民主、賄選民主、不誠信的民主、騙來騙去的民主、無公義的民主、暴發戶的民主、腐敗的民主、無道德的民主、無清廉的民主、特權的民主、無人格的民主、無典範的民主、無廉恥的民主、無法治的民主（檢調、司法、警察是執政者的工具）、無尊嚴的民主、罵來罵去專門抹黑的民主、幫派非政黨的民主。

這種民主是假民主，不要也罷，苦的是全民，甜頭是統治階級的專利。這種民主，大家都會死得很難看。

這種假民主可以再繼續下去嗎？提倡讚美的人，只有他本身有好處，是最自私的人。這種民主對人類是無意義的，甚至是有害的。這種自欺欺人的民主，是統治者延續政治生命的絕招。我所愛的是真民主，無上列的假民主，我們應消除上列的假民主。

上列的假民主，無資格與真正民主國家同一陣線，不受騙的國家也會斷然拒絕台灣式騙人的民主。台灣如不反省，不消除上列式的假民主，台灣不獨永遠無民主，這個國家不久會消失的。不是那些吃天、吃地、吃國家、吃人民的政客所能欺騙的。

不要自己當大官有好處，就說台灣是民主國家，如果有民主，也不能由曾經或現任大官斷定的，應由被統治者來說。

· 有智慧的人或高級知識分子、讀書人，如無法堅持公義和道德，表示腦筋生鏽被卡住或血管阻塞無法暢通，才會偏頗而放棄公義和道德的。

- 國家主權可隨時被侵犯了，還有資格談什麼人權，談什麼民主？如美國可隨時侵犯阿富汗、伊拉克，談什麼人權和民主。

11/15 ·《聯合報》A15刊載，管理大師彼得杜拉克給總統的建言「總統六條守則」——

一、做該做的事。

二、要集中力氣去做。

三、自己認為特別有把握事，要小心的做。

四、別把力氣花在繁瑣的小事上。

五、總統在政府裡沒有朋友。

六、一旦當選就要停止競選。

- 一天過一天實在很可怕。應選擇最有意義的點而活，不要亂活，更不可糊塗活。

- 無典範的政府，政治將成雜貨商，到處叫價、喊價，目標只有利頭，為選票惡性競爭，社會倫理和秩序遭破壞，教育也成什貨商，失去教化功能，師長為權力者服務，為財勢張目，而無獨立的教育精神，台灣的悲哀！

11/16 · 不要用生鏽的螺絲（不良部會首長、官員），生鏽的螺絲將使整部機器腐化。政府亦然，用生鏽的官員，政府照爛不誤，民進黨除主機生鏽，高層亦然，整部機器應淘汰，換新牌的機器。

- 權力和金錢最會壓死人的，權力和金錢是最無是非的春藥。

- 野生動物園式的自由我是不欣賞的。

- 美國的樹木、花草、空氣、自然生態都是第一流的，只有人的品質不然。

- 部分執政核心的律師，死的辯成活的錢都要賺了，何況現在大權在握，生死操之在我的好時機，怎會放棄撈大筆橫財的良機。

- 財團認真賺錢不必與大官掛勾，如與大官掛勾，定有非份之圖，不是官商勾結便是利益輸送。

為官之道應為國、為民設想，不必看財團頭臉，不只自失立場，顯見其拜金主義，唯利之圖的原性。

11/17 ・古巴卡斯楚的獨裁，使古巴在各方面的進步領先拉丁美洲的其他國家，表示被美國式民主影響的國家遙遙落後，迄難有復生的機會，永遠貧窮、貪汙腐敗、生機渺茫。

11/18 ・硬拗黨比土匪更可怕，硬拗的黨得了便宜又賣乖，死不認錯，還要把錯失或弊端推給他人，是世間最難纏的黨。

11/19 ・餘下的時間——

一、整理日記、手記準備出版回憶錄和箴言。

二、健康（包括不能老、禁止老）。

三、補強人生。

四、公益慈善工作（義工）。

五、旅行。

六、含飴弄孫。

11/20 ・禍從口入也從口出，影響生存健康的是從口入。惹事端，身心受禍害的也是從口出。因此口入與口出應慎重。

11/21 ・台灣人過去是賺錢不疲勞，現在用錢才疲勞。

・要有國性不要黨性，無國性只有黨性是幫派，黨性就是幫性。國民黨威權統治時期，用人標準是「黨性強」才用；民進黨政黨輪替後仍然強調黨性，人民當然失望。

・錢和錢的結交只有物質的感受，而無文化內涵和人的氣質。

・賺錢競賽會忘了生命存在和窮人的生存。

・司法人員認權勢為祖宗，才使台灣永無法治之日，無獨立、無道德、無公平、無正義的司法，是權力傲慢、貪汙腐化的溫床。

・年輕時與金錢死鬥，年老時與死神纏鬥。

11/22 ・施茂林當了民進黨的法務部長，由高捷弊案和陳哲男涉案的辦案，被質疑配合執政黨。施茂林為當法務部長，已賠上他過去讀書、出書、司法經歷和人格，其他的部會首長也然，否則不

會輪到他們。

- 台灣只有「黨」無「國」。民進黨上台後，國家資源幾乎用在其執政者的利益和黨的發展上，非爲國家歷史著想。悲哀的台灣人，國民黨五十年的不正常統治，現在民進黨更聚國民黨五十年的大成，變本加屬地搞個人和黨的崇拜，永無國家的希望。

- 過去的殖民政策係以占領土地和搜刮經濟利益爲主，現在新殖民政策係以民主、人權裂解中樞神經，而成爲另一類的殖民地。是無形的，比過去更屬害的殖民策略。

- 台灣固然有獨立的條件，如能獨立應是台灣人的願望，但動物園式的獨立，對台灣人有什麼意義！

- 以人權和民主壓制落後國家的發展，是新的殖民政策。

11/25 ・較有人格的人，說到錢就不會大聲。較無人格的人，說到錢變大聲。

- 台灣的教育重點──

一、培養國家利益高於一切的正常觀念。

二、有道德、有公義、誠信、忠於眞實的國民。

三、人格典範的價值觀。

- 有人說重道德就不靈活，會礙手礙腳影響進步，其實這是不喜歡道德的藉口。起跑同一的靈活才是公正，起跑點不同的跑多快的靈活，均是小動作始能做出來的。道德正如起跑點均一標準，無道德的靈活，如殺人犯、搶劫、貪汙、詐欺，甚至小偷，均爲最靈活的無道德行爲。難道有道德就不靈活嗎？其實不然，我堅信有道德更靈活，無道德的靈活，是小人也。

- 無私才有包容，包容是不分貴賤、貧富、地位、階級，一視同仁，唯應有是非之分、善惡之分，這是公道的問題。如果包容到無是非，好人、惡人均一視同仁，價值觀就崩盤，教育就不存在了，與動物園的動物何異。

- 無道德就無邏輯，跳躍式的思考是最自私的，眼中無他人存

在，只有「唯我獨尊」才會跳躍思考。

· 不尊重他人的人無資格談民主。

· 權力傲慢的人，是把政府當他家的，如古代的皇帝江山是他祖先打來的，所以才當成他的，才會有權力的傲慢。

· 台灣的政界和讀書人很少有風骨，只有官骨和錢骨，悲哀！

· 林義雄本身正派、清廉、人格，值得肯定和讚賞。唯他擔任民進黨主席，培養民進黨執政團隊，將國家經營得亂七八糟、權力的傲慢、財團利益輸送、貪汙腐敗，起用不少能配合違法的五流人才，硬拗、君不君、臣不臣，將台灣人埋葬掉，人民怨聲載道。林義雄從不以其正派人格替台灣說一句話，還台灣人一句公道話，從不糾正民進黨政府，難道他認同民進黨的爛政績嗎？他的清高人格甘與民進黨政府劃成等號嗎？

11/26 · 領導人私心重、缺德、無公義心、無孟子四端，這個政府定是倒行逆施、貪汙腐敗，是很骯髒的政府、垃圾政府。唯有領導人無私、有道德、有公義、善用好人、心中只有國家無個人，天下為公，這個國家才有希望。

· 阿扁及其團隊蘇貞昌、謝長廷、游錫堃、呂秀蓮助選，罵人、罵反對黨過去貪汙，不談政績，硬拗……是錯誤示範。民主如果這樣，毫無意義。如果在野黨有違法、有貪汙、有黑金，現任主政者為何不敢追訴？顯示主政者不是怠忽職守便是無能，應自請處分，無資格批在野黨。

11/28 · 人的生命是永恆的，怎可為了名利而炒短線。

· 《聯合報》A14刊載，白宮找人，經濟學家沒興趣，尚還有五個空缺，包括總統經濟顧問委員會主委、聯邦準備理事會兩席理事、主管賦稅政策的財政部助理部長、國會預算處長。共和黨無人才，學者寧教書受尊敬也不喜搞政治。

12/2 · 過去國民黨是黨國，現在民進黨是黨家。

· 由著書者、自傳、回憶錄可看出他有無私心，有無智慧，有無道德。

- 看這場選戰的惡質化，候選人水準之差，還編那麼多選票補貼金鼓勵他們競相抹黑、誹謗、侮辱、罵人比賽，實在無意義，選票補助金應廢除。
- 選票補貼金是要補助賢能人士參選，不是補助黑金劣行的人。

12/3
- 地方選舉民進黨兵敗如山倒，敗因：一、權力的傲慢，二、不乾淨、不清廉。

12/4
- 民進黨的選舉慘敗，是——
  一、阿扁到處助選，掃街、罵人的結果。
  二、副總統、行政院長、游祕書長、各部會首長徹底的助選，才有徹底的慘敗。
- 那些媒客、名嘴，要不是他們天天維護民進黨的腐敗，民進黨今日怎會慘敗？因此這些名嘴對民進黨的慘敗不無責任。
  民進黨敗選後，這些名嘴又有另一番話，無恥！

12/6
- 民進黨執政不到六年，過去黨外理想性和黨外魂消失一大部分，無數與國民黨決鬥和犧牲的黨外人士，除了造就幾位政治暴發戶外，所累積的民主理想幾乎泡湯。

12/7
- 不能空轉而等死。
- 現在大部分是炒短線，要應付這些人，炒中線就可以，何況我一貫是炒長線的。
- 一個領導者無法以國家利益、智慧、以君子之風取得政權，須靠心機、小人步、豎仔步，實在可恥。

12/8
- 權力衝擊道德如同小行星衝上地球，將是國家的災難也是人民（類）的災難。
- 民進黨敗選近一週，黨主席阿扁才表示要自省，是騙人的。如果能將權力傲慢又無知、無德、無能、無恥而位居要津那幾位拉下來，才能有自省，否則不換湯又不換藥，自省是騙人，自省要有行動，不是嘴巴說說而已。
- 權力傲慢的人無慈悲心，也無反省力。
- 大悲心的人，不會害人。

- 有權力的人不以權力普度眾生，為人類社會平不平，反而以其權力整肅異己、橫行霸道、欺侮善良，實不應該。

12/10
- 傲慢，腐化；謙卑，淨化。

- 拿到權力的人狐狸尾馬上露出，也即取得權力的人原形畢露，馬上變臉。

- 權力不應交給傲慢的人，應交給謙卑的人。

- 價值體系的混亂（崩解），在於權力與金錢取代了「是非」。

- 教育應培養有骨頭髓的人才，台灣最缺乏的是「有骨頭髓的人」。

- 權力關係的舉證責任均在政府，對等關係的舉證責任在當事人。

12/11
- 洪奇昌在陳文茜中天節目中說民進黨執政五年，因國會未過半數，才無法推動政務，政績差，須組多數聯盟，才能順利執政。其實這是民進黨無能執政的牽拖、藉口，無法執政的原因是私心重、無能。並非全是國會問題——

一、記得當縣長時國民黨議員百分之九十，我照樣辦好縣政，連任得百分之九十的票。

二、在野黨的政策好，可採納，不一定推動執政黨的政策。如果非執政黨政策不可，那是一黨之私，永遠政黨惡鬥、政黨分贓、沒完沒了。

三、況既是民主政治應以民意為依歸，在野既多數，在野的政策也是代表民意，有何不可，倘在野政策違背民意、違背人民福祉，而硬拗要通過不利人民法案或為一黨之私，將是自挖墳墓，將為人民唾棄。

四、執政黨如無一黨之私、腐敗，什麼政策都可執行，不管在朝在野政策均可，至於違背民意或有損人民的權益或違背法令，人民和法律自可處置，勿將無能、不作為、私心而推給國會。

五、政治學無讀好，誤信無能政府的牽拖，責任無法分明，國

家永遠空轉、虛耗，人民之不幸。

12/12 ・談反省、談改革，那些污泥不除去，那些硬拗、豎仔、政客不除掉，那些權力傲慢、腐敗不剷除，談反省、談改革是口號、是騙人的。

12/13 ・老人的健康是治標，無法治本，因自然的退化，只有竹竿接菜刀地延續生命。

12/14 ・權力傲慢的人，私心必重，只顧自己的情緒、不顧蒼生，且以仁慈的口號，包裝骯髒的心地、漁肉人民，是最可惡的人。

・治國非難事，唯有七要件：無私、道德、智慧、能力、誠信、公義、典範。

12/16 ・在幫派政治下，國家勳章表揚成為酬庸和分贓利器，完全失去勳章章的價值，國家勳章成為統治者或幫派的私產，只授與對自己有利和他的走狗。真正有功於社會國家，而不拍馬屁的人，休想得到注意和表揚。因此台灣目下的勳章比壞銅爛錫不值，甚至是羞愧的，是酬庸勳章、馬屁勳章、樁腳勳章還有公關勳章。對立黨派或真正公義有貢獻之士與國家勳章是絕緣，國家公器淪為統治者之好惡私相授受，破壞國家榮典制度，失去國家存在的意義。

12/17 ・權力＋傲慢＝惡徒。權力＋謙卑＝善人。

・不分人、不分黨，只分是非善惡。只要「是」、「善」，我就支持，如果「非」、「惡」，我就反對。

・老人只能在「離離落落」中求生存（身軀退化問題叢生）。

12/20 ・無私，處處見得人，透明化始能踏出一步工作。自私，處處見不得人，黑箱作業，無法正大光明，竟能公然踏出去，是反淘汰。

無私是透明化，堂堂正正，見得人，可順利推動工作。

私心是黑箱作業，見不得人，無法推展工作。

・田再庭：「蔡同榮說無實力的人才說道德。」這是錯誤的觀念。司馬光說：「有才無德是小人。」有德無才算是君子。

12/22・台灣競爭力貢獻最大的是機車部隊，是任何國家所無的現象，唯機車的負面作用造成交通紊亂、空氣汙染、生活品質差。

12/26・今晨立法院為司法院組織法，藍綠又幹起來。上星期綠委賴清德主持的程序委員會，趁藍委未出席前，偷偷地將軍購案付委，在在均可看出一黨之私的對立、硬拗、豎仔步、目無國家、目無國人。這個國家好像是屬於藍綠兩黨所共有，天天看他們卑賤的口水、罵聲，拗來拗去、騙來騙去、鬥來鬥去，將人民血汗錢當成他兩家人的，將政府當成私產，才會對立、對抗。

如果大家無私心，只有國家和全民利益，自無對立、對抗之事，縱政黨間看法不一致，亦係部分，不應全盤否定。

不共識部分，由公正、中立學者專家組公聽會取得共識，自可解決一切。

12/28・綠鏽、藍鏽泛濫，台灣人民遭殃，欲去綠藍鏽，只有無私和智慧。

・無知、無能、無恥、無賴才把腐敗推給什麼「朝小野大」，但只要無私、智慧、能力和典範，照樣治理得朝野口服心服。

朝小野大，在野的意見和建議案只要不違法，錢不落入私人口袋，盡量採行。因在野既然是多數，等於代表多數民意，執政者應尊重之。

・過去刁蠻的人，不見棺材不落淚，現在的人，見到棺材也不落淚。人性消失已不在話下。

・人生最怕生鏽，是權力鏽、金錢鏽。生鏽的人，人性消失，如同生癌，人命消失。

・政治人物的秀應是金字旁的「鏽」，此「鏽」非彼「秀」也！

12/30・《聯合報》第二版刊載靈鷲山調查（11月21日～29日），社會中最令人討厭的人物類型前三名——

一、政治人物。

二、罪犯。

三、媒體人。

和我一貫的感受一樣。

政治人物令人最討厭之因：私心重、缺德、聰明、無能及不良示範。

2006年

1/2　・TVBS《2100全民開講》楊憲宏說：「陳水扁求見李登輝十多次，李均拒絕見面，扁還透過李鴻禧求見李，李也拒絕。」一位現任總統求見卸任總統，被拒絕十次以上，太見笑了。

1/4　・凱子國民，繳無數稅款給政府，政府將稅金當爲個人獲利的白手套，爲賺多少錢而建設，並非爲建設而建設，因此建設不是高估，便是偷工減料的低品質，最可惡的是建築物成爲蚊子院。

　　　・「台灣人愛錢、怕死、做官癮」，是否眞實？

1/5　・民進黨政府執政五年，高官如舞女的轉台，換唐飛、張俊雄、游錫堃、謝長廷院長，而副院長游錫堃、賴英照、林信義、葉菊蘭、吳榮義五位，平均一年左右換一位。
　　　況游錫堃任總統府祕書長、副院長、院長，又轉祕書長。非治國，是辦公伙仔，黨外數十年的資源、理念，五年就被玩完了。

　　　・政府浪費人民血汗錢太多──
　　　　一、爲賺多少錢然後才建設，非爲國家人民的建設，功利社會沒有那麼好心的人。
　　　　二、工程品質差：炒短線的建設，與公務員勾結就可領走工程款，公共工程品質差，只靠老天爺來驗收（土石流、淹水、地震……）。
　　　　三、公共工程完成後在關蚊子，成爲蚊子院，非必要之建設。
　　　　四、公共工程品質差，但預算很高，即一流預算，三流建設。

　　　・忠於國家、忠於全民、忠於公義，不可忠於個人、忠於西瓜效應、忠於功利。

1/7　・無時間與那些五四三或不答不七（不正經）的人（大官）活在一起。

1/8　・李先生終止動員戡亂時期及制定國統綱領，是模糊台獨的兩大事證。

　　　・《聯合晚報》第二版刊登中央政府總預算今年立法院少刪，是

王金平放水。王金平自國民黨主席敗選後，阿扁與王金平互動良好，扁利用王對付泛藍，王藉扁對付馬，這是台灣式的民主模式，小格局而已。

況國會審預算，議員無心審，也無能力審，只是運用預算權，對自己或黨的利益作爲討價還價的籌碼而已。

因此我主張預算，國會可聘請會計師或專家先行審查，然後送給立法院審議通過爲宜。

I/9　・權力與理想無法對話，取得權力後即享受權力的傲慢，理想自然消失（得意忘形）。世上很少權力與理想一貫一致的。

・領導者將權力做爲買賣的標的，難怪司法人員無法獨立，軍、警、情治人員無法中立。

而司法人員和軍、警、調人員無法獨立、無法中立，原因在於與領導者做權力買賣（爲升官）。

・權力買賣是政府腐敗的主因——

一、買官賣官。

二、酬庸性用人。

三、寧用奴才而不用人才。

四、賄選。

五、敢違法配合領導者，搞私利或不公義的庸才。

I/11　・權力的傲慢與金錢的傲慢均爲神人所共憤的，唯有權力的謙卑與金錢的謙卑才值得尊敬的。

・權力與金錢落入不德者之手，是人民的災難。

I/15　・台灣需要具人格者、政治家和有價值觀的領袖。

I/17　・大家都在求名利，而我只求智慧、眞理、價值和歷史。別人有崇高地位和豐富的金錢，而我有豐富的智慧、眞理、價值和歷史。

I/19　・高層人物的相處大多是貌合神離、各懷鬼胎，因此不必太認眞面對。

I/21　・法官、檢察官甘願淪落爲權力者的工具，將成爲劊子手。法

官、檢察官，如果是權力者的劊子手，司法就完了，台灣將只有黑天地暗。

- 我們應培養國家的人才，不要只培養黨的人才和個人的人才。無國家的人才，只用黨的人才，這個國家永遠沉淪的。台灣問題的癥結在於「有黨無國」，真正國家人才不用，只用有色彩的黨才，因此國民黨設革命實踐研究院，民進黨設凱達格蘭學校，李登輝設李登輝學校，拚命培養黨的人才和個人人才，這些人將來是接班人。

  因此台灣只有「黨才」而無「國才」，這個國家是無望的。

- 民進黨想要台灣共和國，國民黨要中華民國，但它們均不重視，也不用國家人才，因為它們只要有黨就好了，何必用國才，用黨才就夠了。

- 知識分子（讀書人）不知公義、不喜公義、不持公義，枉費讀書也非知識分子。

1/22
- 對偉峰說：「待人要低調，做事要高調。」做事包括做學問。高調意指「實力」。

1/24
- 功利社會真正讀書人很難出頭，只有讀假書人的天下。
- 台灣社會三無：無人性、無道德、無是非。是人類墮落淪為其他動物的關鍵
- 政治人物五無：無理想、無國家、無人民、無責任、無誠信。
- 目睭起濁，投機分子的天下，亦即豎仔的天下。

1/25
- 權力與錢力已控制人的尊嚴，兩力最可怕（指權力與金錢）。
- 行政官員只能說真實（事實），不能賣嘴花（說空話、強辯）。

1/26
- 兩力（權力與錢力）如魔掌。
- 貪汙腐化在於司法不彰，政風單位無獨立，成為主政者的工具，政府自然腐化。

1/27
- 搓圓仔湯有兩種——
  一、搓金錢或其他利益。

二、搓官位或職位（官位的分贓）。

政治人物就是這樣地搓成富人或搓成大官，台灣的民主就是這樣。

- 領導階層應時時刻刻惦記、堅持原則、捍衛公義。堅持原則，捍衛公義比生命重要。

- 台灣民主選舉的好處：賄選、搓圓仔湯、政治獻金（鉅額多者上億）賺錢成大富翁。比做大生意好，可笑的民主。

1/31 · 民主製造了不少黑道暴發戶、財富暴發戶及權力暴發戶。

- 我一生最慶幸的是，活了半生的農業社會，有大有小、倫理道德、勤儉樸實、有情有義、互相照顧的溫暖真人的生活。

- 人生最痛苦的除了與親人離別，與不喜歡的人相處外，還有被身邊的人出賣。

- 年輕力壯以其健全體力支撐快樂的人生，年老力弱以其過去成果支撐快樂的人生

- 駐韓代表處王介欣說——

　一、韓國過去禁止體罰失敗，現在經家長反應可適當體罰，顯示這個國家有救。

　二、黑道不介入選舉。

　三、推動乾淨選舉，候選人違規，當選後百天內撤消。

　四、公權力強大，不容受到挑戰。

2/1 · 精神、血液必須與名詞、口號、名言一貫相通，這才是真實的。

- 無私是治國之本，無私是道理之本，無私除非是天生外，實難做到的。

- 國家領導人必須言行一致，絕對誠信。不知道的不要講，不能做的不要講，不會做的不要講，沒有做的不要講，沒有影（事實）的不要說，話不要說。

- 人類的墮落、腐化、危機，導源於國家領導人自私和不誠信。

- 修身、齊家、治國、平天下是善的治理之本。

2/2 ・自私是一切亂源之始。

・謙卑的治理比傲慢的治理有效果。

・無私是快樂之本。

・善治與惡治——

　善治爲有公信度與透明度，惡治爲無公信度與無透明度。

2/3 ・上蒼給人類平等的——

　一、時間每人分配二十四小時（每日）。

　二、空氣吸不盡。

　三、病痛同樣痛苦。

　四、快感不分貧富。

・我一生最滿意的是——

　一、對父母親及長輩眞誠地孝敬、尊重、懷念。

　二、對子女、子孫及後輩、年輕人，愛護、關心、疼愛、協
　　　助、期待。

2/4 ・無私才有透明度，自私必黑箱。

・無價值體系的國家只有炒短線的現實，沒有典範、歷史、人格
　可言。

2/9 ・頭銜是傲慢和榮華工具，不值得尊重的。

・要活在深層裡，非活在表面上。

2/10 ・政治人物大部是吃人夠夠的

・學生時代：學業競爭、升學競爭。

　社會上：名利競爭、我是價值競爭。

　年老：與生命競爭，但擋不住自然淘汰。

　現在我的競爭，對手是死神。

2/12 ・見重錢者，必閃；見大官，必閃。

・過去的名分以典範爲準，現在的名分以垃圾爲準。

2/14 ・管仲提倡愛民，老子強調自愛，孔子主張愛人，墨子鼓吹兼
　愛。

・謙卑的人才説典範。

2/16　· 黃烈火客廳對聯上書「事能知足心常樂，人到無求品自高」。

　· 我一生最討厭「有吃說有吃的話」的人。

　· 君子政治在於榮譽制度，民主政治在於國民情操。

　· 騙已成為台灣文化，人民已習慣於被騙，尤其政治人物不騙就不像搞政治了。

2/17　· 美國教育改革：誠實、仁慈、尊重、負責八個字。

2/18　· 台灣已廢了、無救了，政治人物不誠信，公然說謊，騙來騙去，比狗屁還不如，因此政府無公信力，人民受政治領導階層的惡性影響，人與人之間互不信任，這個互不信任的社會除了靠運氣，只有天下亂不完。悲哀！

　· 有道德知公義才是人格者。

2/19　· 公義高於權力與財富。

　· 有智慧的人始有公義心和道德感。

2/20　· 一嚐到權力滋味就失去理想，台灣大多政治人物，不分藍綠，均屬此類。

　· 政黨不如幫派，各政黨心中只有利頭，無國家、無人民、無血、無淚、無公義、無道德，以不擇手段方法（如欺騙、賄選、暴力）取得權力。權力的目的，只是實現下列反常的工作——

　　一、私利、黨利、派利。

　　二、無國、無民、無公義。

　　三、無尊嚴、無價值的社會。

　　四、動物園的社會。

　　五、教育已毫無意義，也無教育價值。

　· TVBS、陳文茜節目，火線雙嬌，如何批、如何罵，就是上帝也無能為力。原因——

　　一、政治人物私心重，只顧自己的利益，無國家人民存在。

　　二、政治人物無道德、無是非、無公義的意識和修為。

　　三、政治人物無典範、無風骨、無風格，流氓不如。

四、政治人物無智慧、無學識（不以學歷爲準）、無能力治
國。

五、權力與財團掛勾，結合對付公義、對付道德、對付弱勢。

- 王永慶看到這種國家領導人，經常搖頭說「台灣無救」。

2/21
- 政府是商場，官員、公職爲商人，台灣國家無尊嚴，是商場而
已，非正派商場，是奸商。政治人物的品質低劣，無人款（不
像人），不知什麼是國家、什麼是人民，無恥、無賴、無能、
無知的人，主控國家、控制人民，只爲他家的利頭而已。因此
台灣被這些奸商操弄得國不國、民不民，悲哀！

- 台灣無治國人才，只有口號治國，無治國思想、無治國理念、
無治國智慧、無治國能力、無治國典範的人才。
不是五四三便是不答不七，不是傲慢便是硬拗，是利益專制不
是民主制。

2/22
- 二次大戰後台灣除了經濟奇蹟外，乏善可陳，如果說有——
一、領導階層和政治人物說話世界第一流，即說謊奇蹟。
二、領導階層和政治人物幾乎是豎仔、硬拗，這也是政治奇
蹟。
三、領導階層及政治人物成爲暴發戶，是暴發戶奇蹟。（可與
財團相比）
四、領導階層及政治人物以權力的傲慢治國，是傲慢奇蹟。
五、領導階層及政治人物享盡榮華富貴，無看自殺（燒炭或跳
水、跳海）同胞之死活，也是奇蹟。
六、領導階層和政治人物不誠信，說話如放屁是放屁奇蹟。
七、領導階層及政治人物幾乎是小人，身邊或所用之人大部也
是小人，臭味相投，是小人奇蹟。

2/24
- 四不一沒有：只要中共無意對台用武，保證在任期內不會宣布
獨立，不會更改國號，不會推動兩國論入憲，不會推動改變現
狀的統獨公投，也沒有廢除《國統綱領》與國統會的問題。
四不是美中同意，一沒有是李登輝加的，也即李登輝的壓力與

建議的。

・英國政治思想家柏克（Edmund Burke）說：「政客都是在做無本生意。」

・李光耀（每天看台灣電視，為台灣人抱屈）他說：「政治領袖的天職是去解決問題，管好眾人之事，而台灣發生的事則是不但不去解決問題，反而是永遠製造問題，希望在製造問題中圖取利益。」（錄自二○○五年六月二十四日《中國時報》A4版，〈南方朔觀點〉）

2/25　・現在搞政治的人，他的理念和理想只是權力和金錢而已，非國家、非人民、非子孫、非公義。

・參政者大多是政治垃圾，官越大越垃圾，人民如不設政治焚化爐處理，政治垃圾將泛濫，人民將被淹沒。

3/1　・民主不等於違法亂紀，本土化不等於貪汙腐敗。

3/2　・台灣憲法規定的倒閣到解散國會，重選國會議員，我想是行不通的——

一、政治人物無國家意識和理想性，不會依憲法規定運作。

二、立法委員以自己利益為考量，他們希望永不改選。他們認為三年任期太短，如可隨時解散改選，他們又須花一筆金錢競選是划不來，因此不敢要求倒閣，以免解散國會重選。

三、台灣政治人物大多是賄選而當選的，如重選，又必須付出相當代價。為了成本，重選是行不通的。

3/5　・人固可不管政治，但不可不管公義。人可不懂政治，但不可不懂公義。

3/6　・只問公義不問藍綠。

・社會是建立於公義的基石上，無公義就無社會。

3/8　・由高捷、高鐵、ETC到航發會撥四十五億給高鐵（違法之事），足見民進黨政府亂搞，不像政府不按法定程序，不遵守法令，事事出問題可說無法無天、硬拗、豎仔步，不像有受教

育的人的做法。不知錯、不知恥、不怕笑、不怕罵、不怕觸法，皮到底，人民和反對黨也無可奈何！台灣人的悲哀。

3/9 ・無典範的任何地位（包括官位或財勢）如垃圾不值得一瞟。

3/10 ・不管你的官多大，不管你的財勢多大，智慧和公義的價值高於官位或財勢。以官位或財勢左右人類的生存和尊嚴最普遍，但官位和財勢最難得到的是「智慧」和「公義」。

・身上有無私的細胞，始可擔任公職。

3/11 ・從高捷案、高鐵案、ETC案、航發會案、總統府炒股案……一連串弊案，輿論、民代一直揭發，批判司法已死，司法公信力破產，司法成御用工具，並對司法人員人格質疑等等，從無看到司法人員挺身而出，針對上述弊案做反應。幾乎大家均靜默默地任從外界的批判、質疑，不敢為皇后的貞操維護，足見我們的司法已難取信於民，司法失去公信力、失去功能，這個國家無救。

3/13 ・貪汙腐化無能的政權和政客藉台獨和愛台灣之名，掩飾其貪汙腐化、無能的罪責。只要高倡台獨和愛台灣就有貪汙的權利，就享有執政的權利。
現在的台灣是台獨與貪汙合流，要建立台灣貪汙共和國。
如果台灣能獨立，應建立台灣民主共和國，而非台灣貪汙共和國。

3/14 ・二十五年公職公而忘私，也即二十五年的生命均為公而活。如果公平的話，應補給我二十五年私人平凡的生活，也即公活應在我應有生命權中扣除，不計在生命中。

・東方民主的方式，以金錢買票（賄選）得到權力，然後以權力撈錢。賄選＋權力＋撈錢＝民主。

3/15 ・檯面上的政治人物品質低劣，比奸商更惡劣——
一、無治國的格局，無治國的理念，無治國的責任，無治國的智慧，無治國的本能，無治國的遠見，無治國的條件，無治國的常識。

二、將政治當爲魔術、騙術，耍人民。

三、自私：私利，如何保護自己的利頭、官位，躲躲閃閃，見不得人。

四、完全無公義的靈魂，只顧權力者的頭臉而動作，雖聲聲爲民服務，其實心中無人民只有自己。

五、處處保衛官位，由權力者的嘴面舉止自明。無政府的樣子，不像政府，把政府當他家的。不敢面對是非。

六、不面對問題、不面對眞實、處處迴避、敷衍、躲來躲去、閃來閃去、空轉，浪費人民血汗錢。

七、不只無典範的條件，反而做不良示範。

八、無誠信，政治人物的話哪會聽著，狗屎也可吃。政治人物是說謊的高手、專家。

九、無恥：孟子言無羞惡之心非人也，由那些政治人物的嘴臉、舉動是最不知廉恥、厚臉皮。

十、只靠豎仔步、硬拗處理國政，專門起用那些招搖撞騙之徒執政。

十一、閣揆、部會首長在國會的答詢，無公義意識和追求眞相（眞實）的精神，只有閃避或違背公義，不追求眞實的手法而已，如此內閣、如此國會不要也罷。

十二、權力的傲慢：自有特權、貪汙、腐敗的政府。

十三、司法是主政者的工具，協助主政者貪汙腐化，配合主政者違法亂紀，掩護主政者爲非作歹，「證據在哪裡就湮滅到哪裡」。

3/17 ・現在的政府已成爲執政階層私有，成爲他家的，並未把政府當爲國家的，當爲全民公有的，如此心態運作的政府，表面上喊民主、人權，喊台灣獨立，其實並非政治學的政府，而是幫派式的政府，國家、人民、下一代子孫是不存在的。

・國民黨是明的專制，是明的威權，是明的腐敗，是明的無救。民進黨是暗的專制，是暗的威權，是暗的腐敗，是暗的無救。

3/20　・清廉＋誠信＝公義。

　　　・不清廉的政府應打倒，不誠信的政府應打倒，不公義的政府應打倒。

3/23　・人格不分藍綠也不分統獨。

　　　・人格、錢格、官格，台灣大部分有錢格而無人格，有官格而無人格，這是價值觀崩解的結果。

　　　・人的核心價值在於「完整的人格」。

　　　・無人格的一切成就均是亂源。

3/25　・司法人員向權力傾斜，忽略公義是台灣司法的敗筆。陳義雄、李兩全之死是司法之恥。

　　　・頭尾都是同樣，以後也是一樣，不因地位富貴而變，這是我的人生。

3/26　・執政貪腐無能，在野白痴無知，人民無可奈何。

3/27　・智者要求眞實，奸者只求利害。

　　　・要有判斷是非的能力，更要有執行是非的能力，如果只知道是非而不去執行是非，等於無是非。

3/28　・功利只有利害，而無是非、公義、道德可言。

3/29　・無德就無根，無根的成果是一時的，無根的成就對人類不利。

3/30　・台灣只有幫派政治而非政黨政治，人民繳稅給幫派。

3/31　・不可用權力說話，應說人的話。

　　　・是掃瞄而非閱讀。

　　　・無根的智慧和能力，只說枝枝節節，枝節的問題，永難解決問題，甚至製造問題、製造事端，使問題更複雜、更模糊，是害人的。枝枝葉葉就是五四三。

　　　・國民黨靠賄選維持統治權近六十年。二千年民進黨執政不只無法消除賄選，反而使國民黨賄選加重，而民進黨賄選也不遜於國民黨。這是民進黨執政後使人民失望，也使台灣永難脫離黑金政治的陰影。

4/1　・台灣人在國民黨和民進黨功利統治下、功利教育下，是世上最

無是非善惡之分、最無公義的人類。因此公義在台灣無市場，只是大騙子欺騙人民的工具和噱頭而已。

台灣現在只有金錢和功利，而無是非公義的地方。這才是台灣人的悲哀，台灣人應向執政者討回公道。

- 面對真實、面對公義，任何權力、任何勢力均應投降。真實、公義足可瓦解權力和惡勢力。這是公理也是天理，如果權力壓制公義和真實時，人民應奮起抵抗權、抗爭、聲討，甚至可推翻之。

4/2
- 無真實和公義的權力，是不合法的，如土匪。
- 國家被藍鏽和綠鏽卡住、咬住，這個國家終將腐爛、生鏽，除非人民能覺醒，群起除去藍鏽與綠鏽，國家始有生機，始能重生。

4/4
- 有智慧的決策或對策是能解決動態的因素和問題，非「如意算盤式」的靜態決策或對策。

4/5
- 如果總統府搞貪汙腐敗、炒股票，則「總統府」應改為「總統腐」。

4/7
- 中立有兩種：一為對各黨派均討好，無是非、無原則、無公義，一味討好各黨派，使各黨派對其好感，然後可左右逢源，而達其利益。一為維護是非、公義，不怕得罪各黨派，不讓各黨派得不義的好處，不討好各黨派，堅持是非分明。有公義、有原則的立場才是真中立。

4/9
- 心靈上的歸零，就是道德。
- 台灣教育的失敗在於無法培養有是非心和公義感的國民，因此在功利的台灣，權力和金錢就是是非就是公義，也因此權力、金錢就是台灣的價值觀。其實權力和金錢是價格觀，而非價值觀。
- 在政治市場中，上游賄選、買賣選票；下游行貪汙、賄賂、特權買賣。

4/11
- 檢察總長謝文定同意案，立法院一百零一票同意，無超過一百

零四票，遭否決有感——

一、司法人員應有獨立公義性格，如果有介入政治，將成為某人某政黨的工具、打手，因此有政治傾向的司法人員本來就不該，也不適當司法人員，何況是檢察總長，更應不參與政治，更不懂政治，並與政治人員永遠畫清界線。謝文定可能被認為政治性格濃厚，不只會討好政客，更易受政治的干預，缺強烈抗壓性。

二、公義不可以藍綠對決，公義不分藍綠，藍綠均應力挺。今日表決仍藍綠壁壘分明，顯見政黨利益高於公義，這是錯誤。

三、司法人員應有專業，勿涉政治，否則難得人民信任。

四、嗣後提名應以非政治性人才，能有堅強獨立公義性格、抗壓性強的人，始能獲得人民的公信。

・司法首長不可與政治掛勾，否則司法將無法獨立。檢察總長和各級檢察長，應禁止與政黨或政治人物交往。

4/12 ・如何使台灣起死回生（救台灣之途）——

一、杜絕賄選，才能改變台灣的政治生態，有智慧、有道德、有公義、有能力、有典範的政治家才能出現。杜絕賄選就是拒絕政客、拒絕壞人，賄選一天不除，台灣只有貪汙腐敗、無公義，壞人統治好人的天下。

二、教育改革：人本教育、價值革命，提高人的品質。

三、公義社會。

・喜當官（做官）的司法人員是無法使司法獨立，喜金錢的司法人員也然。

・做官型的司法人員，絕不可讓他當檢察總長或各法院首長。這些人只會討好權貴，馬屁權力勾結權貴，心中無公義、無風骨，不會抗拒壓力和干預。

4/13 ・亂源基因：無國家的藍綠、無公義的藍綠、幫派的藍綠、私心的藍綠、貪瀆成藍綠意識的對決。

- 連戰率國民黨高層包括關中、徐立德、林豐正……學界和大企業一百二十多人，浩浩蕩蕩地抵達北京，受中國高規格的歡迎。這些威權時代的權貴，並無因政黨輪替而消失，如今又靠攏中國享盡終生的榮華，與專制時代何異！

民主本有任期性，如美國（其他民主國也然）總統任八年下台，如一般民眾。台灣號稱民主國家，但政治人物永位居要津，享盡權貴生活，這種終身權貴很不像民主國家，而是封建專制國家。

民進黨取得政權本應將專制政黨淘汰，奈執政無知、無能、無恥，濫用三五流人才執政，過著權力的傲慢，與財團掛勾、利益輸送，加上生活名牌化、貴族化，高鐵、高捷、ETC、航發會、陳哲男收押……層出不窮的貪汙腐敗，比專制政黨有過而無不及。如此腐敗仍要硬拗，藉本土政權之名為由，行貪汙腐敗之能事，且在野的殘餘專制政權，無法監督對付執政黨，只好迫使專制政黨向中國靠攏，搖身一變又成為中國的權貴，接受中國高規格的接待，轟轟烈烈儼然又成為執政（中國）權貴，造成對台灣的嚴重威脅。

今日如果執政黨能乾淨清廉、勵精圖治，使民主富強、社會有公義、無特權、無惡勢力，相信專制政黨早已消失，哪有機會與中國掛勾。

因此造成專制政黨成為中國權貴，執政黨應負全責，如果說國民黨投共，也是民進黨逼迫出來的，這是台灣的悲劇。

4/14
- 許文龍原為堅強獨派綠色的支持者，為了自己企業在中國發展，成為台灣人唯一支持「中國反分裂法」的人，還為中國辯護，唯陳水扁仍聘他為資政。如果是別人讚成「反分裂法」將會抄家的，這也是有錢人的幸運。作為阿扁的金主，是不分統獨的。

- 貪汙人人該可誅之，不能有藍綠啦啦隊。

- 公義非選擇題。

- 無風不起浪。過去的總統府未曾有醜聞，現在什麼金孫、炒股、禮券，還有副祕書長……太多太多了，為何扁不學過去呢？

- 公義如太陽，無太陽就無光明，無光明就難生存。

4/16 · 豎仔＋硬拗＋五四三＝不三不四政府。

4/17 · 早也要做，慢也要做，不如早做。慢做不只要付利息，還會增加代價。

4/18 · 權力和金錢主宰是非、決定是非的社會，永無公義可言。台灣只有藍綠，不會有公義。

- 無證據的爆料，將折損人格和公信力（評胡忠信、邱毅Sogo禮券及馬永成收禮二百萬事）。

- 良心是真實和公義，無真實的藍綠就是無良心的人。

- 只認權力和金錢的人最難相處，這些人說話是從鼻孔說出來，不是從嘴巴說出來。

4/19 · 我一生最幸運的是：參政二十五年與黑金、不誠信、價格觀、權力傲慢、貪汙腐化的政客（不分地位）劃清界線，與上述政客不相處、不合流，清清楚楚的孤鳥。

4/20 · 貪汙也分藍綠，等於無法無天。

- 權力固可湮滅罪惡，金錢也可湮滅罪惡。其實高權位者與大富有者均非完美，完美的人只有人格並非權力和金錢。
  以不完美的手段爭來的權力和金錢，自有良心上的罪惡痕跡。
  唯取得高位及大筆金錢後，可以其高位的特權和金錢做些偽善的事蹟，以施捨遮蓋其罪惡的痕跡，而欺騙世人。

- 其實具價值觀的人，才值得尊敬，雖他無權勢和金錢做後盾。

- 權力傲慢和擁有財勢者，大多為價格觀的人。價值觀的人重人格、是非、真實和公義，與權力和金錢無緣。

- 所謂「民主」即人民是主人，官員是僕人（不分地位高低）。僕人怎可傲慢凌駕於主人頭上？因此權力應謙卑、低調，好好侍奉主人，不能口口聲說民主，而將主人踐踏於地上。如中國

的胡錦濤，行事低調，雖是共產專制，比起喊民主的領導人，民主得多了。

4/21 ・法律的審判必須有證據，雖找不到證據，但仍難逃道德審判和政治審判，也即良心審判。

4/22 ・政治人物喜在大學演講，唯有高度智慧和典範始有演講的意義和價值，否則只是作秀而已，而對那些聽無智慧、無典範的大學生是浪費時間和受誤導而已。

・耶魯大學校訓「光明與眞理」（胡錦濤在耶魯大學演講提起）。

4/23 ・政府首長只有做事、解決問題，並非解釋問題、天天說風涼話。

・政治人物的學歷，不少是灌水的。

4/25 ・《中國時報》A11版刊載，美國社會父權思想悄然復興，現代社會這群激增的無子女一族，有很高的比例是一九六○及一九七○年代女權運動和反正統文化的參與者，他們將來沒有血脈傳承，對於新生代的感情或心理的影響力，也無法與父親那一輩相比。這種情形將導致一個保守的新的社會崛起，這個社會成員的父母，大多拒絕接受不生育及小家庭的趨勢，他們的價值觀是信守傳統的男性爲主的宗教，以及強烈認同自己的民族。

傳統社會：鼓勵多生子嗣。保守主義：歧視不婚女性（老處女）。

人口老化：衝擊社福制度（過去老人由自己子女奉養）。

・父權主義崛起，個人自由主義式微。

・權力的傲慢和金錢的傲慢均足以傷害人類，唯大部分的權力者與有錢人，均將傲慢當爲他們的生命和靈魂，這是人類墮落的關鍵。這些人有時會作秀式的施捨，但終畢竟是無人格的。

・我一生最看不起口是心非和言行不一的人。

・人生是爲人格而生活。

・我的核心價值是智慧、真實、公義、道德、人格。

4/26 ・成功的目的是為人類的典範（出名、官位、金錢均為典範而來），無典範的名位、官位、金錢是毫無意義，不值得尊敬的。

・要說真實的話，要說公義的話，要說典範的話，要說無私的話。

4/28 ・人活到半百，不知人格的價值，是白白活的。

・自然才是真實，人為的是假的。「偽」是人加為，所以是假的。

4/29 ・有人說「官大學問大」，現在有「錢多學問大」。錢多，什麼話都說、都對、都高，無骨氣的人得點小惠，竟稱頌稱德。錢多可買收人格，用錢收買人心，受惠者一定歌頌功德，形成虛偽人格。

台灣人小氣，愛錢、愛做官又怕死，只是小角色而已。大多是偽君子，真小人。

・從高捷、南科防震弊案、台鐵、ETC、航發會四十五億、Sogo、總統府炒股票、干預金融高層人事、掏空公庫、賤賣國有地（租用），層出不窮的弊案有感——

一、貪汙的獨裁更可惡。

二、貪汙政府無資格說民主。

三、貪汙政權是吸吃人民骨髓的。

・無公義的政府民主將失意義。

・酬庸性的用人是可惡的，比貪腐更可怕。

4/30 ・說民主、說人權，大家會說，說了幾十年的教授或政界人士迄今在說，表示民主和人權無法做到。連天天說的人本身都無民主和人權素養，也無負起責任，因此民主和人權成為那些學人和政治人物賣金弄錢的搖錢樹而已。

・特權和腐敗是羅馬帝國覆亡的主因，也是道德的墮落。專制獨裁的本質就是特權，違背社會公義人民起而推翻之。

今日口口聲聲喊民主，但權力者仍然搞特權，比專制時代的特權有過而無不及，他們只是以民主的帽子掩蓋其特權而已，一為專制特權，一為民主特權，帽子雖不一樣本質相同。

· 民主就無特權，特權不是民主。

· 台灣的政治人物百分之九十九均在搞特權，用民主來騙人民。民進黨政府一人得勢，雞犬升天（非得道）──

　一、弊案連連。

　二、用人以配合度為考量，即配合違法和貪腐。

　三、與財團利益輸送，共享特權。

　四、掏空國庫和政府。

　上述均為濫用特權之故。

· 公義就無特權，特權就無公義。

· 二十多年前擔任縣長時曾說，國家三大害為議會之害、輿論之害、學人之害。如今輿論之害最嚴重，媒體人水準太差，無是非觀念、無真實意識、無公義使命感，是國家亂源。如謝長廷下台到哈佛遊學亮相一下而已，但媒體一再說為謝到哈佛留學，這種無知誤導民眾，社會不亂才怪。

· 媒體應盡責任，並非指特權。新聞自由非指可違法的自由，侵害他人權益的自由，而是應有追求真實和維護公義的責任。

· 是特權國家而非民主國家。

· 民意代表或官員口頭禪「為民服務」。其實服務自己都不夠了，還要服務他人。服務只不過是搞特權、自肥，沒有那麼好心眼，要為他人服務。

· 台灣的政治人物大部是要吃賭，也要吵賭，是吃軟飯子的。

5/1 · 《中國時報》A6版刊載，日本東京大學教授藤原認為印度、泰國、菲律賓、南韓執行民主所帶的問題，民主帶來的所謂「獨裁專制、貪汙瀆職，民意無法真實實現」，是亞洲國家出現三種形式的民主缺陷。

　韓國延世大學歷史系教授白永瑞，以韓國為例，「全球民主政

治最大問題目前似乎來自美國」。美式的民主根本是一場以民主之名，行利益掠奪之實的政治遊戲。在政客與資本家的巨大陰影下，民主只是政治的侏儒，要想改變民主政治的諸多缺失，「依靠的就是民眾的覺醒，而不是政客的悔悟」。

5/5 ・台灣之無公義在於無獨立的司法，最可憐的是司法碰到政治，司法就破功，因此權力者是操作司法之手，而非司法操在權力。有美國的尼克森下台，有日本田中首相的被判刑，有韓國全斗煥、盧泰愚兩位總統的被捕判重刑，金大中兩位兒子被捕，而台灣執政者如何貪汙腐敗、違法、枉法，均安然無恙，這個國家無公義也無希望的。

・司法淪落成為權力者的工具，社會永無是非公義可言。

・無獨立的司法，就無民主。

・用權力說謊是最可惡的，台灣大部政治人物均然。

・台灣的腐敗：司法為權力者服務、權力者為財團服務。因此權力者和財團成為新的特權和惡勢力

5/6 ・政治人物要做事，不是作秀。

5/7 ・如果無是非，只有抵銷。

5/13 ・權力和金錢不用於「善事」，將成惡勢力。

・無真實意識和公義感的人，必是自私自利的小人。

・不知道真實和公義或知而不追求真實和主持公義者，不像人也非善類。

5/15 ・台灣人貪而無厭。大家都那麼富有了，還繼續搞錢，尤其有權力和財團更甚。錢多了，照理應換搞公義才對，換個口味才對。無公義只有金錢，人生有何意義。

5/17 ・社會問題的產生，在於公與私之間的衝突，公與私之間的調整，公與私之間的和諧。這些問題能透過妥善合理的處理，社會問題自可減少。

・真實和公義是人生的兩口氣。

5/18 ・如此辦案——

一、趙建銘內線交易，台開股票五千零一張（以其媽簡水綿之名）案爆發後近十日，檢調不搜查主角的趙建銘，不偵辦趙，只約談彰銀董事長及總經理、台開董事長等做作秀而已。主角不辦，讓其在外串供妥善後才辦，顯示偵辦程序欠當。

二、Sogo案亦然

三、高捷案。

四、泰勞案。

五、高鐵案。

六、ETC案。

七、航發會搬走四十五億給高鐵的殷琪。

八、總統府炒股案。

九、掏空國庫案。

· 權力和金錢最容易破壞人性、道德和公義，即權勢足以使人腐化，因此有權力和金錢並非絕對的福氣，還是「自然眞實」最有意義。

5/21 · 無私的判斷始有公義，私心的判斷不會有公義。

· 思考要周到。

· 無道德品性的成就均有害人群，是一種破功式的成就。

· 司法無法獨立，就非法治國家，無法治國家就是非民主國家，即獨裁專制，人民只有革命推翻無法治的獨裁國家。

· 民進黨的新聞局長，大多英語講不好，他們並沒有在拚國家形象，而是扮演爲民進黨與在野鬥來鬥去。國民黨新聞局長宋楚瑜、張京育、胡志強均留美、英博士，英語一流。

· 收押趙建銘始能救陳水扁和民進黨，台灣才有救。韓國收押全斗煥和盧泰愚兩位總統，金泳三之子貪汙收押，金大中兩子也因貪汙收押，大快人心，韓國有救，也復興太快。

5/22 · 可做人的奴才，而不可做錢的奴才。

· 年輕的生活習慣應盡量維持到老人（如動作、反應、走路、敏

捷、思想新、觀念新、生理不老化……）。

- 彭明敏認陳水扁未失台灣主體性，我也贊同，唯在第一家庭弊案連連的今日，彭先生未做適當評論，還肯定陳水扁，有點邏輯問題。

  台灣主體性應是尊嚴、清廉、公義的國家。如果是貪汙、腐化、無能的主體性，不只台灣人無尊嚴，也是台灣人的見笑（讓台灣人丟臉）。

5/23
- 真實意識和真實觀念說出來的話才有意義，可惜絕大多數的人，只要沒有啞巴，什麼話都說出來，好像在編故事。
- 解決問題的方法和能力最重要。

5/24
- 台灣只有錢格教育，而無人格教育。

5/25
- 台灣學校校訓：無私、智慧、公義、能力（真實）、典範。
- 阿扁的女婿趙建銘收押，是「王子犯罪與庶民同罪」的開端。

5/27
- 鞏固貪汙的領導中心（評民進黨四大天王發表公開信與過去國民黨一樣，鞏固領導中心），現在民進黨總統府及第一家庭弊案連連，陳哲男收押，阿扁女婿趙建銘收押，理應清君側，消除貪汙，並非鞏固領導中心，難道要鞏固貪汙領導中心嗎？

  因此民進黨如果要重生，必須清除主張鞏固貪汙領導中心的人。林義雄說得好，陳水扁貪腐，享受權力榮華的游錫堃及其他權力者，免負責嗎？

  在這種情勢，四大天王主張鞏固領導中心實不適時，貪汙集團如不消除還要加強鞏固，則將更腐敗，國家更無希望。

5/28
- 檢察總長不提名，由檢察官評選第一名的黃世銘，而提名第四名的陳聰明理由何在？以前提第二名的謝文定已被立法院否決，現在重提第四名的陳聰明更離譜，不知阿扁的想法。

  其實執政者無私心，不操作司法，任何人均可充檢察總長，因執政者私心重一貫操作司法，才陷司法人員於不義，造成檢察總長的難產。

- 國民黨：國庫通黨庫也通私庫；民進黨：國庫只通私庫而不通

黨庫。

      ·當貪腐集團的官員有辱人格。

5/29 ·政府用人原則：分贓式的用人、酬庸性的用人、招降納叛式用心、樁腳式用人、共犯式的用人、配合主政者利益的用人、敢配合權力者違法的人。

5/30 ·民進黨政府以非政府治國──

      一、權力考量：公權私有化，非將國當國而是將國當家，藉民主之名大搞家天下，權力是個人的，非公的。

      二、金錢為執政目的

      （一）總統府炒股。

      （二）趙建銘家族大發橫財。

      （三）近千國營金融之董事長均控制在總統府，非專業，酬庸或利益輸送。

      （四）掏空公產（台糖土地）。

      三、權力＋金錢＝永遠執政＝獨裁專制。

  ·金權獨裁比專制獨裁更可怕。

  ·政權和金權的結合永無公義。

  ·如果民主政治是金權政治，民主則失去意義。

  ·金權政治不除，永無民主可言。

  ·政府只認權力和金錢，社會無公義。

5/31 ·權力者（政治人物）私心重、無教養、不誠信、無道德、無公義、無典範，台灣的政治很難好。尤其無國家意識，權力私有化，無法整合共識，不可能有好的政府出現，因此台灣只有貪腐和墮落。

    在這種政局下，只有金錢可統治台灣，因政治人物上上下下也屈服於財團或金錢之下，權力者為私利聽命於金錢（財團），而財團加上權力，財團不受任期的限制，可長期掌控權力，統治人民。

    因此長此下去，今後是財團（金錢）統治台灣，財團是權力背

後的藏鏡人。

6/1　・在無是非、無廉恥的混亂世局下，台灣很難救，除非有公信力和公義力的人士出頭，唯有這股力量形成取代幫派政治，台灣才有希望。

6/2　・杜正勝非學教育，實不適合當教育部長，但在意識形態作祟下，堅持杜擔任教育部長，犧牲了台灣的教育，是台人的不幸（六月一日澄社批判要杜下台）。

　　　・台灣人應清除貪汙集團、貪腐小人，不可因愛本土而支持貪腐或為貪腐辯護。我們愛本土更愛清流、公義，我們不愛墮落、腐化的本土，那些高級知識分子聲聲句句「愛本土」、「愛台灣」，但不重視乾淨、公義的本土，居心何在？

　　　・我愛台灣、愛本土甚於他人，但我從不以藍綠角度看愛台灣與否，我只以本土價值（公義、廉能、尊嚴）為出發點，唾棄貪汙腐敗、不公義的本土。

　　　・不誠信的人無資格說人權，因無人權存在才會不誠信（看扁他人）。

　　　・道德是要人做「君子」，不做「小人」。

6/3　・追求價值是真正知識分子基本條件。

　　　・我的人生只求善良、真實、公義、典範的感受，也是我的福氣，更是我的價值。

6/4　・所謂智慧即無私也。自私的人絕產生不了智慧，只不過是聰明而已。

　　　・所謂「口德」是說真實話，說無私的話，說有道德的話，說有公義的話，說有智慧的話，說有誠信的話，說有責任的話。

　　　・好人與壞人之分首在有是非之心與否，無是非之心的人，會顛倒是非、顛倒黑白，造成很多冤枉，自然不會是「好人」。因此無是非之心的人，好不了哪裡。

6/5　・非道德教育的教育，只是惡性競爭的市場而已。

　　　・有公義才有氣勢，才能理直氣壯。

‧歷史上當官以典範爲榮，否則不管官多大只是遺臭萬年。今日的官惡形惡狀、無恥、無賴、無能、無知，令人不齒，留下惡名昭彰。

‧無公義的官，如狗官。

6/6 ‧有是非就沒藍綠，有藍綠就沒是非。台灣人的悲哀是：只有藍綠，無是非。

6/7 ‧藍綠均不誠信、不眞實、無公義，只有黨派與個人的利害，惡鬥不已，人民無可奈何？

6/8 ‧眞實就是邏輯，眞實就無矛盾。

‧眞實才美。

6/9 ‧無典範就無歷史。

‧炒短線的國家自無歷史存在的價值。

6/10 ‧我對是非之分最敏感、不麻木。

‧我惻隱之心最濃厚、不麻木。

‧無是非就無歷史，無是非的歷史非歷史也。

‧台灣的讀書人最愛錢，是台灣人最大的悲哀，讀書人甘屈就於有錢人之下，不重學問、學術、深度、內涵，只要得點好處，就將有錢人捧上天，而將學術踐踏於有錢人之下。讀書人淪落到如此地步，如何帶領國人提升呢！

6/11 ‧台灣的建設是某人要賺多少錢而建設，並非爲建設而建設，如蚊子館。台灣的大官勘災是爲作秀而勘災的，並非爲解決問題而勘災的。

‧貪腐是全民的公敵，貪腐無藍綠之分，貪腐無族群之分。如果貪腐仍有藍綠之分、族群之分，就無是非了。

6/13 ‧師表即典範也。

‧有規矩才能守法。民主自由口號下學生可不守規矩，養成散漫的生活，自難成守法的國民。

6/14 ‧説有影的，才説話，説無影的，不説話。

6/15 ‧台灣的悲哀在於説不負責的話的人太多，説不負責的話的人主

導社會、主導國家之故。

- 不做官、不愛錢最有尊嚴，愛做官、愛錢均要看人的頭臉，無尊嚴。
- 台灣的政治人物專門跑喜喪事加賄選。
- 跑喜喪事＋賄選＝公職人員。
  跑喜喪事加上賄選而當選的公職人員，好不了哪裡，政治品質注定惡劣或腐敗的。

6/18
- 愛錢財的人較物化，因此較無人格。每日與錢勢相處的人，自無人格的感受，爭權奪利的人自無人格可言。
  有人格的人，說到錢時自感很「燕氣」（丟臉之意），面會紅，有失尊嚴，此種人很難有錢，至多是維持生活費用而已。
  唯這種人因有人性，感到人格的高貴，雖物質貧乏，唯活得比有害身體的物質自然而快活。

6/19
- 不知公正不堅持公道的人，不是腦筋有問題，便是私利重。
- 道德、公義、是非、真實、典範，台灣已不存在。現在只有藍綠、本土與外來、靠邊站。這些也已成形，難以改變，只好無奈、無希望、茫茫然、失去價值、失去生命的鬥志，已到人生的盡頭，非死便是植物人。
- 權力是賊害人格之源。
- 在價格觀的國家，道德、公義、誠信、人格，只是口號很難做到的。

6/20
- 物化的教育下，人性消失、倫理道德淪落、社會無是非、價值崩解，人與其他生物無異。
- 人性化：價值，公義。物化：價格，功利。
- 人本教育與物化教育，物化教育下人性消失、道德墮落，人類品質降低，造成人不人的社會，可悲！
- 往昔有君子之交，現在只有功利之交與權力之交、金錢之交，均非純潔之交。當然非君子之交就是利害之交，利害之交是無尊嚴的。我這一生只認君子之交、典範之交才符合人性，利害

151

之交是禽獸之交。

6/21 ・無恥的人永遠不知自己的不對，不知自己有錯，不知自己的罪惡，犯罪的人就是無恥的人，始能做得出來。

6/22 ・台灣政治人物視良知、誠信、榮譽如無物，政治人物自然被人看不起。

6/23 ・無公義又不真實的大聲話就是硬拗的，現在政治人物大多藉權力硬拗的。

6/24 ・公義才有說服力，謙卑也有說服力。對立永無說服力，傲慢更無說服力。

6/27 ・《中國時報》第A7版刊載，韓愈（一千兩百年前）言：「有官守者，不得其職則去。」薩穆爾・斯邁爾（一百三十年前）：「一個偉大的國家領袖在他身後留給國家的財富是，一個毫無瑕疵的生活楷模，是所有後人在形成自己品格時仿效的榜樣。」

6/30 ・智慧是無形的，知識是有形的。智慧有開創性的，知識只有累積的。

・無私才有智慧，私心只有聰明。

7/2 ・做官只是「做」，而不是「說」。現在的大官很會「做官」，但不「做事」。

7/3 ・北宋文學家王安石名言「貧者因讀書而富，富者因讀書而貴」。

7/7 ・功利社會只有「名詞」、「名義」，但無內涵、無生命、無感受、無感性，因此在名詞社會之下，只有名詞存在，無實質意義，這是虛無社會的現象。

・真實的文章一定短，天花亂墜是寫不完。因此短文必真實，長文必虛無。

7/8 ・說別人簡單，說自己就難。

・貪汙固為腐敗之一，無公義比貪汙更可惡。

7/9 （陳文茜訪謝長廷）

- 聰明和說巧話的人是不會誠實的。
- 迴避真實，說話繞一大圈子的，均不會誠實的。
- 有「氣口」的政治人物是垃圾。當官「行路有風」、「屎桶氣」、「有氣口」，均非善類，此類人是「吃人夠夠」的。
- 某政客也會說誠懇、真實，其實由其從政過程，處處算計他人、算計利害，除了選票，目頭也不低，也談誠懇和真實。

7/13
- 要「言之有物」，可惜現在大多「言之無物」，言之無物是白說的。
- 國民黨過去吃台灣，現在是吃大陸。幾乎所有國民黨高層均到中國，接受中國高規格的款待，等於吃中國。這是國民黨運命好，台灣吃倒了，現在大陸吃了更好，「吃台灣也吃中國」，國民黨真是好命。
- 國民黨拚命吃中國而忘了台灣，民進黨趁國民黨吃昏了，在台灣大肆撈一筆，才造成今日民進黨弊案連連。

7/14
- 工業科技發展後，將過去的人性化轉變為物性化（物化），物化後的人類，只有功利而無道德，只有野蠻而無文化。
- 農業社會天人合一，工業社會錢人合一。
- 無提拔只有感謝（江山非祖先打來，何來提拔、何來有恩）。

7/16
- 人性化轉為物化後的人類，價值應反省或重估。

7/18
- 人類貧富差距越來越懸殊、越擴大、富者越富、貧者越貧，此景象已難解決未來的問題——
  一、價格體系的社會，財團富者控制大眾生存權，比暴政更甚。
  二、財團可控制主政者，民主只是假象，將形成財團專制政治，比過去封建專制更嚴重。
  三、未來是「錢權」取代人權的社會，所謂人權，已失意義。
  四、人民革命、貧民革命、社會革命始能解決人類問題。
  五、權力者與金錢是一丘之貉，統治者是受制於金權，欲求統治者解決是緣木求魚的。

・扁政府如有貪腐，資政和國策顧問均應負責。

7/19 ・扁所謂權力下放或釋放，均是違憲、違法。憲法規定總統職權，總統就職時也宣誓遵守憲法，既然憲法規定總統職權，如果下放或釋權均是失職的，除非過去總統超越憲法職權，也是違憲、違法，因此下放或釋權是亂政、破壞憲法。扁不能隨便將權力下放或釋放，況執行權力下放或釋權的行政首長其行為無效。

法治的國家，竟有權力下放或釋權之怪事。

7/21 ・是非不分、公私不分、對錯不分、善惡之分、公義不分。此種人無知識，更無資格擔任公職，也無資格評論時政。

7/22 ・智慧必出於無私，私心不會有智慧，智慧是無形的、智慧是無限的、智慧是超越的。

7/25 ・活在權勢之下是業障，活在金錢下也是業障，唯有活在自然真實下才無業障。

・新加坡的大官如說不三不四的話一定下台，說五四三的話也要下台。新加坡的大官只會說有智慧、有學問、有典範的正派話。

台灣的大官大部是說酒話、說鬼話、說不三不四的、說五四三的話，說番番顛顛的話。不會說這些話的人，很少有機會當大官。

・為什麼說金錢和權勢是業障，因金錢和權勢均要拚命地去爭來的是業障，也是付出相當代價始得來，當然是業障。有了權力和金錢始能濫用權勢和揮霍金錢，對身心均不利，因此是業障。

7/26 ・智慧、價值、真實，是我人生的總和。

・違背道德的官即「官業」，違背道德的錢即「錢業」。

7/28 ・擁有錢財不做有利於人類社會事，也是罪惡。

・真實就是：是、對、公道、正確。

7/29 ・我平生無說謊神經，也無虛偽神經，只有真實神經，表面上木

訕，但全部活眞的，這是我的福分。

- 重名就不實，眞實自有名。

- 智慧是無私的靈感。

- 智慧開發、價值重建、眞實意識，是當前人類迷失後重新找回的三條大路。

- 權力間走動的人較易失去感情與親情，亦即有權力的人較無親情和感情，只有權力的結合而無眞情的結合，只有利害的結合，因爲權力是利害的產物，利害的人，心中只有利與害、親情、感情自然淡薄。

7/30
- 人爲是假的，人爲包括行爲及嘴巴、文章，均會騙人的。

8/1
- 無私的靈感就是智慧，智慧是超越的（無私才能超越），因此智慧才能「整合」一切。無智慧自無法做「整合」的工作，反而製造分裂、糾紛、鬥爭。

- 智慧並非「美麗的名詞」，應深究智慧的由來。智慧如何產生？有眞正智慧才能進行工作、處理事情、解決問題。

- 智慧是自然的流露，智慧的力量是無限。

- 智慧是潛能的，智慧是一切力量的來源。

8/2
- 年輕人睡眠長，因來日方長。年老人睡眠短，因來日不多。

- 人性化：智慧、價值。物性化：聰明、價格。

- 無私才有平等，無私才有公義。自私就無平等，自私也無公義。

- 政治人物均應無私、透明、陽光下，以眞實的逐筆對帳清楚，取得立即的信任。

8/4
- 台灣亂源永難休止——

　一、政治人物水準差又無知，加以貪腐的天性。如最近爆料陳幸妤、趙建銘開公款雇阿卿及羅太太爲其服務，這是違法的，因陳幸妤非公職的首長。唯綠色立委或市議員馬上指向黃大洲及吳敦義也違法，其實黃大洲、吳敦義皆爲首長官舍，依法雇人（用公款）爲官舍工作是合法，唯那些無

常識的民代無知、亂爆料，造成社會之亂。

二、媒體無知、亂爆料，如上列。天下本無事，無知、無恥之徒無風起浪、混淆是非、製造紛亂。

三、官員無知、無經驗，對民代或媒體無知的爆料，未能依法立即斷然澄清，才讓無知的民代和媒體製造紛亂。總之，官員無知、民代無知、媒體無知、人民無知，是讓今日台灣永難休止大亂，罪惡在無知之故。

· 權勢與金錢摧毀下、僵化下、癱瘓下、腐蝕下的台灣人，只有沉淪，永難提升。

· 陳致中夫婦在美國讀書，在未發現有犯罪時，要不要回國是他們的自由，也是人權。唯那些無知的民代、媒體大肆攻擊、質疑、爆料、製造是非、製造問題，對他們實不平，也誤導社會迷失。

· 報載黃營彬被撤換經濟部長有感：民進黨執政六年多，除A錢、酬庸、討好財團、三教九流入主官員國營事業董事、掏空國庫，一上任首長即安排出國旅遊外，一無所成，迄無培養一位真正有專業品格、有典範的政務官過。宗才怡做不到一個月的經濟部長，黃營彬做不到七個月，唐飛只做四個月，是一個開玩笑的政府。

· 台灣的政客根本無資格談價值、清廉、正直、智慧、誠信，他們只不過將上述當成騙騙人而已。

· 前幾天彭懷恩主編之《台灣名人百科2006-2007》發表會時，施明德說名人不等於典範，我百分之百贊同。

· 總統頒授勳章，大多為個人做人情和利害關係，並非真正有功績的人，因此他們的勳章沒有什麼意義。

· 有智慧的專心解決問題，無智慧的專心解釋問題。

8/5 · 政客的嘴臉「用人唯才」，其實「用人唯財」——

一、收入第一順位。

二、酬庸。

三、派系（黨派考量）。

四、統獨考量

如果真是「用人唯才」，是「專業」為主導。民進黨執政六年來均在「用人唯財」下的用人，如經濟部長六年換六位，是輪流做，以達個人「唯財」的效果。

・政治人物最利害，人生只有利害，無道義、無友情、無人性、無感情可言，只有利害的結合，無公義的結合，因此現在的我最怕與政治人物見面，見到政治人物最痛苦，也是我最不喜歡的人。

政治人物大多是吃銅、吃鐵、吃天、吃地、吃人民、吃政府，無人格、無典範，是我最看不起的人。

・政治人物大多是靠耍嘴皮，只有漂亮、美麗的謊言，心術不正、不善不德，厚臉無恥之徒。

・政治家只做對人類社會有正面作用的事，絕不做有負面的事。

8/7 ・台灣的政治無法改革，端在台面上那些人，無智慧、無理想、無能力、無人格、無典範。他們幾十年來不是靠威權、權術、奸詐、歛財、黑金而生存，便是豎仔、硬拗、分贓、惡鬥、胡搞騙術而存在。這些人不徹底摧毀消除，台灣永難提升，只有沉淪一途。

・虛偽、表面、形式的人最可怕，政治人大都屬此類。

・我一生最重視誠信，誠信是我的生命，因此最不喜沒有信用的人。

8/9 ・是尊敬公義而非拍權威者的馬屁，台灣人的悲哀是無是非，喜拍大官的馬屁，不管A官或腐敗、無能、無誠信、無典範均拍到底，這是台灣人無志氣、無希望的主因。照理這是無公義、無典範的大官，不管是總統、院長，人民均應唾棄或看不起他們才對。

・除拍大官（最權勢）馬屁，也競相拍無典範大官的馬屁，連無真實大官出的書也拍。

- 故宮博物院設在嘉義太保鄉分院，完全是政治操作和選票因素，完全無專家專業和國家理念的決定，這是台灣民主的罪史。

- 台灣治安差，尤其暴力犯罪，最近地下錢莊逼死一家五口燒炭自殺……也是選票造成的。錢莊後台為黑道，黑道有不正當的財源，因此握有巨大票源，而權力者為求勝選與黑道掛勾密切，也即權力者須靠黑道支持，因此權力者不敢得罪黑道（惡勢力），才讓惡勢力坐大。台灣惡勢力的囂張，是權力者為選票所造成的，因此，台灣只要有選舉，惡勢力永難消除，治安要好是緣木求魚的。

- 《中國時報》第A6版刊載，當一百九十二天的經濟部長黃營彬，行政院也頒一等功績獎章，足見政府頒發獎章或勳章是無是非的、無意義的，是亂頒的。

- 國家典章（榮典、勳章）如果可私相授與、酬庸、做人情，就失典章的意義。

- 我一生最痛恨無是非、無廉恥、無公義的西瓜人，也最痛恨說西瓜話的人。西瓜人最可惡。

- 西瓜人只認自己的利益、自己的好處、自己的舒服，是沒良知、沒良心、沒義氣的動物，。在世上，西瓜人應被唾棄。

- 一個真正有風骨的讀書人絕不會為統治階層辯護，一個真正有公義感的人也絕不會為統治階層護航，為統治者辯護和護航的人定有利頭可取。

- 認知少而有權威的人，最會禍國殃民。

- 功利社會大都是形式的、表面的、現實的、應付的，這種社會是「度日子式」的生活，消極性的人生。

- 人生應有內涵、深化、進取、責任。

- 台灣的無救在於：無道德的否定有道德的，無倫理的否定有倫理的，虛偽的否定真實的，惡的否定善的，價格否定價值，聰明的否定智慧的，無理的否定有理的，野蠻的否定文明的，壞

人否定好人……這都是反淘汰現象。

8/11　‧這個不要臉的社會，吃西瓜飯的人倒不少。吃西瓜飯說西瓜話的政客、學客、媒客，比吃軟飯更可惡。

‧難道這個社會已無公正、中立、超然、正氣的人？

‧我平生最痛恨西瓜人，吃西瓜飯，說西瓜話之徒。

‧掏空國庫的官員霸占政府財產的財團動機，A錢以億計、數億、百億，這些人無事、無罪，唯搶劫數萬、數十萬或百萬即處死刑實無公道。照理，那些官員和財團應處千死罪、萬死罪才能服民的。

8/12　‧台灣國會的立法工作原則──

一、為自己的利益而立法。

二、為黨派利益而立法。

三、甲黨提案，乙黨杯葛到底，有你無我的立法。

四、無國家全民利益的想法和理念的立法。

五、如軍購案不會通過，原因是執政黨提案，反對黨定杯葛到底，不少法案也然，在野黨提案執政黨杯葛到底，朝野根本無國家全民的存在，只有自己、黨派利益存在。

六、台灣的政黨和政客是台灣墮落腐敗和不爭氣的罪源。

‧泛綠一直為阿扁的弊案辯護，說什麼司法並未發現阿扁犯罪證據，也未受司法確定審判，因此不能叫阿扁下台，這是詭辯，當人民為白痴。殊不知憲法規定總統除內亂、外患罪外，不受法律追訴。阿扁在任，司法人員不能追訴，如何調查證據或判阿扁的罪呢？無常識也。

‧權力傲慢是最自私的人的野性，因此權力傲慢的人不會有民主和人權的細胞。權力傲慢的人喊人權、喊民主是騙人的，是喊假的。權力傲慢的人的嘴臉是最無人權的嘴臉，最無民主的嘴臉。

台灣由統治階層天天在政壇上表現的嘴臉，可看出來是最無人權、最無民主的人，這些人根本是最無資格說人權、談民主

159

的。

- 唯有權力謙卑的人才有自然的民主人權的細胞，才有民主人權的修為。

- 傲慢的人，不只是無教養，更是民主人權的公敵。

- 過去我一再強調國家三大害，為議會之害、媒體之害、學者之害。然媒體是國家社會最大亂源——

一、媒體人品質參差不齊，媒體教育的失敗。

二、缺倫理道德的修養。

三、無公義感、無責任感。

四、唯權、唯錢是從，有吃說有吃的話，無吃說無吃的話。

五、無獨立、客觀、超然，有邏輯的內涵。

六、無良知、良心。

七、無國家觀念、全民觀念和素養。

- 施明德「一人一百元倒扁」，內政部民政司說這是違法。其實——

一、民進黨過去每辦活動，均接受捐款為何不違法？

二、九二一大地震，民間相繼自行藉救災募款為何不違法？

三、其他不少社會運動也接受捐款，為何不違法。

上述均在國民黨時代，難道民進黨時代箝制社會運動更嚴峻？過去反杜邦、反核四、五二〇農民運動、反萬年民代、廢國代、廢刑法第一百條、總統直選的「募款史」。

- 國民黨時，黨外及民進黨的抗爭均為政治訴求、社會改革（農權會、反杜邦），很少為反貪腐運動。現在民進黨時代，大部分均為反貪腐運動，足證民進黨政府的貪腐相當嚴重。

- 民進黨政府的貪腐不只不認錯，不深加反省，竟硬拗責怪他人，甚至指控揭發貪汙者為中國同路人，是台灣人的悲哀！

- 《聯合晚報》第二版刊載，游錫堃今晨在高雄市為陳菊造勢時，竟說「道德是封建思想」。過去他立法院答詢時，也承認他是政客。他在民進黨六年執政期間，擔任民進黨要職，由總

統府祕書長、行政院副院長、院長，現爲民進黨主席，這種自認爲政客反道德的人，是民進黨領導階層的要角，如何治國平天下？

按道德是國民生活規範，是國人品行的標準，是國民品質高低的準則，是高於法律層次的。無道德的人，才會違法犯罪，也即法律是治無道德的人。如果國人的道德修養很高，法律將失去功能。道德教育是治本的，法律是治標的，無良好教養，不知道德爲何物的人，實難當國家領導人。

· 有權力的人是靠爭權奪利、不擇手段得的，不值得尊重。有財勢的人是靠投機取巧、漏稅、官商勾結、利益輸送和不誠信方法取得的，也不值得尊重。因此我對這種人相當警而畏之。

· 台灣的歷史家應對總統的言行、作爲、品行、誠信，做公正嚴格的核對，而定其歷史地位。

· 不誠信的人非人也。與不誠信的人對話，如同與禽獸對話。

· 道德是人與獸之別，道德都不遵守了，還遑論守法。

· 如果說道德是封建思想，我寧要封建思想，我不要無道德的民主思想。其實無道德就無民主、無人權，無道德的民主是暴民政治。

8/13 · 各政要所謂的人權、民主、公義均爲冒牌貨，只是藉人權、民主、公義提高其本身的地位、身分、權威，並騙騙人民而已（包括各國政要）。

他們執政的智慧、價值、眞實，與人權、民主、公義是相反的，尤其由他們的性格、言行不一、不誠信、傲慢、矛盾、無肚量、公私不分，均足證他們缺人權、民主、公義的素養，更沒有可取的典範作爲後人的表率、學習，只是留下美麗的虛名權位而已。

· 蔣經國政權雖專制，唯清廉。尤其蔣經國不只清廉、勤儉且約束中央決策首長，不與財團掛勾，培養優秀官僚和政務官體系，使政府能正常發展，可說建立相當良好基礎，使李登輝能

順利接班。

李登輝接任較順利，係因蔣經國建立良好基礎，讓李登輝有十二年的領導資源。等到李登輝卸任後，好的資源已耗盡。

陳水扁接任無好的基礎，只有黑金體制，是陳水扁失政的原因。

- 司法人員如只為權勢服務或充當工具，必然也會貪汙的。

  政治檯面上要角的舉止、言行與嘴臉，只有利害、無人性且心狠毒辣，一出口都是靠權勢說話，惡言相向、批判他人、傷害他人，從不檢討反省自己，一發現有縫，立插毒針。這些人陰險無比，政府操控在他們之手，永無正大光明，永無是非，永無公義。

- 談問題應注意內容和解決問題始有意義，現在每逢政要有重大宣示或措施，結果不是五四三，便是廢話連篇，無內涵又不敢面對問題、針對問題，更難有解決問題，只有以權威來騙騙笨人。

- 物質功利時代，只有「現實」，個個失去記憶，才讓政客容易騙人，謊話一大堆，真話無半句。政客說謊話很勇敢，因吃定記者和人民普遍患失憶症，昨天說的今日否定，說的好聽，一點都沒做。連說的人都忘掉他所說的，還遑論有沒有做，因此健忘的年代政客很好賺吃。

- 民主政治是執政黨應受在野黨及人民的監督，人民對政府施政有疑問可要求答覆，必要時可遊行抗爭，這是民主的意義和價值。全世界只有台灣的執政黨可發動反制人民的抗爭。

  人民繳稅給政府，自有權利遊行抗爭，哪有執政黨壓制繳稅的人民呢？（民盟在台南關帝廟前對扁祭告，王幸男率眾反制有感）

- 主政者如有智慧、能力、清廉，其施政計劃、施政方針百分之百完成，自有亮麗政績，唯有貪汙無能的政權才需做公關，處處仰人鼻息，今日對李先生的歡喜、明日對許文龍的歡喜，並

巴結東巴結西，目的是掩蓋其貪腐無能，否則他不須浪費那麼多時間在討好各階層。只要絕對清廉有亮麗政績，神人感服，何須討好他人呢？

· 游錫堃說道德是人治是封建思想。陳菊說反對用「道德訴求」要求扁下台。

其實民進黨有些要角本來就不重視道德修養，是反道德的，六年的政治就是腐敗、硬拗、豎仔、五四三、不三不四而已，這些均為無道德、無教養的政績。

8/14 · 民進黨政府六年來的失敗在於用人以酬庸、金主、樁腳為基調，不以專業、國家觀念、品格、能力、公義、典範為準。總統府祕書長、五院院長、大法官、監委、考委、各部會首長、副首長、公營事業高層，大部分以酬庸金主、選舉功臣和樁腳為主。

· 統治者均說一切依法律、依制度辦理，殊不知法律均掌握在統治者手裡，在野和人民無可奈何，透過統治者的人治手法掩護自己、打擊對手，這是統治者一貫伎倆，因此統治者往往反對道德。過去國民黨時，民進黨不信任司法，不接受法律處理，從事無限的體制外解決，現在民進黨執政，對人民在野訴求也一樣。國民黨過去的說法「要依法律規定辦理」，但在台灣長年來司法不公，人民對司法完全失去信心，統治者喜操司法對付在野和人民，也即司法已成為統治者對付人民、在野的工具，司法是屬於統治者所有的。

· 權力與金錢掛帥的社會，智慧、價值、真實已不存在，只有聰明、價格、虛偽的人生。

8/17 · 東森新聞（昨天）重播由高惠宇主持訪問陸以正。陸以正說李登輝是老謀深算，李可用錢收買反對黨，世上很少有，在拚外交時，他說「李登輝認為全世界的人都可用錢買」、「陳水扁認為全世界的人都可騙的」。他以「李登輝當時用黨產投資南非鑽石工廠，要百分之十給曼德拉，以阻南非與中共建交。」

・犯罪分藍綠，貪汙分藍綠，國家分藍綠，國法（司法）分藍綠，台灣永無公義。台灣人不僅是悲哀，還是悲慘。

施明德倒扁，王幸男率眾要討回很久前給施明德的選舉捐款，太小氣了。如此以後選舉接受捐款的候選人可要注意了，隨時不爽的人要討還捐款。

又李慧芬從澳洲返台作證，林國慶竟找李慧芬的債權人在媒體向李慧芬討債十三萬元，公開侮辱李慧芬。李慧芬的作法是為公而來，民進黨故意找私人關係來模糊李慧芬，也是小氣。

8/18 ・職位的分贓，比金錢的分贓更嚴重。

8/19 ・個人主義（個人自由）是個人的利益為主，只要滿足個人的需求，他人生的目的就已達成了。個人主義是孤獨主義，他不需感情、不需親情、不需天倫、不需溫暖，是可怕的。

古人說，人是感情的動物，個人主義不需感情，而成為無感情的動物。

・愛是感情的、溫暖的、天性的、自然的，否則是假愛。功利的愛非真愛。世上大部分是功利的愛，是假愛，非真愛。

・國民黨的革命實踐研究院，民進黨的凱達格蘭學校，均為獨裁制度的產物。中共中央黨校、共青團，均為一黨專制的產物。這些學校均在培養個人崇拜，效忠黨的意識形態，培養鬥爭高手、培養惡勢力的思想場所。

民主國家沒有此類學校。其實民主化只有國家、只有全民，不可培養黨軍、黨部隊，否則民主是不可能的。

8/20 ・人性比人權重要，儒家重人性（義務），現代重人權（權利），義務比權利難為。權利人人愛，義務人人厭，儒家重義務是正確，這是修養，重人權不重人性是炒短線。

・個人主義應是有修身的個人主義，無修身的個人主義就無倫理，天下大亂。於是儒家有修身、齊家、治國、平天下之論。修身是義務，有義務始能享有權利。

・「孟母擇鄰三遷」、「斷機教子」的故事。蘇易簡、宋太宗賜

鳳冠霞帔，薛氏回答「幼則束以禮讓，長則教以詩書。」

- 私行為可多元化，公行為應單元化。
- 虛偽、說謊和言行不一占權力者和金權者的人生大部分時間，換言之，虛偽、說謊、言行不一為權力者和金權者的專利，也即他們大部生命活在虛偽、謊話、言行不一的生活中。

8/21
- 被動的人較皮。
- 民主！民主！世上多少罪惡，假汝之名以行！法治！法治！世上多少罪惡，假汝之名以行！人權！人權！世上多少罪惡，假汝之名以行！

8/22
- 無真實和公義的輿論與無真實和公義的司法或學人，這個國家還有什麼值得炫耀和希望？無真實和公義的新聞自由，是國家敗亡的殺手。
- 扮仙式的政治是封建官僚。
- 無典範的領導階層，只有腐敗、墮落而已。

8/23
- 電視媒體的問題——

  一、電視台一定要堅持中立、公正立場。

  二、與談人應有高水準學問、品格、公信力、經驗、無私、對事不對人的發言，並處理解決問題。

  三、要消除「有吃說有吃話，無吃說無吃的話」的人，上台說話。

- 孟子說無羞惡之心，非人也。無誠信的人，是最無恥的。惜近代的領導人言行不一致、騙來騙去，是最不誠信的人，也是最不知羞恥的人，然孟子的說法，非人也。
- 無是非就無歷史，無歷史就無國家。

8/24
- 無道德、無良心、無善良的檯面上的政治人物，由他們的臉孔、舉止、言語、眼色，均可看出他們的真面目，偽善、偽君子、腹內藏劍、心術不正，說謊話臉不紅。因此我對這些政客均了然於胸，騙得過別人騙不了我。
- 說謊是權貴專利又有公權力的保護，因此權貴是最無格的，我

看不起這些權貴。

- 台灣的政黨是騙人，是幫派而已，亦即有國民幫、民進幫、親民幫。

- 以政黨來漂白幫派，欺騙國人、濫用公權力，是台灣人的悲哀。台灣難道無人格、無品格、無公正、無整體觀念的人嗎？須靠幫派式的「偽黨」，搞意識形態的鬥爭，搞利害關係的鬥爭嗎？難道無良知、無良心判別是非善惡，不僅是媒體上有吃說有吃的話，無吃說無吃的話，連政治上的人渣亦然。我越想越了解，這些政治人物是幫派分子而已，只是用政黨的名義合法化、權威化而已。

- 向權勢和財團靠攏或為權勢和財團說話或討好權貴者，均為勢利眼、功利主義、豎仔，是最無品的人。

- 學者應站在人民的立場監督政府，靠攏政府的學者，是無格的。

8/25
- 台灣最悲哀的是無公義的空間、無公正的餘地，只有藍天綠地，沒有對事不對人的原則，因此公正的人無法存在。說公正的話不是戴綠帽，便是藍帽，因為他們不喜聽到不同意見，更不喜聽到不利於他的公道話。

- 不說公道話，不說公正話的人，活了有何意義？

8/26
- 憲法規定「現任總統除內亂外患外不受刑事追訴」，立法意旨一方尊重現任總統，一方表示總統有道德風範。唯總統可免受刑事追訴，自也不可隨便告人，這樣才公平。倘如總統告人民，而人民反告誣告，總統免受誣告罪之判處，顯然失公義，也形成總統有侵害人民的特權，因此總統既享有不受追訴之權，自應負有不追訴他人的義務，倘不如此規定，總統可隨便咬人，是非常不公平的。

- 國家如無公正人士或甚少公正人士，則這個國家無希望。

- 台灣只有藍綠，公正之人無生存空間。國家如公正人士無法生存，則只有綠幫和藍幫，活在藍綠恐怖控制下的社會，是最悲

哀的。

- 一個國家，公正人士不能生存，這個國家定是腐敗墮落的。

- 倒扁純粹是反貪和挺貪的對抗，如今竟演成爲意識形態的鬥爭、藍綠對抗、本土與非本土的對抗、台獨與統一的對抗，國人已無是非，良知已被麻痺了。

- 人民在野有監督政府施政之權，因此只有在野有對政府施政不滿集會抗爭之權。政府因收人民、在野的稅金自應受監督質疑，如今竟有執政黨動員人民，反制人民。這款政治不清、亂倫政局，教政治學的教授或學政治的人，均無感受，顯示教育的失敗。

- 全世界找不到監督政府的人民、在野黨受執政黨的反制，如此則只有執政黨或挺執政黨的人民繳稅才公平。

- 施明德爲反專制被關二十五年，如今爲反民進黨貪腐，被王幸男、林國慶、王世堅抹黑爲狗熊，實在悲哀。我本對施明德不熟，但我聽到他反政府被關二十五年，我就肅然起敬。如今王等人的動作，甚不適當，尤其王幸男要煽動群眾五十部遊覽車來北，向施明德討回過去施在台南競選立委的捐款，更是不應該。

- 我本性不喜與權貴爲友，因此國民黨時代，我反國民黨而與國民黨一對一對決。李登輝未取得政權時，他有改革決心，因此我也挺他，待他取得權力後，我也暫退出。民進黨未取得政權時，我甘冒反國民黨而挺民進黨，待民進黨取得政權，我也嚴格批判民進黨。我不管在朝或下野，永遠站在人民這邊與權貴對抗，這是我的性格，也是我的天性。

8/30 · 大部分的人，爭權奪利，享受權力和金錢的傲慢和榮華，人生只是權力和金錢而已。殊不知人生範圍很廣，能過著自然眞實的生活，不管挑尿擔糞、養豬養禽、種田種菜、飼羊養牛、做工生產，大大小小工作均能參與，這才是豐富自然的人生。能與自然相處的人生才是最高的，權力和金錢均與自然違背，有

167

相當壓力如沙漠一樣。

倘權力和金錢能普度眾生，自有意義。

- 電視上看到游錫堃說施明德求官未遂才退黨，是求立法院長，足見游錫堃的無知。立法院須競選，須競選的官非求官也，不能說參選的人是求官。須經選民同意的，均非求官，應有這點常識。

8/31
- 民進黨當政者將國家當爲私人所有，國家資源無限揮霍並大肆A錢，國產當私產。民進黨執政六年，民進黨閣員出遊世界各國，超過國民黨統治數十年之多。

台灣人可憐，國民黨完成黑金治國，民進黨貪腐治國，身爲台灣人的悲哀！

- 民進黨以無知政客和反道德的貪腐集團領導下，台灣是好不了。自喻爲「政客」又反道德，台灣讓這些人統治必定墮落、腐敗的。

- 權力＋道德＋仁慈＋謙卑，或金錢＋道德＋仁慈＋謙卑。這種權力和金錢始對人類社會有利，否則權力和金錢是罪惡之源。

- 李登輝的思維——

一、由共產黨到國民黨到台聯黨。

二、由反台獨到台獨。

三、主政十二年國民黨主席，終結國民黨，初期維護國民黨政權，後來一度成爲民進黨教父。

四、黑金體制的成型。

五、主張本土，唯起用不少外省人。

9/1
- 除非不得已，平淡的菜餐是我之最愛。

9/2
- 阿扁明天啓程訪帛琉、諾魯、關島，竟動用空軍一號專機及華航機兩架，世界各國元首很少這樣玩法。如此浪費大錢做小生意，算我好運，也嘸你抹安怎？

- 台灣的政治是幫派政治，只有幫派的火拚而無是非公義可言。民進幫執政不管如何貪汙、腐化、無能、無德，不只不讓在野

監督批判，甚至動用權力資源護航其幫貪汙腐化，與民主機制迥異。

照理貪腐人人共誅之，爲何民進黨支持貪腐、護航貪腐？如此將被人譏爲「貪腐黨」。

- 司法無獨立、無中立，才造成政治的紛亂，司法落入權力者的工具。司法人員無道德、無公義感，造成社會風氣的敗壞，今日國家之亂、國民之苦，罪責在司法，司法人員難辭其咎。

- 司法之黑暗在於司法人員無禮義廉恥的修爲、無道德心、缺正義感、失去良心，而成爲權力和金錢的工具。

- 過去我說國家三大害爲議會之害、輿論之害、學者之害，現在加一大害爲司法之害。四害不除，國乃滅亡

9/3
- 民主法治是執政者欺世盜名的萬靈丹，是騙瘋子的、騙人的，台灣司法只是統治者的工具。台灣的民主由貪汙腐化的政權、團隊，哪有民主可言。

- 台灣只有炒短線政治，割稻仔尾政治。

- 阿扁搭乘掛著青天白日滿地紅國旗的空軍一號專機訪帛琉，堂堂正正地說「宣揚主權」。國內正在去中國化之際，阿扁公然帶青天白日滿地紅國旗宣揚主權，是矛盾的、是諷刺的、是無邏輯的。

- 高俊民牧師罵施明德愛錢、貪酒、好色、遺臭萬年，有點過分。其實施明德被關二十五年，無分到一官半職，比任何人風骨多了。在阿扁政府爲官的人，不應批無官職的人的是非，否則與獨裁專制何異。

- 權力足以使人腐化。陳唐山當縣長以前的言行，大家都有好的評價。惜當外交部長及總統府祕書長後的言行令人費解，國人自有評價。

- 有智慧、有品格、有道德、有能力、有誠信、有典範的領導者，自會做到人民感佩、人民肯定、人人讚揚的政府，這才是真民主。

並非做到零零落落、不三不四、五四三，而讓人民不滿不服、集會抗爭，才說是民主自然現象。

- 蔣政權要守護台灣，又在金門與中共大規模的炮戰，人民又要求要民主、勿專制、勿白色恐怖……此錯綜複雜的環境中應有平衡的評價，始合知識分子的良知。

- 倒扁和挺扁，無民主常識。人民、在野有權監督執政者，有不滿政府施政的權利，而執政者擁有公權力和人民繳的稅金，對人民不滿的施政，可立刻面對面地對帳澄清，怎可動員人民挺政府呢？如果政府無法澄清，可斷定人民的不滿抗爭是有理由，自不可動員人民對抗因不滿而抗爭的人民。

- 民主政治首重國民情操，學校教育應注重品德教育，亦即有品格、有教養、有道德、有誠信、有價值觀、有典範的國民，才能自律、才能守法、才有公義心和責任感，民主才能推動。否則成為幫派政治、黑金治國（惡勢力），僅有民主之名，永反淘汰，壞人管好人的政治。

9/4
- 台灣與鄰近地區如香港、新加坡建設落後原因——

  一、領導者無智慧，無能力規劃、執行。

  二、弊案連連，不做便罷，一做弊案就來，如ETC案、高捷案、高鐵案、北投纜車案……

  三、政治算計和操作嚴重，連炒短線都發生問題，如何為長遠建設設想。

  四、藍、綠、本土、非本土意識形態作祟，阻礙建設。

  五、選票考量，影響建設，如怕人民抗爭，為免選票流失，免得罪選民。

9/7
- 《中國時報》第一版刊載，聯合國二〇〇三年十一月通過「反貪腐公約」，反貪汙也是基本人權。

- 左宗棠詩曰：「身無半畝，心憂天下，讀破萬卷，神交古人」。宋理學家張載曰：「為天地立心，為生民立命，為往聖繼絕學，為萬世開太平」。

9/8　・民調只有百分之十八的政府還談民主，可憐！御用司法還談法治，可笑！

9/9　・所謂司法獨立是保障司法人員獨立貪腐而已，司法人員最精，攀附財團（富有）傾斜權勢，吃賭又吵賭的角色。

其實司法獨立是指為公平、正義、清廉、反特權、打擊惡勢力的獨立而言，然我們的司法獨立恰相反。

・挺貪腐等於支持貪腐，應為全民唾棄。台灣固要獨立建國，但由貪腐立國的國家是無人權、無法治的國家，千萬勿建立「台灣貪腐共和國」。

・無公義不是缺德，便是罪惡。

・無公義只有功利，無是非只有利害。台灣人的悲哀！

・美麗島事件，高俊民牧師為收留施明德致被判刑，這是反抗國民黨專制政權的共同責任，有些立委如黃昭輝、林國慶，竟罵施明德為忘恩負義的畜生，公私不分！倘施明德是殺人、放火、搶劫、強盜，高牧師藏匿施明德才有恩情。高因藏匿施聲名大噪，國人同欽。

9/10　・部分民進黨一直強調陳水扁是六百多萬票當選，怎可下台呢？其實不成理由，也是騙無知的台灣人。六百萬選票，如果一上任有貪腐、無能情事，投他票的人自有權利要求他下台。如照綠色說法，當選後不管如何貪汙腐敗，人民（包括支持）不能嗆聲抗爭，則如選皇帝了。

9/11　・施明德的倒扁反貪，非為權位也非為私利，正當性很夠，竟不見容於那些權貴，受既得利益者或曾得到權力者的恩賜之徒的反制，實在悲哀！

部分民進黨員竟支持貪腐，他們只想建立對他們少數有利的「台灣貪腐共和國」。過去黨外或民進黨創黨的大老，為打倒國民黨專制貪腐犧牲的代價，如今民進黨應加珍惜。

・反貪腐有罪嗎？是否切中貪腐者的要害或癢處或吃根，才引發他們的反制？我想貪腐是天人共誅之，號稱民主法治的台灣，

竟有公然支持貪腐的政權，甚至賊仔比人惡的惡狀，公然向反貪腐的人民嗆聲，令人難解。

- 數十年前我不斷強調政治人物大部是吃天、吃地、吃政府、吃人民、吃銅、吃鐵，是騙來騙去、鬥來鬥去之徒，最無原則、無理想、無責任、無公義、無道德，只有利害無是非，只有權力的傲慢，只有本身的利益好處，因此我最不喜與政治人物相處、為伍，也最看不起政治人物。

- 人生最無意義是只活在利害，而無是非之分的生活，是物化而非人性化生活。

9/13
- 民進黨在「黨安會」祕書長邱義仁的操作下，反貪倒扁是無效的。施明德等的想法太天真，民進黨非當年國民黨，九一六綠色大動員十萬人挺扁，很可能製造衝突，嫁禍給反貪倒扁陣營，然後以公權力鎮壓，甚至製造流血、實施戒嚴、軍管，阿扁政權穩如泰山，邱義仁也許正在設計更恐怖的計劃。

9/14
- 九一六挺扁總動員之正當性：世界無一個國家取得公權力的執政黨，另可動員人民反制監督政府的人民，公然違背民主政治的原理。

  「公權力」加「動員人民」對付「監督政府的人民」＝法西斯政府。

9/15
- 貪腐的國家是無競爭力的。

- 無公義的人，無資格發言。

- 所謂「當家不鬧事」，即指執政者不可帶頭製造紛亂，抵制他人反制對方之意，是符合政治學原理的。

- 不知公義也不維護公義，不是麻木（白痴）便是老人痴呆症。

9/16
- 反貪汙是人人有責，建中、一女中、成功附中、景美國中、國小生，站起來反貪，學校或教育主管竟要學生保持中立，這是反教育。貪汙人人皆誅之，面對貪汙要中立，無異贊成貪汙，這樣無異教育學生可貪汙。

- 挺藍、挺綠固有自由，唯仍應站在公義的原則下做取捨，或保

持中立。唯對貪腐應絕對唾棄，不能保持中立，如對貪腐保持中立，是無責任的人。

面對貪腐不分黨派、不分族群、不分大小，均應打倒。

- 電視上有些名嘴很悲哀，為了三千元犧牲靈魂，吐了一小時的違心話。

9/17
- 台灣已到極限，下去是墮落、腐敗、無公義、無是非，操弄族群而少數獲利，無人格、無典範的社會——

一、無公義只有利害

二、司法是當權者的工具，司法人員無骨氣、無正義感、無公正意識、無道德，只有權勢和錢勢，司法是當今台灣社會之癌，也是最黑暗的地方。

三、國民品質差：只是賺錢的動物，不須人格、尊嚴、公義、是非、道德價值，因此權勢和金錢勝過國家、勝過人格、勝過一切，社會如何拯救。

四、政治人物大部是垃圾、蟑螂，是吃銅、吃鐵、吃天、吃地、吃政府、吃人民、毒蟲、吸收鬼，此種貨色竟位居要津、社會主流，善良的百姓何辜，台灣在這種人控制下，還有什麼生機？

五、政黨比幫派更可惡，藉政黨之名，行爭權奪利之實，權力操在比幫派更可惡的黨派之手，人民無可奈何，說難聽一點，「死好」。

六、騙來騙去、豎仔、硬拗的政治。

七、沒有愛心只有愛權勢、金錢，想到此心裡的血正在滴，很恨跟他們活在一起，夠倒楣。

八、民主是政客騙人、騙錢、騙權力的道具，政治人物不知民主的內涵，也無民主素養。

九、教育失敗，禮義廉恥不存、價值崩解、人性消失，與動物園的動物好不了多少。不倫不類的人當教育首長，真是教壞囝仔大細（大人小孩之意），教育徹底崩盤。

十、政權（政黨）與財團勾結、掏空國家，財團操控政府高層、部會首長，置人民和窮人於度外，貧富差距擴大，公義不存。

十一、大官顯要、政黨、學界既得利益者，公然支持貪腐，公然挺貪，無是非、無羞惡之心，是國家的大不幸！

9/18 ・大官顯要或政治人物只會政黨惡鬥，挑起族群對立的言行，說表面上的好聽話，說爭權奪利的話，從不說是與非和公義、國家利益、全民利益的話，也不會做事。罵人、批人、製造是非、顛倒黑白第一流，這是台灣的政治生態，只有貪腐墮落一途而已。

・是非是千秋的，利害是一時的。價值是永恆的，價格是短暫的。

・無公義的話不說，否則說了會無人格。

9/19 ・倒扁認扁貪腐應該下台，是反貪腐。挺扁認為扁是本土，且未經司法定罪不能下台。

9/20 ・執政者怎可動員群眾，反制人民監督政府呢？昨天高雄綠紅對立，今日台南市綠紅衝突，引起暴力事件，均出於不合政治原理的「公權力加群眾反制監督統治者的主人（人民）所致」。警察人員受執政者的指揮，自會偏頗於統治者動員的群眾，對監督政府的群眾不利，這是很簡單的常識和道理，為何政治人物和學界均不站出來說話。

・政黨、政治人物、媒體無良心而有「狼心」，台灣才成為無是非、無公義、豎仔、硬拗的場面。

・無良心、無是非、無公義的嘴臉，正在主導這個國家，公然違背良知、顛倒是非、唾棄公義、明人說瞎話。這些人占據政壇壟斷媒體、教壞囝仔大小，真是無可奈何。

・貪腐、殺人、放火、犯罪均不需平衡報導，要據實報導。同理，對貪腐、犯罪、殺人、放火怎可中立呢（對有些政治人物談媒體平衡報導有感）？

- 人生最難做的是違背良心、顛倒是非、不公義的事。
- 是非與明暗之分相同，不知是非等於不知明與暗，將白天說成晚上，明明電燈很亮，他卻說是黑暗，明明是黑暗，他偏偏要說是電燈很亮，亦即等於明明是「非」，他故意說為「是」，明明是「無公義」，他偏偏說為「公義」，不是「眼睛瞎」便是「惡質」。
- 公義是人權的根基。
- 和平大使的使命研討會簡報中有「忠於真實」這段話，與我追求三基調一致，即智慧、價值、真實。
- 不乾淨的人才會偏頗。如西瓜人，有吃說有吃的話，無吃說無吃的話，利害心重的人、無道德的人、無公義心的人、私心重的人自會「偏頗」。
- 忠於真實比忠於國家重要。
- 司法不獨立、司法不公才造成倒扁、挺扁的暴力鬥爭。阿扁有無貪汙，不管Sogo、國務機要費的發票，有就是有，沒有就是沒有，司法人員不敢斷然說是或否，難道說是或否那麼困難嗎？這樣會害死阿扁。

  本來否就是否，馬上可回答，是就較難說，才會拖那麼久還不敢說出來，才引起人民的懷疑，才產生倒扁、挺扁之爭，罪魁禍首仍在司法。

9/21
- 泰國軍人政變成功，警察支持政變。泰國因總理貪汙，數月來群眾示威抗議迫總理下台，均不得要領，軍人看不過去，才引爆政變，因受警察全力支持，政變始能成功，由此可看出——

  一、泰國軍隊、警察是屬於國家、效忠國家，而非屬於執政者，不效忠執政者。

  二、可惜台灣國民黨時代軍、警是屬於國民黨、效忠執政者。民進黨過去一直喊軍隊國家化，如今變成「扁化」，軍、警屬於綠軍、忠於綠軍，而非忠於國家。

三、軍、警不忠於國家而討好統治者，效忠統治者，這種軍、警很自私，是無法打戰的。顧自己利益都不夠了，哪會去犧牲保國衛民呢！

四、軍隊應忠於國家、忠於人民，不可忠於黨派或忠於統治者。在黨派政爭時固應中立，唯如統治者貪汙、執政者腐敗，則不能中立，應揭竿而起，領導政變，推翻貪汙、腐敗的統治者及政府，重建政府秩序，迅速還政於民（泰國政變之例）。

五、不政變的國家顯示軍隊只效忠統治者或黨派，不效忠國家，此種軍隊不會打戰，因效忠於違法的領導者必私心重。

· 不可在溫室內批判或攻擊溫室外的人。

· 不能立言、立功，至少應立德，始像人。

9/22 · 台灣參政人員自私、自利、自大，不謀公益、公義，只會口號、口水，對問題無感受力，也無分析力，更無解決力。

· 私情蓋過公義無資格參政，也無資格談政治。

9/25 · 領導者無智慧、無誠信、無公義、無品德、幼稚無知又不守法，他的執政團隊亦然，執政品質自然惡化，影響整個政府人員及造成社會惡習，墮落、腐敗，影響民心至大。

9/28 · 小人治國，很少有君子出現。大權在握，天天說那些五四三、豎仔、硬拗的傲慢、私心重、爭權奪利、騙來騙去、心中無國家和人民存在、格局小，一大堆小人主政，才造成貪腐之局。

· 施明德辦反貪倒扁全國遊行，綠色縣市長均拒絕，權力取得後就可拒絕集會遊行，不允人民發表意見，由此足證國民黨時代箝制黨外言論、集會自由的正當性。

· 民進黨九月三十日黨慶集會遊行竟改穿紅色衫，與反貪倒扁同一顏色。當初游錫堃批評紅衫軍是中國同路人，是中國人打台灣人，如今竟也穿上紅衫衣，足見民進黨的無知、無能、胡搞。

- 一個人不會活在「有智慧、有價值、真實」，人生將打折扣的。一個無法活在「真實」生活中的人，他的人生是假的。

9/29
- 有智慧始有公義，公義是智慧的行為。
- 是比人格而不是比官格。
- 無私始有公信力。

9/30
- 台灣的政治人物和媒體只有漂亮的語言，因此只有名嘴口若懸河，無真實感、無責任感，是空轉、是騙人的。
- 台灣社會騙贏的就是勝利者。
- 執政者、執政黨都說應信任司法，洪奇昌在中天新聞節目強調應相信司法。但當國民黨時代，國民黨亦說司法是獨立，應信任司法，當時洪奇昌是不是信任呢？如果信任就無街頭運動，足見執政了就換個腦袋。

  施明德的環島嗆扁，當時主張言論自由的和集會結社的人，如今執政就不讓施明德集會，可見執政者都要限制自由。
- 洪奇昌是民進黨走雲頂的高手，國民黨時代抗爭最烈，民進黨執政後與財團關係密切，以執政黨地位與財團搞關係，是最聰明的政治暴發戶，今日又要人民相信司法，強調司法的公信力。其實部分司法人員本身無公義素養，成為御用工具，怎能令人信任司法？要人信任司法，司法人員應有公平、正義和不貪財、不為執政者服務的性格，始能得到信任。真奇怪！洪奇昌一直要人信任司法，原因何在？
- 私心的人不管講什麼話，都隱藏著私慾、私利的心機，只不過是用美麗的言詞裝飾、掩蓋其野心，使人上當而已。
- 如何看穿私心的人可由其一言一語、一舉一動看出來，尤其言行不一的人私心最重，當你聽取他很感動的話時，你馬上字字句句核對真實，是有影或無影、可能或不可能，你就馬上洞察其奸計。政治人物私心最多、最嚴重。
- 公職人員基本修養是「無私」，無私就是無貪、無私念，可絕對抗拒關說、施壓，也絕不向他人關說、施壓，如此政治才能

眞正清明廉潔，才有互信、公義的空間。

無私從領導者做起，領導者應有百分之百無私，如有百分之一私心，貪汙就滿天下。

10/1 ・無私才有理想（有私心的人不會有理想）。私心重的人是炒短線，炒短線的人不會有理想的。

10/2 ・我的腦筋迄今仍有強烈的開發力和爆發力、穿透力、感受力、感應力。

・二○○五年貧富差距嚴重，勞動報酬差距三十六點二十二倍。高所得年入兩百一十萬，低收入五萬八千元，平均月入不到五千元。二○○○年月入七千元，去年降爲五千元。

・施明德說：「政治人物不要以爲人民是可以操弄的，把人民當做菜包，可以吃就吃，不要吃就丟掉。誰去？誰留？誰上？誰下？人民是可做決定的。」他痛批陳水扁六年來「見人說人話，見鬼說鬼話，所說的可出好幾本書，書名就叫《人話、鬼話》叢書，有這樣的領導人是咱台灣人的見笑，應叫他下台」。（見《聯合報》第二版）

・地下電台公然發聲動員群眾挺扁，反制倒扁，足見民進黨執政六年來仍與地下電台密切合作，修理監督政府的人民。不只不取締違法的地下電台，甚至密切合作，這是什麼政府！民進黨聲聲說台灣已是民主法治的國家，一切依法行政，唯對地下電台的存在應提出一套辦法解決。

10/5 ・金大中領導韓國度過嚴重金融危機，對韓國有歷史性的貢獻，唯三位公子均利用特權收賄被判罪，長子爲現任國會議員照判罪，除去國會議員之權。金大中當時除了向國人道歉外，自動退出政黨，這是韓國人的知恥。

加上全斗煥、盧泰愚兩位總統均被判重刑，顯見韓國司法已眞正獨立，也表示韓國是會生毛（出息）的國家。台灣永是「有權勢判生，無權勢判死」的國家，是永不會生毛的國家。

・台灣貪腐、無能、墮落，到今日的地步，原因──

一、政治蟑螂、政治垃圾太多。

二、政治人物大多是吃軟飯的。

三、政治人物大多是吃賭，也要抄賭的。

四、政治人物大都是吃天、吃地、吃政府、吃人民，是吃銅、吃鐵的（我四十年來的口頭禪）。

五、政治人物大部分是壞人。

六、司法人員無道德、無正義感、無公道心，藉司法掌握人民的自由，生命財產的生死局，大賺鈔票（鉅款收賄）或成御用打擊異己的工具，比政客更惡質。

七、大都是名利雙收，享受權力的傲慢和榮華富貴的政客，無為國為民設想和維護公義，有智慧、有道德、有誠信、有能力、有人格、有典範的政治家。

八、教育徹底失敗，國民無是非善惡之分，只乖乖地繳稅給壞人統治和選黑金來為非作歹、魚肉人民。

九、政治人物大都是無知、無能、無恥、無賴。

十、政治人物大多是大騙子，藉政治舞台說權威的謊話，說五四三、說不三不四的番顛語言，說瘋話，是十足的豎仔。

‧中天電視報導，全球行賄台灣排名第五名，其次為印度、中國、俄羅斯、土耳其。

‧台灣的亂，公私不分又無知。政治介入唯恐有違自由權（言論），往往用美麗的語言「尊重對方的發言」，果然不錯。但應有是非之分、公私之分，如公事應以公事的論點始值尊重，如以私利為論點，則不值得尊重。

10/8 ‧現在搞政治的人比黑道更差。公權力＋心狠手辣＝私利。

‧很不幸，台灣缺有公義的國民，因此才讓無公義的政治人物和司法人員公然位居要津、魚肉人民。

‧阿扁昨天視察憲兵部隊，竟公然喊阿扁為「大帥哥」、「巧克力」，拍馬屁拍到這麼肉麻，這種指揮官應撤職查辦。拍馬屁

的軍隊絕不會打仗的。

　　所謂「大帥哥」、「我的巧克力」均為私人行為、語言，堂堂一位國軍最高統帥，竟公然被喊為「大帥哥」、「巧克力」是對最高統帥的一大侮辱，無視最高統帥的尊嚴，該殺！

10/9 ・人生最丟臉的是不知公義。

　　・觀察台灣的政治人物（政客），絕大多數只知功利不知公義，只知私益不知公益，只知利害無是非，只會傲慢不知謙卑，是最殘酷無情無義、無慈悲心的動物。此種人渣掌握國家公權力，國家無望、人民不幸。

10/10 ・從電視轉播看國慶——

　　一、阿扁在慶祝大會致詞內容，是用美麗的語言、權力的語言、傲慢的情緒，尤其面對百萬紅衫軍嗆聲，無檢討、無回應，是不良示範。

　　二、司令台兩邊以白布圍住與民代隔離，太不像話。

　　三、綠委攻藍委，公然吵架、打架。

　　四、外賓被紅衫軍追打。

　　台灣如此的亂，原因為政治人物、媒體、學界，皆無公義的本性、無公義的本質、無公義的靈性、無公義的意識，因此不會有公義存在。

　　・台灣人無骨氣，只有兩種聲音：吃父偎父的話，吃母偎母的話。

　　・台灣人為何缺公義的頭腦，只有功利的頭腦。

　　・有公義性格的人始能說出內涵，使人信服的話，始能解決問題。

10/11 ・處理或解決問題時，只要使「問題的能量」部分釋出，問題自然解決，如能量無法釋出，將成大災難，如處理群眾運動問題更應適用。

　　・「能量釋出」是徹底解決問題的關鍵。

10/12 ・通常有智慧的人，易表現的現象：無私、公義、道德、慈悲、

能力、誠信、國家、人類。

10/13 ・有智慧始有穿透力,有穿透力始有創造力和解決力。

10/15 ・政治或媒體工作者,不知公義就是智能殘障,打擊公義是罪惡。

10/16 ・無公義的權威就是獨裁專制。

・台灣政局之亂,在於統治者與被統治者角色的混淆不清。國民黨是被統治者(在野),但仍以統治者自居;民進黨是統治者,但仍以被統治者(在野)自居。因此權責不分,主從不明,天下大亂。

10/17 ・執政黨的建設大多為政治考量的建設,而非為建設而建設,是酬庸建設、選票建設、黨利建設、貪腐建設、樁腳建設、人情建設、分贓建設、藍綠建設。

10/18 ・有節制的生活才能長遠。

・過去威權體制下實施耕者有其田政策,把大地主(財團)的財產拿來分給農民。
民主化後推行金融改革,將官方銀行交給財團、掏空國家,而人民購屋向財團的銀行貸款,長期成為財團的債奴。威權時代的農奴消失,民主化造成無數的債奴,真是諷刺。

10/19 ・宋楚瑜以無黨籍名義參選台北市長,親民黨主席不敢以親民黨名義參選,顯見宋對親民黨已失信心。世上很少政黨主席親自跳出自己的黨而以無黨參選,足見宋權力慾很重,二千年他脫離國民黨參選總統,造成政黨輪替,國民黨失去政權,此次台北市長的選舉也然,增加藍軍的危機感。

・政黨轉台的政治人物,私心必重,一個人可由A黨轉到B黨再到C黨,如同舞女的轉台,是最無原則也是最自私的人。顯示台灣政治人物大部以自我為中心在操作政治,這種人應被淘汰。

・台大醫院今日對趙建銘申請復職投票表決,以五十七比一票否決趙的復職。台大校長李嗣涔對此表決表示敬佩並說「此決定

維持了台大一百一十年的傳統」，即「只問是非不畏權勢」。這八個字在台灣數十年來很難聽到，真是大快民心。李嗣涔校長可當中研院院長或教育部長，是有風骨、風範的知識分子，真正的教育家。

· 香蕉滯銷蕉農叫苦，蘇內閣在行政院會表演吃香蕉秀，以促銷香蕉，看這些政務官大吃香蕉狀，吃相難看，亦即在表演他們平時吃相難看的嘴臉，個個吃相難看。

10/20 · 幫派政治之下無政治家。政黨政治是為政客而設計的，政治家很難適應政黨政治的生態。人民易受政客操弄，政治家在現實功利下被犧牲。

10/21 · 金錢、官位、民代均非價值觀，而是價格觀。人格、道德、公義才是價值觀。

· 保護記憶力必須用心於人、事、物的印象，勿退卻應清晰、重記，否則會成為老人痴呆症。

· 「未到的先活」，這是我一貫的生活態度。

10/22 · 功利化的導向下，專業只不過是裝飾而已。

· 沒有道德在生意上為「奸商」，在政治上為「奸臣」。

· 台灣的政治上今日之亂在於：民進黨不會做執政黨，國民黨不會做在野黨。因角色錯亂，造成六年來的空轉和虛耗。

· 一個社會「公義已死」，是統治者的罪責，歷史將永難忘這筆帳。誰能使公義死？只有統治者、執政黨。

· 公義抬頭，政客必亡。公義是政客的死對頭。

· 公義是人類共存的生命，如無公義，人類很難共存，也將發生人類的災難。

10/23 · 中國發展神速是必然的，國家統一、全民一心，為國家的發展和民族的繁榮，日夜奮鬥打拚，近年來的建設幾乎超過台灣。而台灣不是在睡覺，便是惡鬥、撕裂，個人利益和幫派利益高於國家高於人民，缺國家認同、意識對立，在在可看出台灣的悲哀，政客囂張，媒體操作，台灣很快會被淘汰。

- 寧可吃無肉，不可居無竹。無肉令人瘦，無竹令人俗。（蘇軾）
- 風骨長存。
- 說不負責的話比說負責的話容易，說不負責的話簡單，說負責的話困難。

10/24
- 古代人對官位非常尊敬，現在也然，唯現代固也尊敬官位，但都是表面的，還有點利用的味道，不過均無是非善惡之分，尊敬奸臣比忠臣更甚。

10/27
- 國親是計較性合作，計較性的合作永難合作，前瞻性的合作才是真合作。
- 美駐台辦事處長楊甦棣昨天的記者會發言顯然干涉內政，是國人之恥。談限期立法院通過軍購案（針對國親），及阿扁「和平、合法、合憲」三合下，應做完任期（針對紅衫軍）。將台灣看成在美國主權下的一地區。
- 政府的責任——
  一、維護人民的尊嚴。
  二、人人能生活。
  三、人民的安全：治安、衛生、醫療、公安。
  四、社會公義：司法獨立、清廉、無特權、無惡勢力。
  五、主權獨立，勿媚外，勿賣國求榮。

10/29
- 活單元較單純，能單刀直入，有突破性。
- 我一生無私奉獻給人類國家，兒女教育還好，但眼看功利物化的競爭，社會地位不是權勢便是金錢。然民主選舉「權勢」是短暫的，唯有金錢雄厚財力，才能有尊嚴地存在，由此檢討，如今看到偉峰、國峰、文玲日夜辛苦，所得微小，為生活的安全，為父很著急，因此將你們的未來時刻放在心上，惜父親年已七十二，雖想重新創業，為你們賺些錢，以彌補你們微薄的收入，唯已力不從心，且創業需時，已來不及了，因此為父感覺非常對不起你們兄弟姐妹，因已無生命可再創造財富給你

們，只留下善良的倫理典範讓您們的子孫維持有氣質的人。切記——

一、兄弟姐妹應永同心，互相支援，密切合作，好的幫忙差的。

二、侄兒應視同自己的孩子，愛護他、照顧他、裁培他。

三、永懷祖上、敬祖尊宗、年節倍思親，切記「無根不會成為歷史性人物」。

10/31 ・由於藍綠對立，當官好像是有顏色的官，並非為國家全民的官，因此不值得尊敬。

・自己有深厚的修為才能感化他人。

11/1 ・貪汙辦貪汙是辦不成的。台灣社會要找真正無貪汙的大官不多，大多均有前科。有前科的人有何資格辦人嗎？

11/5 ・人的氣質之有無，介於有無公道心和正義感。

・國民黨時代，黨外或民進黨如何抗爭，國民黨從不敢說鬧事的人是失意政客。如今民進黨當政，常批不在位的人為失意政客，太不厚道。

11/6 ・長老教會總會助理總幹事許承道說：「他祈禱上帝能憐憫陳水扁總統，讓他有『智慧』說明清楚，做出決定。」（《中國時報》A7版）

所謂「智慧」是無私，是真實，不是狡辯、詭辯、硬拗、奸計、顛倒是非、強辯之意。

・人生有的肚子裡是裝滿金錢，有的肚子是裝滿權勢。我的肚子裡既無金錢也無權勢，我只有智慧、價值、真實。

11/8 ・在台灣的人大多已缺智慧，全是聰明人，說是非的人已很少，大多是說利害的人。

・說利害的人最無格，大部是小人、現實、自私自利、炒短線的人。

・台灣參政人員大多無整體性、歷史性、公義性的思考，只考慮如何取得權力，然後以權力滿足他人生的榮華而已。

11/9	・有私心的政治人物，才能編很多故事，欺騙單純善良的人。
11/11	・有些人經常批人不愛台灣，然大部分的人都買房子在台灣，為什麼說不愛台灣？
11/16	・遍地貪汙、官商勾結、利益輸送，不少鄉鎮市長到處貪汙，民代關說、施壓、包工程、砂石場、六合彩、電玩……不良的法治、不良的風氣，險惡之人搞無人性的爆料，是非善惡不分、顛倒是非善惡，「是」、「善」難敵「非與惡」，這種情況是台灣人的不幸。
11/17	・兩蔣時代至少還有「黨國」存在，現在只有黨而無國，這是所謂民主化的成果。過去有國家，弄到現在無國家，只有幫派式的黨，是台灣人的悲哀！
11/19	・制度不只陷人於不義，也陷人入罪。這次台北市長馬英九捲入特別費風波，制度規定半數應備收據，半數不需收據，有的領現金、有的領支票、有的入帳戶，這是制度，全國皆然。如今馬英九選擇入帳號的十七萬特別費竟有涉貪的問題，行之有年的制度，全國六千多人支領特別費的竟成有罪，是制度害人。因此制度不是萬靈丹，遵守制度反成有罪。
11/21	・我說：「真實免煩惱。」聖嚴法師說：「智慧免煩惱。」
	・二○○六年十一月二十日《中國時報》社論刊載，余英時說道「一個知識分子必須具有超越一己利害得失的精神，他在自己所學所思的專門基礎上發展出一種對國家、對社會、文化的時代關切感，這是一種近乎宗教信持的精神。」
	・立德、立功、立言是每日時刻做出來才有道德風範，才有實質貢獻，才有座右銘、格言的「三不朽」。如果自己生活無教養、虛偽、言行不一致（檢驗過去的言行）、無品格，將成「三不羞」。
	・見到不喜歡的人，比見到魔鬼還可怕。
	・「人到無慾品自高」，這句話是我一生奉行的座右銘。
	・中國不相信李登輝和陳水扁，因此均以「聽其言，觀其行」置

之，表示對他倆不信任感。

- 11/22 · 先看你人格而不是聽你的官話，也不聽你的錢話。官話、錢話與鬼話無異，也許鬼話比官話、錢話略好一籌，但唯「人」才說「人話」。
  - · 無私無敵人，真實免煩惱。
  - · 物化的人，自無良心。物化的社會，無良知、無人性、無人文，自無公道可言。
  - · 言行不一致的是大騙子，是最無人格的。大官顯要的言行不一，言言更不一。如果把他們歷年來在媒體上的言行（電視、報紙）彙整起來，他們將成歷史上千騙萬騙的豎仔。
- 11/23 · 有邏輯的人，才有誠信。
- 11/24 · 要說有智慧的話，要做有智慧的事。
  - · 我很慶幸，從政二十三年心靈還是很正常，沒有受汙染，明是非、持公義、守道德、求真實，迄今仍堅持不變，因為上列是我生命的價值觀。沒有上列堅持，就是當總統也是當假的，毫無意義的。很可惜，很多高層一拿到權力，只有明利害、持功利、反道德、不誠信、實在無資格治國。
- 11/25 · 慾望是痛苦的調整器。遙遠的慾望，痛苦是無限的；無私真實的慾望，是快樂的。
  - · 台灣社會今日的腐敗，道德的淪喪，端在政客與財閥的結合，造成公權力的濫用和腐化，社會公義的喪失，人性的消失，政客和財閥是一切罪惡之源。
  - · 政客和財閥的結合，互相利用、利益輸送、掏空人性、掏空國家、掏空地球，人類的悲哀！
  - · 宗教與權力的掛勾，財閥與宗教的掛勾，必無淨土。
  - · 真誠和公義是無財閥的。
  - · 宗教應高於權力和金錢，始有教化地位，宗教如與權力、金權掛勾，宗教就不成為宗教。
- 11/26 · 權力與金錢應支持宗教，但不可利用宗教。

- 換言之，權力金錢應支持「正神」，但不可利用神，所謂「虔誠」意義在此。可惜現在很多財閥與權力掛勾，亦與宗教掛勾，真是神人統吃。
- 官不官、神不神，罪惡在金權。
- 官和神是屬於公的，金錢私人的。金錢與官神合流就無公私之分了，理由簡單：公私不分還說什麼民主法治，完全在騙人。官被金錢（財閥）操作，連神也向錢看齊，人類應改爲錢類。

11/27
- 觀看台北市長和高雄市長的選戰，謝長廷的嘴臉和陳菊措詞，與三十年來在黨外時，以至民進黨時代完全一樣，無内涵、無典範，一點進步都沒有。
- 個人失修、家庭破碎、社會紛亂、政府腐化、人不人、君不君、國不國，倫理淪喪也。重建倫理當務之急，國人應覺醒也。
- 要說有智慧的話，要說有内涵的話，要說有深度的話，要說眞實的話，要說有價值的話，否則就成五四三的話。五四三的話不要聽，不要受汙染，浪費生命、浪費時間。
- 得到利益或好處的人絕不會主持公義的，這種人只有支持非公義的人或爲非公義的人辯護脫罪。
- 是非那麼難分嗎？公義那麼難懂嗎？
- 權力本應維護公義，但台灣權力者幾乎在破壞公義。無公義的社會是「活鬥老熱」（活熱鬧）的。

11/28
- 眞實是既成正義，所謂轉型正義是無正義，是騙人的，是抽象主義，是動態正義，是主觀正義，均非正義也。
- 人的品質漸漸隨著物化而降低。政治人物差、惡質，地位與品質成反比例，其次爲媒體，再次爲學者。說來說去，還是二十五年來我所說的國家三大害，過去是說議會之害，現在已腐化到政客之害。
- 有的以權力做人，有的以金錢做人，而我是以人做人。

11/29
- 政客及媒體掏空了台灣價值與公義。

・不僅掏空價值、公義，連司法、是非、真實均掏空。剩下是豎仔、硬拗、無恥、無賴的政客和媒客，騙來騙去、罵來罵去、鬥來鬥去、害來害去的天下。

11/30 ・台灣的民主只有藍綠，無是非、無公義，公正人士無存在的空間，電視檯面上的嘴臉也只有綠嘴和藍嘴，說公道話、說公正話，說正義話的人很少看到，如看到也被野蠻的藍綠打手，打得頭破血流，非死便殘。

・好的國家，公義、公正是最被尊敬的，也是主流價值。五流國家，公義、公正是被打擊的對象，不容許公義、公正存在。「公義、公正是藍綠的罩門」，它們最忌公義和公正，公義和公正是刺上藍綠心肝的兩把利刃，因此藍綠均討厭公義和公正，它們最怕「公義」和「公正」四個字的人。他們希望早日消滅（剷除）公義、公正之士而後快。

12/3 ・人生本來就是「煩」。不煩，非人生也，只不過是先煩後煩而已。如賺錢的人必先煩，等到賺錢，有錢了就免為錢而煩，無錢的人，免先為賺錢而煩，但因無錢就要後煩了。

12/4 ・政治人物品質惡劣，什麼好制度均無補於事，他們以權力傲慢的嘴臉信口開河，黑的能講成白的，白能說成黑的，比魔術師更厲害，是政治魔術師，講話不算話、硬拗、不誠信、不負責，執政者公然違法，還會使其正當化，向道德挑戰，可憐無是非的人民及財團與貪腐掛勾，促使執政者在民主口號中實施真正人治，在這種情形下，什麼制度都無效。天真的施明德想實施內閣制，以防總統的獨裁，其實換成內閣制將變成內閣獨裁。總之，政治人物品格差，什麼制度均然，要檢討的是政治人物的品質，真正有道德的政治人物已不存在了。

12/6 ・由於司法不清明，以致進入法院比醫院更可怕。

12/7 ・國民黨是白痴，民進黨是豎仔。

・林義雄號稱聖人，他的母女被殺害值得同情，但犧牲的代價無法挽回公義清廉的台灣，至為可惜。

12/10 ・謝長廷市長敗選發表談話，說今後要謙卑和學習，唯有謙卑的修為，始讓人欽敬，這是考試用的。他自己說這次敗選是「求仁得仁」，不恰當。因求仁得仁是別人說的，不是他自己說。

12/12 ・智慧的人，才知道謙卑的偉大。聰明的人，需要傲慢。

・爭權（權力）奪利（金錢）的人，只知把他人應享有的權力和金錢，搜刮集中於本身，而成「唯我獨尊」，然後想盡辦法如何支配他人、控制他人、使他人就範，不是如何向他們拍馬屁，便是向他討好，淪為他們的奴隸。

・面對權力，人自無品，面對金錢，人自無格。

12/13 ・道德高於權力，道德也高於金錢，道德高於權力和金錢，唯有道德始能制衡權力和金錢，因此享有權力和金錢的最不喜歡道德，也盡量避免說道德，縱有也不得已，騙騙人民而已。
因之道德是老百姓較喜歡的，權力者和財勢者均討厭，我有下列之感：最近有些人批扁為貪腐政府，絕不挺他，否則會成歷史罪人，如此，則獨派人士和綠色挺扁者將成歷史罪人。又強調執政者應清廉、道德、公義，但主政時不喜歡人家講道德，公義、清廉也很少說。

・高雄市長國民黨敗選，在敗選檢討中，有人追究責任，馬英九說他是主席當然要負全責，還算有勇氣。唯政治人物盡可迴避責任，縱不得已，說要負責，其實負什麼責任？怎麼負？結果原來是「嘴巴責任」而已，騙騙人民，不了了之。

・馬英九「不沾鍋」意思是「清廉」。照理，清廉的人始有資格強勢運作，不清廉的人自己有問題，是硬不起來，當然無法強勢運作，然馬英九不沾鍋竟硬不起來，無法強勢運作，令人費解。如果不沾鍋而無能力，此種人只可看家，不可擔任要職，擔任公職會害死人。

12/14 ・勞動是人生一大快事。

・勞動的滋味很好。

・領導者不得有私心，一切應以國家利益和維護公義為職志，以

倫理道德爲典範，否則非治國也，而是只玩國弄權而已。

- 由於領導者自私，屬下成爲領導者的私產，只認老闆不認國家、不認人民，一切拍馬屁、討好，心中只有他的長官，無國家和人民存在。

12/15 · 無公義的人，無人格可言。如要與無人格的對話，不如與動物園的動物對話。

12/16 · 撒旦邪惡的主權：台灣現正面臨撒旦的統治，台灣人惡運難免，這個劫數必須急速將撒旦消失，否則永無安寧之日。藍綠如撒旦，只要藍綠存在，國乃沒落。

- 很遺憾，上蒼給台灣企業家很多豐富的機會，很多賺翻了天，如王永慶、郭台銘、蔡家、吳家、辜家、張榮發、徐旭東、施振榮、張忠謀，大多在競相堆積金錢，希望錢能堆積如山，越高越爽。但對人類的墮落、人性消失、倫理道德的淪喪，很少關心、很少憂心，只要他自己有「無限財富」，人性、道德、公義都可以犧牲。他們對社會至多做些炫燿自己的點綴捐助、救濟表面工作而已。如果他們對道德和公義，對國家對全民能多關心多負點責任，對執政者少馬屁多壓力，台灣將成有品的國家。

- 有些人聽我的演講，說我的丹田很強，聲音宏亮，我想這全都是基於我的道德和公義的力量，因此唯有道德、有公義的人，永遠理直氣壯，丹田和聲音自會越來越強、越好。

- 我雖在權力和金錢方面不如人，但在道德修爲、無私、智慧、價值、眞實方面，已成爲我孤行獨市（專賣、專有之意）。只嘆這些孤行獨市的道德、無私、智慧、價值、眞實、典範，無空間、無環境、無條件讓我行銷給人類社會，這是我一生永遠的遺恨。

- 三代同堂是人性、是人倫。三代同堂崩解後才產生家庭問題、老人問題、青少年問題，也是現在所謂的嚴重的社會問題。

- 物質條件固然不好，但人的品質不好才是問題。

12/18 ・今後我應全力發展我的志業──智慧、價值、真實，是責無旁貸也。我已發覺任何事都不必勉強，不必強求，一切聽其自然，不管是親人、親友或有關的人，我都不會強求，縱然是強求也無效，餘下的人生盼把自己的志業完成。

12/23 ・幫派政治下，司法、情治、軍隊受幫派操縱，無獨立、超然的空間。
政治人物無國家觀念，缺國家意識，藉民主政治的口號、營私，大撈一筆，令人討厭。
教育受幫派、黑金的汙染、破壞，已失教育意義和功能，成反教育。
一個國家司法無法獨立、教育無法獨立、情治軍隊無法中立，非國家也。
・現在黑金是有史以來的黃金時代。
・中國時報十二月二十一日靈鳩山民意調查，人民最討厭的是政治人物，其次是罪犯，第三為媒體。雖然人民討厭政治人物，但在功利社會，拍馬屁的人還是很多。這是社會無是非、無公義的現象。
・現在在食的方面大家流行古早味，其實人恢復古早味更重要。

12/26 ・有權力的人說的話一定要負責任，不能說那些五四三、不三不四或閃裡躲去的話，如高鐵交通部既批准通車，有履勘委員質疑安全性，有權力的人如蔡堆部長、蘇貞昌院長應拍胸說將來如有事故要負責任，包括殺人的責任，不能推說是專家的責任。如果不負責就不可冒然批准通車，足見現在官員敢公然說不負責的話，人民怎可信任政府呢？高鐵通不通，身為官員只要一句話「高鐵安全絕無問題，如將來有事故釀成人命，相關官員要負殺人之責」，這樣人民自可相信，否則講那些廢話連篇，連鬼都不會相信的。

12/28 ・政治人物對司法人員「人格謀殺」實不應該。以政治立場、政治利益批司法，將破壞司法的公信力。由於昨天趙建銘被判六

年，其父八年四個月，挺扁民進黨人士攻擊司法，司法將失去獨立及破壞司法公信力。

· 司法一旦崩解，公義不存，如動物園強食弱、強欺弱，最後強者存、弱者亡，是台灣的悲哀。

· 《聯合報》黑白集刊登，當代學界巨擘薩伊德指出向權勢者說真話是知識分子的天職。

2007年

1/1
- 阿扁元旦文告冠冕堂皇，惜與内容不符。台灣是政黨如幫派，政治人物只是五四三、無誠信、無清廉、無道德、無典範，不管講到天花亂墜也無意義。今日的文告好像不敢說清廉，無清廉的政府什麼都等於零。
- 《時代周刊》將阿扁列為世界十大醜聞中排第五位，以色列總理掛第八位，其餘均為美國。

1/4
- 對時間的看法——
  一、時間是人生全方位的資源。
  二、如果「時間是金錢」你說如何處理？
  　（一）細水長流：開源節流。
  　（二）效能：有限時間做最有效能之事
  三、時間的分配，每日二十四小時如何分配，如財源的分配一下來，做適當分配和調整。
  四、應設記帳簿，也即日記簿。
  五、「開時間」比「開錢」嚴重。

1/5
- 現在的官不是「綠官」便是「藍官」，非「國官」也，因此不光榮，只是幫派官而已，不值得尊敬。是「狗官」而非「正官」，不值得追求。

1/6
- 政治人物一旦取得權勢，就忘了自己是人，得權勢前與得權勢後完全判若兩人，取得權勢後僅說權勢的話，做權勢的事完全忘了做人做事的道理，更忘了過去的親人、朋友。
- 前幾天馬英九說要與民進黨和解，真是腦筋有問題，他哈佛博士是白讀的——
  一、在野黨是要監督執政黨的，要制衡執政黨，這是政黨政治的常識，馬英九不懂。
  二、現在要和民進黨和解，等於落入民進黨歷來的口實，六、七年來民進黨政績差，是在野黨故意拖後腿，惡鬥所造成的。
  三、在野黨沒有什麼籌碼，如何與人談和解，馬很幼稚。

四、兩黨惡鬥是民進黨不與國民黨和解，責在民進黨非國民黨。縱國民黨有誠意要和民進黨和解，但民進黨並不那麼單純，馬英九以一黨之主席，不分皂白、香臭，難怪執政黨那麼囂張，得了便宜又賣乖。

五、民進黨有些領導階層貪腐，馬英九不只無能力盡在野黨之責監督執政黨，竟反而要與貪汙者妥協和解，其道理何在？難道馬也貪汙，否則此舉令人費解。‧

‧政治人物最可惡──

一、利用權勢謀私利。

二、為選票天天跑喜喪事，不務正事，浪費人民血汗錢。

三、無典範：最無道德、無誠信、心狠手辣、無血無淚做不良示範。

四、五四三專家。

‧時間是一切之本──

一、時間大都用去買錢財。

二、時間有的用去買權位（爭權奪利）。

三、時間用去靈修、讀書、禪修。

四、其實應有部分時間去買生命（健康）。

靈修和健康才有人性的價值，錢財和權位只是一時的、炒短線的人生，是門面而已。錢財和權位易使人腐化、發瘋，如無相當的靈修和道德基礎，將是人類的災殃。

1/7 ‧台灣的官員心中只有長官，無人民存在，不管在媒體上、電視中，看到他們發言內容，只看長官眼色和保持他自己的官位而發言，不講真實、掩蓋真相，也不為人民著想，足見台灣的現況夠慘，真為未來子孫憂。

‧不喜回顧歷史的人，是不會感恩的。

1/8 ‧人生絕不可被綁標而生。哪種人最易被綁票？看人頭臉而活的人、得到他人好處的人、欠人家錢的人、欠人情的人。

‧現在是奸奸鬼鬼的天下，奸奸鬼鬼的人始有機會位居要津，奸

奸鬼鬼始能相處。

1/9 ・台灣說來說去是無救。政治人物無人性、無倫理道德、無是非，藉公權力搞利害、搞權勢、搞錢，是「職業惡貨」。

・力霸集團發生財務問題，是政商勾結、利益輸送結果。過去王又曾在政壇上能呼風喚雨，均為高層的上賓，陳水扁執政六年多來出國九次，王又曾、王令麟隨團七次，如今發生重大財務危機，國民黨免負責嗎（中常委）？陳水扁一聲話都不敢說。力霸今日如此，誰是始作俑者？當然是兩黨均有分。但台灣是不負責的政治，是選擇性政治，大家均可不負責，金控會在幹什麼？只會等到出事後，將國庫的數百億搬來，應付擠兌以平息民怒，然後他們又可幹他們不需負責的官。平時並無監控才會出事，施俊吉主委振振有詞地、大大方方搬國庫數百億支援力霸，還以為功勞很大。這些從未幹政務官的人給他幹政務官，不知責任之輕重，實在可憐，台灣呀！台灣呀！可憐的台灣人，靈鳩山民調百分之七十人民最討厭政治人物，但很可惜，台灣人不去唾棄政治人物，到處都在捧政治人物，原來與政客均有密切的利害關係，政商切不斷，是貪腐政權的鐵證。

・不喜歷史，人生意義減一半。

・台灣的民主是權力當為主政者私人工具。

・力霸違法，檢調迄未辦人，但國庫又被搬數百億，辦人無效率，掏空效率高。

・是人治的民主：國民黨中央人事改組，有人撐腰、有人杯葛，被撐腰的就能當官，被杯葛的就不能順利，完全決定於人的喜惡利害上。不客觀找真正賢能操守的人，「喜惡利害」決定人事是人治，是最自私的決定，難怪台灣賢能、品德好之士永難見天日，這種人治式的民主，當然是假民主。

1/10 ・對土匪要求「道歉」有何意義？王又曾掏空中華銀行，媒體說王又曾連道歉都沒有，其實如道歉就可解決問題，那就不要國法了。

台灣的政客和財團勾結貪之無厭，權力和金錢的結合比土匪更惡，對這些人要求「道歉」，完全是對這些人放水，是爲這些人卸責。

I/12 ・爲何財團能綁權力——

一、權力者不清廉要錢。

二、執政黨爲把持權力需金援、政治獻金，以維政權。

三、執政者無權威，也即無統治能力，只好受財團操弄。

・掏空案爆發，政府首長從不檢討自己，不追求自己的責任，均在說掏空者的不是。須知道官員領人民血汗錢是在管理業者，業者出事官員自應負責，人民不是要聘他們來管別人，自己不負責的。

・檢察總長陳聰明同意權案，各政黨的盤算是誰當檢察總長對該黨較有利，或未來有案在身時較易脫身，並無考慮誰會堅持法律、能打倒特權和惡勢力、能拒絕權貴的關說和施壓，只在考慮誰對其黨有利或不利而同意。如此作法、司法就完了。況各政黨應絕對守法，絕不違法，自不需考慮檢察總長將來會對其有利或不利。親民黨無格，只爲自己黨利益率先同意。

・權力即典範，有典範的權力，才能國泰民安。

I/13 ・權力不是「五四三」，更不是「不三不四」。

・有黨無國，法治不可能的。台灣高唱法治，其實是人治。人治心中無國家、無法律，只憑個人的好惡、個人的利害辦事，因此大家均向權和錢看齊，整個社會隨著權力和金錢起舞，國家、法律、公義早被丟到垃圾場，如此台灣，永解決不了什麼問題，問題越來越多。

I/14 ・《聯合晚報》刊登，台灣山區登山路不是黃金便是垃圾，登山路成爲黃金路，我想是必然，雖有一百七十所大學，受教育的人也很普及，但道德觀念、人的品質差，自然生活品質不會好，到處大便小便，垃圾亂丟，連自然環境也受波及，雖然大家有錢，但生活仍是無法提升。

- 現在的大官大都是奸奸鬼鬼的人在當，因此現在的官不值得，縱有空殼的大位，然無靈性、無智慧、無道德、無典範、無內涵，有何意義？只有師公嚇死鬼的效能。

1/17
- 歷史就是一篇典範史，有歷史觀的人較有典範的責任，也才有典範史。

- 我自幼迄今無論公事或私事均在邏輯上生活，從未脫離邏輯的軌道而生（從未脫線），這樣人生一路走來始終如一，不因當官而脫離邏輯的軌道，這是我一生最值得安慰之事。

  一個人如因環境改變，如當官或賺大錢就脫離邏輯的生活，等於宣告死亡。無邏輯的人生是亂七八糟的人生，也是五四三的人生，這種人如動物園的動物，是危險的。

1/18
- 政治不是罵來罵去、鬥來鬥去、騙來騙去。

1/19
- 自私的人才會罵人，罵人有排除異己的用意，政治人物本來是典範，現在是罵人，會罵人的人——
  一、藉題發揮，無能的人，才會動口。
  二、罵人、表示自己是好人，別人是壞人，提高自己，掩蓋自己是壞人。
  三、罵人是最無人權觀念的人，也是權力傲慢的人。
  四、罵人是最不尊重人的尊嚴的人。
  五、罵人是自私的人的自然表現。
  六、我看不起會罵人的人。

- 權貴是一時的，人格是永恆的。

- 權力不只足以使人腐化，也足以破壞法治，更足以毀滅公義。如總統府拒出庭應訊及作證，機密是總統特權不受監督，布希和布萊爾的藉核武入侵伊拉克，導致數十萬人死亡，仍在繼續中……欺騙國會是破壞法治，入侵他國就是不公義。

- 要有邏輯機制，無邏輯就無公義，無邏輯就會竹竿接菜刀，無邏輯就會變來變去、翻來翻去，無邏輯中樞神經就無法控制，無邏輯就會失常，無邏輯表示精神崩潰，無邏輯不可擔任公

職。

- 親民黨投票支持陳聰明為檢察總長。各政黨均選擇對它有利的立場決定人選，不站在國家利益立場，不站在公義的立場，實國人的悲哀！有人格的人、有格調的政黨（幫派），應選擇最公正、最公義、有智慧、有道德、有誠信、有典範、不懼權貴、不怕惡勢力的人，才有資格擔任檢察總長。
中選會主委、NCC主委、公平會主委、金控會主委均應公正人士，不能御用也不能以黨派角力而產生。
台灣政治勢力演成無國家、無公義，只為私利，不像一個國家，只是幫派而已。

- 立法院今日又發生有史以來最嚴重暴力行動，令人不齒，為中選會組織法修正問題大打出手。其實中選會應建立在「中立公正」之上，只要中立公正，什麼人、什麼黨均可擔任委員。如不中立、不公正，什麼人、什麼黨均無用。為何各黨無此認知，為何各黨貪而無厭？無中立、公正意識，是台灣政治的敗因。真是國不國，立法委員的行為不只做了最惡劣的示範，人民繳稅給這些垃圾、蟑螂糟蹋，不甘願。

1/20
- 這幾天民視在修理洪奇昌，洪奇昌取得權力後就腐化──
一、與國會祕書結婚，將原配離婚。
二、搖身一變與權貴結合。民進黨只有洪奇昌與財團關係最親密，失去他過去黨外時代的理念。原來他參政是為與權貴結合，這是他的精神。他口才不錯，也是操弄政治的高手。

1/22
- 有黨無國：只有黨民而無國民，只有黨民在爭權奪利，非黨民，什麼也沒分，只有繳血汗錢，供養黨民而已。

1/23
- 謙虛是偉大的，謙虛的人才會關心他人也不會令人難堪，謙虛的人，才能服務他人，才能尊重他人，才能給人尊嚴。
有權力的人應加倍謙卑，謙卑是典範。

1/25
- 中選會是中立、公正、超然的機關，總統提名的每位委員均為

人格者，絕對中立、公正、超然。被提名的委員如果會偏於執政黨，表示總統有私心，總統的人格自然掃地。今日台灣總統可提名偏向於執政黨的委員而不知恥，還公然大聲捍衛其私心，無能、無知的國民黨亦然，知識分子成啞巴，人民無可奈何，這是現在台灣的價值，可悲！

‧ 法院開庭審判總統特別費，吳淑珍居然不出庭。法庭裁定總統府資料非機密，綠色不遵守，還大罵法官、檢察官，真是做了無法無天的示範。

民進黨執政六年多，不只掏空公義，也掏空司法，使司法威信全失。如果國民犯法都學民進黨，拒絕出庭又大罵法官、檢察官，那司法不是全部崩盤嗎？

照理，執政黨應有尊重司法獨立、守法的示範，人民才有所遵循，才有法治的政治。

‧ 由最近民進黨極力對抗司法、詆毀司法，高層露出猙獰面目、目瞷起濁，如瘋狗到處亂吠、亂咬，到處放火，說那些五四三、無常識、野蠻、拗蠻的歪理，很為他們悲哀。權力是那麼下流，那麼卑賤的東西嗎？

‧ 台灣的學界更可惡，失去讀書人的風骨，甘為主政者辯護，對國家目前的危機從不出聲，不說公道話，表示台灣知識分子已死。

‧ 謙虛是美德。謙虛是尊敬他人、是尊重他人、是禮貌，才不會使人難堪。

‧ 杜正勝竟說成語是教育的失敗。按成語是典故，也是智慧和學問的濃縮。讀書人出口成章，學貫古今中外，集中外古今於一身，是學問家的實力和表現。

如果照杜所說不需成語，隨便說說就可，那學校就不必考試了，隨便寫寫就可以嗎？隨便寫寫的就有成績那就不必考試，也不必老師了，教育可廢除了。

‧ 不主持公義者，定必是心術不正。心術不正者，比罪犯更可

怕。

- 有道德的人，才有謙卑。

- 地位與道德成反比例，社會不幸；地位與道德成正比例，人類之幸。

- 官心、錢心控制人心，非人類社會也。

1/26 · 爲公的或爲他人才會生氣，倘爲自己才不會有那麼多生命而生氣。

- 無公義價值觀、無公義智慧，是台灣崩盤的主因。

- 整個政治人物、媒體、學界，只會五四三，無是非心、無慈悲心、無風骨、無正義感、無責任感，是墮落、腐化之象。

- 台灣的是非善惡，是由藍綠判定的。如杜正勝之子杜明夷違反軍紀，判五天的扣假，蔡啓芳認太重，林郁芳認應送明德管訓。藍綠無是非，很多司法案件也然。綠委說馬英九不起訴即包圍地檢處，如此政黨比黑幫更可惡，只要藍綠在台灣就無司法，司法操在藍綠手裡，人民的權益如何保障？難道知識分子瞎了嗎，學者風骨在哪裡，爲何不說話？

- 國民黨已成廢人，不必談它。民進黨是幫派政治，你看執政者的嘴臉，其他亦然。這種硬拗、豎仔式的政府，早已受不了，天啊！台灣人的業障這麼重嗎？

- 杜正勝之子的違紀、憲兵拍阿扁馬屁，還有很多不正常行爲，及扁軍、綠軍爲國軍，這樣軍隊如何打仗？還想大量軍購？不要了，不要再浪費人民血汗錢來供養他們了。

- 談民主基金會開會：民主法治是反專制、反貪腐的制度，在東方除新加坡、馬來西亞外，大多藉民主之名行貪腐統治。統治者貪汙、統治者抵抗司法，根本無資格談民主，況台灣有黨無國的幫派政治，根本無民主可言，不要再用民主來魚肉人民。

- 杜正勝批評成語，「成語這個東西會讓人思想懶惰、頭腦昏鈍、一知半解」。說這種話太離譜，反教育。挺這種人當教育部長的人，罪孽深重。

- 有意識形態就無公義，無公義就成對立，無安寧之日。
- 有貪腐的政府就非民主，貪腐的人，無資格說民主。
  貪腐＝民主，非民主也。
- 台灣的政治人物無廉恥、不知見笑、臉皮比牛皮厚，孟子說無羞惡之心，非人也。政治人物既非人，怎能把這個國統治好？比管理動物園還差。
- 司法如果是藍綠開的，乾脆關門算了。
- 有神經病的人，才不知公義，才無公義感。當你看到在媒體上公然說違背良心的話，說不公義的硬拗，這種人不是發瘋，便是禽獸。
- 國民黨是貪腐黨，也是白痴黨、智障黨，害死台灣人。
- 台灣如果說有成就，是「有錢的動物園而已」。
- 人的價值觀崩解後，代而興起的是爭權奪利、人性消失、人本不再、道德淪喪，講利害而無道義，現實無情義、騙來騙去、鬥來鬥去的社會。
  傳統的士紳、人格者、有志者已消失。幼時羨慕及尊敬的士紳、人格者、有志者，已難找到。這是反淘汰、反教育的結果，主政者免負責嗎？讀書人免負責嗎？

1/27
- 知識分子的墮落、腐化，讀書人無風骨，傳統尊賢敬老文化消失，以權力和金錢為主的錯誤價值觀掛帥，造成不講道理、失去良知、失去人性的社會。
  - 人性的弱點是面對權力和金錢必虛偽、必無是非、必無公義。

1/28
- 看到媒體上讀書人（電視Callin）不只無風骨、無良知，還睜眼說瞎話，不知恥、不知見笑，不只為五斗米折腰，甚至為御用，為虎作倀，其為害不遜於洪水猛獸。

1/29
- 由於藍綠壟斷是非，非藍即綠，非綠即藍，即公正、中立、超然無生存空間。一個國家如無公正、超然、中立人士存在，這個叫什麼國家？是幫派而已。如果這個國家僅在幫派間穿梭，非國家也。

- 台灣教育徹底失敗，連什麼是公正、什麼是超然、什麼是中立都不知道，只知道蹬仔步，知道硬拗。

1/30
- 知識分子的良知在公道、公正、公義。台灣的民主只知私利、黨利，公道、公正、公義全被消滅。

- 孟子說：「無是非之心，非人也。無羞惡之心，非人也。」政治人物最無是非，最不要臉、不知見笑、無恥。看檯面上政治人物的嘴臉，與動物園那些禽獸有何差異。

- 納粹式的歷史，是意識形態指導下的歷史。

2/1
- 我從不為任何黨派的附庸，也從不為任何權力者的傀儡。我只認國家的利益，只認道德、公義和典範。

- 《聯合報》〈民意論壇〉，宋在二○○四年五月十六日民意論壇投書，蔣與李差異──
  一、經國強調均富，李登輝拉開貧富差距。
  二、蔣致力族群融合和包容，李致力分化。
  三、蔣剷除黑金，李卻創造黑金。
  四、蔣擁護中華民國，李消滅中華民國。
  五、蔣為人沉穩、誠信，李卻反覆權謀。

- 台灣檯面上的政治人物大部無誠信，謊話多如卡車。如果把他們歷年的「嘉言錄」整理出來，他連人都不如，言行不一、言言反覆，不誠信透頂。他們以為官大學問大，只靠那張利嘴騙天騙地、騙神騙鬼、騙人不眨眼，人格破產。歷史學家不要因他們騙的權力而怕他們，應從他們歷來所做所為的「嘉言錄」和劣蹟，找出屬於他們自己的歷史定位，才是真歷史。

- 李登輝要如孔子周遊列國，到中國訪問。李登輝口頭上反中國，其實如果有機會也會去。

- 倫理是永續的基因，無倫理家庭無法永續，無倫理國家無法永續，無倫理各機關將成斷層，造成後任批判前任，如此惡性循環，永無發展的希望，更無法永續，公司行號無倫理也無永續可言。

203

- 功利破壞教育,在功利掛帥下,教育人員與生意人一樣,沒有讀書人之風,沒讀書人的氣質,實在悲哀!
  如要做生意,就不必進學校,可進公司行號學。學校是學做人做事的道理,校長、老師如果學講求利害的生意人,如何扮演為人師表的角色?這是教育失敗的主因。
- 老師如果是生意人,算什麼教育?
- 所謂「為人師表」,老師的本質在此。

- 長廷巧、貞昌雄、錫堃憨、秀蓮番。
- 看到惡劣政治人物主宰不合理的社會,我看得很傷痛。社會不合理,等於身心不舒服,身心不舒服,生活有何意義?因此須找到合理的社會,生活才能舒服。

- 李傑國防部長是最無骨氣的軍人。民進黨要撤慈湖衛兵和拆蔣介石銅像,他竟說「誰執政就聽誰的」。銅像是歷史問題,不容任何執政者決定棄廢,否則是清算,如果是「誰執政就聽誰的」,銅像可搬來搬去、沒完沒了、清算來清算去、鬥來鬥去、爭來爭去,不像一個國家。這還是倫理問題,無倫理就無永續。
- 昨天蘇貞昌與黃志芳在說,黃部長好幾天沒有回家了,前日(行政院尾牙)他說到兩點多還沒吃飯,表示他們很辛勞,向大家討人情,真是得了便宜又賣乖。
- 病死豬隻居然數千公斤流入市場,對民眾健康已造成嚴重傷害,然雲林檢察長竟說「要了解」的官話。火已燃至眉頭了,還說要了解。台灣的官員,只要能說「要了解」、「研究」就可成大官了。

- 生活單純化是健康之本。
- 真善才是力量。宗教常說善心、慈善、善良,但為何教化力量有限?原因是真正善良不多(偽善)之故。如有真正善心發出的力量,是無可抵擋的,教化力量自會強大,效果才有。
- 現在感到一天沒做什麼就過去了,究其原因,因年紀大了,生

理機能退化，腳手鈍了，無形中工作效率低。

2/9 ・加強「典範價值」。

2/11 ・看民進黨天王爭拍阿扁馬屁的鏡頭，令人噁心。拍馬屁是無尊嚴、無骨氣的人、下賤的人始能做得出來，拍馬屁的人奸、虛偽，又無骨氣。

・不要說爭權奪利的話，要說有典範的話。

・爭權奪利即惡性競爭，惡性競爭的結果，人的價值消失。

2/12 ・無信用就無人格——

一、說話絕對誠信。

二、答應之事絕對信守。

三、金錢往來絕對信用。

四、時間絕對遵守。

・無內涵的堂皇冠冕如同無靈性的生命。

・我一生利用不喝酒的時間和不醉的清醒頭腦，在思考正經的問題，做正當的事。

・堂皇冠冕只是傲慢的角力而已。

2/13 ・權力的傲慢是獨裁思想、觀念、精神。權力的謙卑是民主觀念、精神。

・國民黨及親民黨在立法院占多數，爲何無法監督腐化的政府？原因爲——

一、泛藍國會議員無戰鬥力、水準差，不知道什麼是政治，不知如何戰起。

二、大多是賄選而來，無凝聚力。自己花錢買來的，只想回收，搞自己的關係，無同仇敵愾的精神。

三、領導階層還是以過去蔣家打來的江山坐享其成，亦即還以統治者的心態，無法對付狡猾的執政黨。

四、因此成爲最無能、無知、無賴、無恥的在野黨。

・台灣人面對腐敗的執政黨和腐爛的在野黨，納稅人何其不幸！

・政黨（幫派）高於司法，司法淪爲幫派的工具，成爲幫派頭目

的護身符。

- 司法無公義，失去公信力社會必亂，進入司法的案件無獨立審判的空間，受政黨的干擾，統治者的指導，人民無法得到公正、正義，如同無法得到陽光，很難生存。
- 司法淪為藍綠對決的戰場，悲哀！
- 司法人員無價值觀念，自無中立公義的性格，寧淪為政黨或統治者的打手，而不為千秋人格者，可悲！

2/14 · 馬英九昨天被侯寬仁以貪汙罪起訴——

一、市府預算書，記明特別費用於公務，別的機關首長預算書只記明「特別費」，因馬英九有記明用於公務才起訴，這是錯誤，故入人於罪，這點以檢察官應探求特別費的制度和精神，不應以記明公務用就有罪，無記明就無罪。

二、起訴書說馬英九初說特別費是公款，後來才改口私款，前後矛盾才起訴。其實特別費是制度，究竟是否公款不應由馬英九來解釋。檢察官應查明特別費的制度和精神，不是馬英九說公款就是公款，制度的事不是任何人所可隨便解釋。

三、特別費不需收據部分，只要有領據就可。撥入帳號就是收據，薪水撥入帳號就是收據，不另立收據，與領取現金或支票另立收據同，因此不能以撥入帳號者有罪，領現金或支票就無罪。

四、特別費與國務機要費有些不同。特別費只是薪水的二分之一或三分之一而已，然機要費達數千萬，是薪水的數倍，由此足證特別費與機要費不同。

五、既不需收據，當然是私款，否則要收據的算什麼款？

- 看到權力者傲慢的嘴臉，台灣正面對著「小人當道」的年代，到處是小人，無是非、無公義，連教育也然，個個心狠手辣，眼睛起濁，起瘋狗目，亂咬亂吠，禽獸不如。
- 行政首長和民代說話的嘴臉很可怕，顯露不誠實、豎仔臉、硬

拗、蠻橫、心狠、無學識、無仁慈、無道德、奸面。講話不眨眼。

- 主事者與旁觀者的看法不會一致。主事者有責任，旁觀者無責任。說無責任的話，如同說風涼話，可信口開河，說有責任的話就要小心、謹慎、信用。說能做的事較難說，說不做的事容易說。電視媒體上的名嘴說得那麼大聲，叫他們做無半撇（一點辦法也沒有）。無半撇的人，說話會準嗎？

2/18
- 免做事的說話很流利，免負責的說話較流利。要說做事的話，要說負責的話。

2/19
- 考慮靜態較會準，動態就不然。考慮動態會準，才是本事，如意算盤大家都會。

- 有智慧的人是活未來，有責任的人是活現在，無責任的人是活過去。

2/28
- 時間分秒必爭，金錢可不計較。

3/2
- 商業上才有階級之分，人權上是不分階級的。

- 香港政府由於經濟繁榮，與市民共享經濟繁榮的成果，少收八十一億，為中產納稅人帶來退稅、提高子女免稅額、寬免一半薪俸稅。香港特首曾蔭權發表說話，讚揚此預算案，表示此預算案體現「以民為本」的精神，貫徹「力之所及，藏富於民」的承諾。政府官員有此觀念，較像政府。（三月一日香港《文匯報》刊載）
香港的官員一直想榨取人民的血汗錢，然後中飽私囊、大量揮霍、大搞公關，從沒把人民看在眼內，只是口口聲聲為民服務的騙局而已，預算越多越好，無節流開源的真心，太差勁了。

- 六祖惠能言：「菩提本無樹，明鏡亦非台，本來無一物，何處惹塵埃。」六祖為中國禪宗第六祖，他主張「佛在我心，淨心自悟，見性成佛」。毛澤東譽惠能及中山齊名為廣東兩大歷史名人。

- 民進黨對付施明德，比國民黨對付施明德更殘忍。由此可見民

207

進黨的真面目。

3/4 ・最悲哀的是只要「公正」，藍綠都不會接受的。因此公正在台灣已無市場。

・無公正，所謂民主、法治、人權、自由均是假的。民主、法治、自由、人權，只是無恥、無知、無能、無賴政客的道具而已。

・藍綠什麼都不怕，只怕公正。NCC、中選會委員、大法官、監察委員為何要採不得已的政黨比例？這是不公正的，為何政黨不以公正作為競爭的目標？

・公義是人類自由平等起碼。民主、法治、人權是達到公義的手段。不公義的社會，民主、法治、人權等於零。

・公信力崩盤後，領導人只有說五四三的瘋話。

3/5 ・先天性偏心的人，永無公正可言。

・有子女的雙親、已婚家庭，不到四分之一，是一九六○年的一半。有大學學歷和有錢人，才傾向結婚生子，勞動階級和窮人愈來愈對婚姻敬而遠之，選擇同居或未婚生子。這是人類的危機。（《聯合報》第A14版引述《華盛頓郵報》）

・我沒那個生命和時間活那些變來變去的生活，最痛恨不誠信的政客。

・沒時間陪政客搞來搞去、玩來玩去、騙來騙去，只好沉澱、自省。

・活沒路的人，只好加減活，靠現狀加減吸收空氣。因此活沒路的人，才會滿足這種腐化的政治生態。

・私心重才無公正的空間，這是台灣的致命傷。

・私心、無公正，不成國也。

・道德系統、公義系統、無私系統、智慧系統的綜合邏輯，始有資格談論國政、評論國政。很可惜大多都是缺這些條件的人，在談國政。

・無「公道」空間的地方，是自我殘殺、自我毀滅之兆。

- 無公正就是自私，自私的國家沒有什麼教育價值。
- 自私可公然大聲的存在，且是主流價值，這是反淘汰的主因。
- 「自私鏽」卡住，公正受破壞。
- 為現實而生活與為理想而生活的想法不同，台灣大部分的人是為現實而生活的人，因此現實意識重的人較多，而現實是變來變去的。
- 我無法過著反覆無常的生活，更無法與反覆無常的人相處。

3/6
- 有智慧始有氣質。

3/7
- 寫（說）不負責也無法做到的文章（話），較容易寫，寫（說）負責又能做到的文章（話），較難寫。

3/9
- 宗教與音樂最無利害得失之所。
- 公正：任命人要公正，被任命人也要公正，勿存回報任命人之心，一想回報就會偏。公器是公的，不屬於任何人的，既是公的，就不可有私偏，更無恩惠回報之事，如此才有真正公正。

3/11
- 未來學最重要，如預防醫學，避免問題發生，未卜先知、導向預設、創新，均屬未來學的範圍。
- 政務官風骨最重要，有風骨的政務官——

一、政策錯誤自行辭職。

二、行為不檢或言行不得體，自動辭職。

三、立法院通過法案，他無法接受自動辭職。

四、說不負責任話，應自動辭職。

五、違背公義應辭職。

自動辭職就是風骨，被迫辭職非風骨。

3/13
- 七十歲以上的人除有絕對性的事業，可不經考慮地繼續拚下去。如相對性的事業，就要慎重考慮了，一有差錯就沒時間和生命扳回來，只有帶著身敗名裂的惡名，做為人生的句點。

現在的我正面臨相對事業的問題，因為我無絕對性條件，如輕易再拚下去恐怕會悲劇收場，倘不繼續拚下去，活著有何意義，已成為我日夜掙扎的問題。

．一棚戲本應有忠臣和奸臣，好人與壞人才能演出，很可惜現在整棚戲都是奸臣，沒什麼好看，越看越傷心。

3/15 ．物化的人類，人性與靈性消失，奸面的發展相當成功。

3/16 ．南檢陳明進檢察官偵辦許添財市長特別費案不起訴，陳瑞仁批無異是馬英九的答辯狀，這是司法政治化的語言。檢察官成御用工具，掌人民生死大權，又要作秀，是司法已死的徵兆。

．台灣的政治人物是，敢死（無恥）拿去吃，亦即野蠻的天下，善良典範之士很難存在。

．心地善良與否端看他的嘴臉，做官無口德是最惡質的人。

．民主而無倫理是人類的危機。

．人生最有意義的是，能與有智慧的人交遊，很可惜，功利社會有智慧的人很難找。

3/20 ．如果台灣共和國成立，就不能再叫「外省人」，外省人就成為外國人。

．公事不是道歉了事，須負政治、民、刑責任。道歉只不過是羞恥的禮儀而已，尤其政務官道歉，一定還要下台。

3/22 ．政治人物到處開空頭支票無罪，生意人開空頭支票，有時會成為詐欺犯。政治人物開空頭支票騙取的權力，利益是無限的，生意人騙取的金錢是有限的。因此騙取權力的政治人物，是罪大惡極。

3/23 ．教育和司法之亂，台灣能建國嗎？

．台灣主體意識應是全體台灣人的利益為主體，不是少數喊台灣主體意識的人的專利。

3/25 ．在任不紅，卸任才紅，是因有價值；在任紅，卸任不紅則無意義。

．智慧是無私的靈感，智慧是無私的思想，智慧是無私的系統，智慧是價值體系。

3/27 ．電視媒體的所謂名嘴、名記者，雖口誅筆伐，縱有些道理，但因缺乏公信力，因此無法影響社會、導正政治風氣。縱他們渾

身解數、舌爛筆斷，也難發揮功能，這就是台灣無救之因。

- 所謂五四三，是不正經的話，是瘋話，是小丑話。台灣有五四三的政府，自是五四三的社會。政治人物連學界都是五四三，台灣有救嗎？

- 不知公正，是智障，不維護公正，是惡質，無公正的人最無人格。

3/30 · 台灣人僅要金錢和權力，無是非公義可言。

4/1 · 智慧才是活水。

- 大部分政治人物取得權力後，才以權力作為財團的鷹犬，是可憐蟲。

- 金錢是最髒的東西，它可以指揮權力、指揮公義、指揮是非善惡，是可惡的東西。很少人將金錢用以維護公道正義，維護公權力，大多是操縱利害。

- 能受金錢利誘的政治人物都非好貨，權力落入這種人的手，是國家的不幸！

- 以道德仁義為號召，行欺人盜世之惡行，政治人物的專利。

4/8 · 「做」的條件和環境是很重要的
無做的條件和環境永難做成，只有口水騙騙人民而已。

4/12 · 如果要競選總統——
一、部會首長超黨派，起用各黨派精英。
二、超越藍綠、族群，只有國家，台灣只有這一次機會。
三、政府絕對中立、透明化、公開化，攤在太陽下。
四、軍隊、司法、警察、國安稅務絕對中立，不容任何權勢、黑手伸入任何獨立、中立機關。
五、反對「民主皇帝」。
六、兩岸和平共存。
七、還台灣人一個公道，建立誠信公義的國家。
八、唾棄五四三的政客。
九、維護國家尊嚴和國格，勿淪落為流氓國家。

十、政務官應中立，公務員始能中立。

十一、無私、誠信、典範。

十二、權力的謙卑。

十三、反對以公的資源綁選票。

十四、無私、絕對清廉。

十五、與藍綠絕區隔。

十六、消除黑金政治，反對掏空國庫、掏空心靈。

十七、反意識、反撕裂治國。

十八、徹底執行減碳政策，保護地球。

4/15
- 我一生秉持「正中求圓」，也即「先正後圓」爲原則。自私的人是「先圓後正」，也即「圓中求正」，很多是「只圓不正」。
- 當你達到無私的境界，你就有智慧，你就得道了。

4/16
- 政治人物最怕「真」。溫家寶說幼時他的母親教他要說「真話」，台灣政治人物、媒體均未加注意真話的價值和重要，因此媒體和政治人物均未加引用，至爲可惜。
  然我最近對政治人物失望，今日聽到溫家寶的真話兩字，感覺簡單的真話兩字就可治國，當政治家了。

4/17
- 有私心就無理念、無理想。
- 沒有寬恕，就沒有未來。
- 所謂智慧，無私也。
- 今日馬英九案台北地院開庭，藍、綠立委均到庭聲援，藍委要馬英九加油，綠委也到庭旁聽，綠委要置馬英九於死地，足見政治人物心狠手辣，欲置被告於死地，無惻隱之心。應該爲被告洗雪冤情才對，只有仇恨才會落井下石，尤其身爲立委，應爲蒼生，勿爲權力而做傷天害理的示範。很悲哀！台灣司法如果有公正，應該「司法歸司法」，不容藍、綠對決，受政治人物干擾。

4/18
- 民主是競爭，甚至是鬥爭，只要動口不動武，均爲民主的本

質，如果說競爭中的批判、口水會撕裂團結，那就不談民主，團結是獨裁，怕傷害團結最好不要實施民主。

- 說有邏輯的話，對方不只無法招架，甚至無反駁的餘地。

4/20
- 我的血液很固執，只有無私、誠信、公義的血。因此，我會捍衛無私、誠信與公義。

- 唯有自然、真實、簡樸、純潔生活的人生價值觀，始能對抗物慾、物化的貪念、無限上綱的野心，過分人為化、繁雜、奢侈、憂煩、鬥爭的痛苦生活。

4/25
- 我最失望的是：台灣無「公正」的空間。

- 瞭解真實做起來才不會有落差。目前的社會大多均不了解真實，就動起來，結果，無績效。

- 我已無時間說「零零散散」的話。

4/27
- 人生的意義是能將人性的典範傳承給下一代，影響社會人群，而不是搜刮財富和權力。

- 看到檯面上政治人物的嘴臉是一生最痛苦的。白痴的國民黨更可惡，無法監督執政黨，讓人民受苦，只等二〇〇八年天會掉給他們大位，然後又來一次的分贓和傲慢。我已走投無路，很難活下去，大多數的受苦同胞，我們已無願景了，幫派式的政黨一天不除，我們完全無望，等死吧！

- 新加坡不僅富裕，其政治安定、官員清廉，基礎建設、健保、教育品質相對均較優，可彌補被批一黨專政的遺憾。

4/28
- TVBS專訪王文洋，他的理念如能切實做到，是年輕幹才——
一、田長霖校長的啟迪，雪中送炭。
二、宏仁集團理念：誠信、努力、熱忱。
三、近年來注重佛法，善、福、念。
四、強調台灣不可撕裂。
五、包容、寬容、退讓。
六、長期性的公義，非炒短線的公義。
七、窮人受到照顧，更有經濟主體性，富人越富有。

4/30　・政治固然很髒——
　　　　一、政治人物犯罪，均說是政治迫害。
　　　　二、產業被抽銀根，是政治因素。
　　　　三、企業經營不順，是政治關係。
　　　　四、官商勾結，是靠政治 係。
　　　　五、其他只要不如意，都推給政府。
　　　　　　由此可見政治是殘忍的殺手，是很髒。因此政治必須符合
　　　　　　公義、符合道德，否則政治兩字成「罪惡」。
　　　・重建人與自然的關係：法國里昂，腳踏車之市。
　　　・公義來喬事（處理事情）是價值；金錢來喬事是價格。
5/1　・追求真實的人比較不會幻想，因此較不會老人痴呆症，誠實的
　　　　人亦然。
　　　・解決台灣的政治用挖土機是不夠的，必須用推土機才有辦法。
　　　・誠實為不痴呆之本。誠實的人是單元，不會變來變去的多元，
　　　　自然不會幻想。無幻想的人，較無痴呆的誘因。
5/3　・講他人容易，講自己就不是那麼簡單。
5/5　・我不能入黨，我應留起來替國家說公道話。
5/6　・表面上的比較虛偽，而內涵是較真實。表面上人為成分居多，
　　　　當然假的成分多。
5/7　・面對事實沒有什麼可辯論，面對事實還要辯論，等於強辯。
5/10　・無公正的人必瘋狂。
　　　・無能的國民黨對抗硬拗的民進黨。
　　　・吃虧的才有人格，占便宜的沒有人格，占便宜等於吃人，自無
　　　　人格。
　　　・執政黨不可欺侮在野黨。
5/16　・科技發展後人類被物化，產生功利社會，正義、公道自然消
　　　　失。功利和民主結合等於功利的專制。
5/17　・人老，如樹木之枯萎。親情，溫暖如水，無水，枯木快死，人
　　　　老體弱，又無溫暖，自然快死。為人子女不孝，天理難容，不

孝如弒親，為人子女不可不知。

- 想到大村鄉民在全縣各鄉鎮中最無發展、最落後，我竟在此哭起來，為大村人悲！

- 我不要藍綠的好處，因此我永站在藍綠的制高點。

5/23 · 智慧是無私的靈感，無私才能公正，才有公道，才有公義。唯有公正、公道、公義，大家才能接受，才有信守，大家才能口服心服。無私才有智慧，有智慧才有公正、公道、公義，是人類的價值。公正、公道、正義，才能解決問題，因此，我說智慧是無私的靈感。

- 有智慧就無功利，功利不是智慧而是聰明，有功利就無智慧。

- 媒體只追求權力和財團發言，而權力和財團均無智慧，只有絕頂聰明。有智慧是人格典範，聰明的權力和財富是功利主義，功利是說利害，實不可當為典範。舞台上均表演權力和財富的傲慢，功利的成就並非典範。

5/24 · 有公義的國家，才是好的國家。無公義就是有飛天潛地的本領，亦非好的國家。

- 安倍首相著《邁向美麗之國》——
  一、教育是外國制定。
  二、憲法是美國制定。
  三、媒體反政府、反國家，與台灣相同。
  建設美麗之國，注重「美」，不是強國或有錢的國家。

5/26 · 無私才有公信力。

5/27 · 李遠哲：「本土化台灣優先，不是去中國化，而是將殖民和威權的不良文化，去除之。」

- 人道主義只有關懷、包容，而不是指責和排除他人。

- 為公義而說話，為專業而說話，為負責任而說話，並非為討好而說話，為迎合而說話，為功利而說話，為看人的臉色而說話，更勿為意識形態而說話。

- 意識形態是預設立場，無討論的空間，卡死了。

- 是非分明，才是知識分子。

5/28 ・爲何不隨便說話，不輕易用掉？就是要保持公信力。

6/1 ・民主化後，多數民眾生活如何——

　　一、安全感：治安惡化、殺人綁票、搶劫不斷，詐欺竊盜等等犯罪，人民生活安全感遭到威脅，時時心驚膽戰，生活不安。

　　二、經濟生活：貧富差距擴大，貧苦民眾增多，跳水、燒炭、自殺多。

　　三、政黨惡鬥、政黨分贓、政府空轉、資源浪費。

　　四、教育亂。

- 動態中的判斷，才能正確。

- 王文洋告知王金平，邀他擔任二〇〇八年副總統搭配。

6/2 ・無私無病。

6/3 ・錄自許世賢軼事——

　　日本明治維新開始。自從德川家康大阪決戰一役，打敗雄霸關西的豐臣秀吉後，奠定江戶德川幕府統治日本達兩百六十年，傳承第十五代才結束，時爲一八七五年。

　　歷史學家認爲明治維新並非崇洋亦非西化，而是日本對文明化、現代化與科學化政策之推展與執行。從一八九五到一九四五年，日本派任到台灣有十九位總督。

- 俞大維養生之道——

　　一、待人寬厚，平生沒有政敵。

　　二、積德：助人不害人

　　三、兩袖清風，不恔不求。

6/4 ・在台灣，權力就是「是非」，大官說的都是「是」，無權力的人說的，事實是「是」，但因無權力變成「非」。而可惜的是民眾也拍官員的馬屁，只要大官說的，民眾都支持。

　　金錢也是「是非」，有錢都是「是」，無錢就是「是」，也變「不是」，這是台灣的悲哀！

- 國民黨靠反攻大陸而墮落、腐敗。民進黨靠本土招牌而墮落、腐化。

- 無恥的人，已無良知面對事實，只有蠻幹、否定，難怪孟子說無羞惡之心，非人也。

- 台灣問題，無法解決，因檯面上人物的誠信已消耗完了，只有「有公信力的人」始有資格救台灣，無公信力的人，縱有三頭六臂無人會相信。

- 無恥的人，說謊話臉不會紅。無恥的人，是說謊專家，說謊是他的本能，也是他的生活、生命。

- 台灣的司法人員，對利害最會精算，「升官」、「有錢人」是他們的最愛。正義、公道、道德均置之腦後。

- 政治人物不是黨利就是私利，亦有黨私兩利，因此所有政治人物騙來騙去、Ａ來Ａ去，完全無公信力。但很可惜，老百姓無魚蝦也好，無公信力照樣相信。

6/6
- 第三勢力是國家利益公義，幫派式的政黨，以黨的利益高於一切，講利害。台灣是有黨無國，社會無公平、正義，這就是第三勢力存在的空間。

- 現在是黨治和人治，不是治國，更非法治。

6/7
- 我愛價值不愛價格。

- 說我愛台灣，如我常對浩棋說阿公很疼你，是多餘的。

- 「推選的」比「選舉的」好。推選的會為公服務，選舉的為私人服務，因選舉的均不擇手段抹黑對方、誹謗對方、製造是非，而當選的這些人是為私人利益而得官位。除非人民達到有選賢與能的能力，否則是選「黑與金」。
  「推選的」較可達到選賢與能。

- 大官顯要子女結婚或財團子女結婚，電視報不完，報紙亦然，這是對一般民眾的炫燿和挑戰。他們何德何能值得報導？他們雖位居權貴，但他們並無立德、立言、立功。以價格觀代替價值觀，媒體無是非、惡質化、反淘汰。

- 政務官應有風骨，不可猜墓糕（小孩於清明節在墳墓附近討糕吃，比喻為淪落到討糕吃的小孩）。
- 喜歡說理由的人是不成丁（不成材）的，是不會成功的，是失敗主義者。未聽清楚就理由一大堆，這種人現在不少。
- 我的觀念，無論為自己或他人做事，從不放棄機會，不說理由、搶著做，自要說理由的時間來做就夠了。

6/8
- 奸巧的人是最聰明，但無智慧。
- 無私的判斷和主張，才是智慧。

6/9
- 自然真實才有公信力，因此藝術家才有公信力。
- 公信力在炒短線的操作下，已很少見到。
- 無私的人，才有福氣看到自然、真實。
- 有公信力的權力和財富才有用，失去公信力的權力和財富對人類均有害的。
- 名位如果不是典範，名位就失去意義。
- 我看不起無公信力的權力和財富。

6/10
- 由昨天王金平邀馬英九欣賞名話劇，一起先到胡志強家，晚餐後去看戲劇。記者問王金平，王金平笑說與馬主席合作，不知內情的人會相信。

王金平於六月一日與王文洋午餐，從十二點談到三點三十分，一直批馬，並說黨產弊案很多，證據確鑿，將一一浮現，竟還說與馬會合作，夠假。

6/11
- 文化與生態是永續的基本問題。
- 北歐五國冰島、芬蘭、丹麥、瑞典、挪威，清廉度均在十名以內，台灣三十四名。
  - 一、政府文件，民眾都能閱讀，清廉基礎「透明法」。瑞典憲法「新聞自由法，除國防、外交、央行雙率等有明文規定不能看的文件，其餘政府公文、公務員公務電子郵件、會面記錄、電話錄音，民眾都能看。」
  - 二、官員不能奢華。

6/12 ・我一生維護基本盤，即倫理、道德、公義、正直、誠信、典範。但大部分政治人物均在豎仔步的角度上，豎來豎去、騙來騙去、混來混去，過著投機取巧，挑撥來挑撥去的偷偷摸摸的小人生活。

・擱置半年的總預算今日國民黨放水通過，王、馬對此竟在爭功，當初何必擋住總預算呢？現在耽誤半年才通過，應負責任還爭什麼功，可笑！

・馬英九不適任當總統的理由──

一、二○○四年公投綁大選，只有馬英九認為合法。

二、明知罷免陳水扁無法通過，偏偏要提案，使國民黨失去公信力。

三、這次總預算最後放水，當初何必擋住總預算。

四、他的智囊團大部無知又低能，足見馬英九領導能力有問題，不適任當領導人。

・民進黨的用人方式：酬庸式、分贓式、輪流式。

6/14 ・報載公共工程普遍延宕，影響競爭力，公共工程延宕是必然的──

一、綁標。

二、官商勾結。

三、偷工減料。

四、先標再說，低標再追加。

五、變更設計。

六、總之卡在「利」字。

七、台灣的結構就是如此，除非有公信力、有責任感的人主政，始可消除上情，否則永難解決，已是癌末，很難救回。

・藍綠能合作嗎？台灣政治人物私心重、修養不好，除非分贓得當，很難合作，一切卡在「利」。台灣政府如能做到如北歐五小國，一切陽光化、公開化、透明化，政治人物不為利，不榮

219

華富貴，無特權，而是僕人、義工，自然各黨派會合作，否則永難合作。

6/15 ・面對國旗及國父遺像唱國歌敬禮，又想起政府正在去國父化、中國化，眞是五味雜陳、無所適從。台灣的愛國教育在哪裡，究竟是愛台灣或愛國旗、愛國父？作爲一位無辜的學生，被大人的愚弄、玩耍、眞悲哀！學生只有在無目標、無理想的前提下，過著矛盾的生活，大人給下一代的小朋友是如此。

6/20 ・司法破產──

一、司法人員不爭氣，失去公義和獨立性格，甘願屈服於權勢和財勢之下，爲權貴服務背棄人民和弱勢。

二、高層官員和財團破壞司法尊嚴，介入司法操作，如堂堂總統可公然批評法官獨立審判（陳菊當選無效）。過去國民黨威權時代，從未聽到兩蔣、嚴家淦，李批評過司法案件。這是民進黨一大敗筆。

三、人民不信任司法，司法公信力掃地，無獨立的司法，等於無政府狀態，天下必亂。

6/23 ・年代電視專訪蕭萬長、柯新治。蕭萬長說新加坡的高階人員薪水高的原因是負責任大，我不以爲然。我認爲新加坡高階人員都爲第一流的人才，薪水自然要高。而台灣大部爲黨派的分贓，裙帶關係、酬庸性或紅包性的人才，這些人怎可高薪呢？台灣無可能用第一流的人才，縱然偶而有，只是象徵性、樣板而已。

・新加坡能，台灣不能，原因在於──

一、政治結構：幫派式政黨政治

二、台灣人功利重，自私自利。

三、政務官品質差。

四、政黨分贓。

五、有黨無國。

6/25 ・台灣的政治人物不可相信，他們均以自身的利害而變來變去。

政治人物應有誠信，如要改變只有國家利害的前提下，始可改變。

· 國民黨，蒼蠅；民進黨，蚊子。

6/27 · 我的想法，擔任什麼職位，只能為那個職位拚下去，並非以那個職位來報恩，或看特定人的臉拍馬屁。很可惜大部分的首長並非以職位盡分盡職，而是替其主子做官，分贓而已。

6/30 · 善的舞台，不是惡的舞台。現在整棚戲都是奸的，舞台上的戲都是壞人，找不到好人。

· 政治人物應做什麼——

一、要有是非、公義，不會冤枉。

二、要做，不做一切等於零。

三、誠信。

四、清廉。

五、典範（三不朽）。

· 民主化的公義問題是從政者的責任，民主化後社會無公義，將成惡勢力的天下。

· 台灣應舉辦「台灣民主化後的社會公義」研討會。

7/1 · 私的立場說話，公的立場說話：我一生喜公的立場說話，私的事感到格局小，不感興趣，因此從無私心的習慣。

7/3 · 無策略的任何好聽話，均無濟於事，策略才能面對問題、解決問題，無策略等於束手無策。

· 能忍受或認同言行不一的人，他本身就是言行不一的人。

7/5 · 民進黨政府把國家當成他家的，不按國法體制行使職權，而白痴的國民黨又無可奈何，當這種國家的國民夠衰。

· 政黨政治司法應超出黨派獨立審判，司法不可為執政黨服務，否則司法將成執政黨整肅反對黨的工具，而執政黨有司法的保護將腐化墮落。

· 實情的反射和感應才能解決問題，紙上談兵永無補於事。

7/6 · 讀萬卷書，行萬里路，喜旅遊。

- 政治暴力之下無公義、無體制、無法無天、無政府，是幫派政治。
- 陳幸妤要他的公公趙玉柱去死、自殺，不配與她見面。第一家庭的教育出了問題，綱常倫理不存，給國人做了最不良好的示範。

7/8
- 用權力說謊，用權力不誠信，用權力公然違法、不守法，用權力圖利其黨及私利，用權力掏空國庫，用權力製造是非，用權力製造問題。

7/9
- 蔣渭水說「台灣人卑屈、近利，寡廉鮮恥。」
- 媒體人如有意識形態或貼上政黨標籤，是工具，非媒體人。

7/13
- 拗蠻的人得到公權力，將是黑天暗地。
- 倫理是我的需要，而非義務。

7/14
- 日本政治家，民眾無好感。其實政治家人民應有好感，並尊敬才對，日本民眾無好感的應是「政客」。當今世上要找真正政治家不易，大多是政客，政客才把政治玩完。人民對為政府工作的政治人物，深惡痛絕，就是無政治家之故。
  今後人類要好，必須有政治家出現，應消除政客，否則政治毫無意義。（《中國時報》第A22版刊載）

7/16
- 先秦儒家認為孝能養，能敬，要和顏悅色，能慎終追遠，三年不改父之道，事君盡忠，從道匡正，立身行道，揚名後世（光宗耀祖），應該有後嗣。（錄自《孔孟月刊》四十五卷第九、十期）

7/18
- 有好處才不公正，沒有好處自然公正，因此不公正的，不是得了好處，便是精神病。
- 無公信力的人就是說幾卡車的話，都沒人會相信。
- 公信力比公權力重要。

7/21
- 官員的語言暴力，比極權專制更可惡。
- 有公義層次的人，始有資格談國事。

7/23
- 過去奸臣弄政，今奸商（財團）干政。奸臣、奸商禍害台灣。

7/24 ・幫派式的政黨只有黨意的執政，因此只有黨史，縱有回憶錄也是黨史而已。

7/25 ・偏心的人不是為利，便是討好，永難解決問題，甚至會製造問題。

・台灣政客嘴臉可彙整成冊，還原真面目，留給後世唾罵。

8/1 ・謝長廷說他當選後五年要正名制憲，其實他的任期只有四年，怎能開任期外的支票？第五年是無權的支票，難怪蘇貞昌說謝奸巧。

8/4 ・主張台灣共和國與建設台灣並無衝突。主張台灣國，更應有能力建設台灣成為世界第一流國家，如果光主張台灣國任憑台灣荒廢墮落，將對不起台灣人。

・無私才不會生鏽，自私才會生鏽，無私的智慧才不會生鏽，一生鏽的思考將坎坎坷坷、離離落落，不會順。

8/6 ・扁、長說話都是「正拷倒錫」（說話很諷刺），無風度、不厚道，大家要拜神不要拜鬼（TVBS錫楷節目一位高雄小姐的Call in）

・不厚道的人無資格當領導人，不厚道的人為人尖酸刻薄，自私、吃人、欺人、辱人、無量、占便宜。很可惜現在領導者公然不厚道，尤其得到權力對人不厚道更可怕。

8/9 ・今年大學錄取分數最低為總分十八分，平均每科二點八分就可讀大學，這是大學之恥。政府為了選票亂搞、亂批准升格大學，一下子台灣大學數將近一百七十所。十八分可讀大學，是台灣教育史上最見笑的一頁，也是執政幫派的傑作，領導者與教育部長應切腹，以謝天下。

8/15 ・馬英九特別費案昨（十四日）經地院宣判無罪，藍綠反應有感。

一、藍是被告，被判無罪當然高興，綠的一直致馬於死地。馬判無罪，綠營情緒化，罵法官、批法院，完全失去理性。王世堅、游錫堃、柯建銘，反應劇烈，法院是藍綠的戰

場，藍綠眼中無司法存在，更無尊重司法獨立。

二、檢察官侯寬仁竟在批法官，眼中也無法官存在。

三、法官本身已失去公信力，才受藍綠和檢察官的鄙視。

四、無公信力的司法加上藍綠不尊重獨立的司法，台灣的司法徹底瓦解，法治徹底消失。

8/16
- 公信力建立於公正無私之上，並非建立於大官或財團之上。不少人經常請財團或大官出來說公道話，是錯誤。因財團和大官是重利，無法說公道話。

- 台灣的司法已毀在藍綠惡鬥下的犧牲品。

- 台灣應發動司法革命來捍衛司法獨立、司法權威（尊嚴）和司法公信力。

- 政客和部分媒體專門逆向操作，幾乎完全演奸臣或惡人的角色，已失去人性良心和道德。

- 學界五十人成立台灣競爭力論壇，如果有過去的大官參與，難有公信力，也不會發生作用。台灣只有具公信力的人才能救台灣。

- 經常說要打開血路與筋路才會健康，其實打開「智路」（智慧和知識）更重要。智路可解決心理、精神、人生觀、無形自然的問題，有智慧才有生存慾，才會長壽。

8/18
- 功利的成就，將無人性的感受。唯公義上的成就才有人性的感受，功利上的成就只是小人的傲慢與炫燿而已。

- 蘇貞昌由批謝長廷奸巧……不能掩蓋犯罪事實，至不當謝副手，現在也有充分理由當謝副手，編了一篇謊話轉了一圈謊話，最後還是蘇最對。

- 政治人物「加減均包辦」，難怪人家說「政客的話哪會聽，狗屎也可吃」。

  政客如此可惡，令人髮指。說什麼都是他對，別人都不對，他好像是很多父親生的，別人只有一位父親生的。

8/19
- 台灣會被律師玩完。

- 面對台灣的政治人物，所謂仁義道德、人格、公義、仁慈、原則、真實、誠信、典範，全然消失，是台灣人的悲哀！
- 司法人員及醫生不應有政治色彩，否則與司法或醫生不同色彩的人，一定倒楣，甚至連生命都會休了。
  司法人員或醫生如對政治色彩那麼濃厚，應去當政客較宜。
- 無人格、無道德、無公義、無誠信，就不是人。惜台灣的政府偏偏落入這些不是人之手，不是人統治的台灣好不了哪裡。

8/23
- 如果不要道德教育、倫理教育，我們還談什麼身教、為人師表、師道尊嚴呢！
- 要重視道德教育、真實教育、誠信教育、品質教育，才是真教育。
- 那些暴發戶天天講錢話，充錢的奴隸，與錢為友，他的人生範圍就是這樣。

8/24
- 物化後人性消失，地球破壞，人類的永續堪憂！
- 金權競爭，人類物化的主因。
- 物化後的人類，精神生活墮落、人性消失、倫理不存，與其他動物無異，萬物之靈地位喪失，人類的悲哀！

8/28
- 民進黨以利害整合黨的團結。國民黨員長久執政，無法整合利害，原因在於高層黨員無公信力，加以公職人員的結構為黑金體制，誰怕誰，很難整合。

8/31
- 民進黨的大官任期很短，他們是來「做官」，不是來「做事」的，只是「輪流做官」，統統有獎，過過官癮，非在「做事」。做那麼短，只有「官名」，無做事的時間，更乏政績。院長、各部會首長、國營事業負責人均然，真是莫名奇妙。
- 要為自己的靈魂說話，不是看人的臉色說話，不是看權勢說話，不是看利頭說話。

9/1
- 美國國安會亞洲部資深主任韋得寧說：「中華民國和台灣均非國家，這可由『台灣關係法』看出非國家，否則不會有台灣關係法，如果是獨立的國家，應是『台美協定』，而非屬美國國

內法的台灣關係法。」

9/2　‧有十分肚量才有十分成就，有三分肚量只有三分成就，無肚量的人永不會有成就。

　　　‧多檢討自己，少檢討他人。

9/3　‧陳水扁在鄭弘儀專訪時說，司法官超過七、八成是藍色，並介入總統大選，無人相信司法是公正。這是對所有司法人員一大侮辱，並破壞司法威信，司法官應群起捍衛司法，司法首長、法務部長均應辭職抗議。但我們司法官受此踐踏，竟不吭一聲，足見司法官已無正義感和羞惡心，很可能被陳水扁「言中」。

9/4　‧新聞局長謝志偉公然批判司法人員，有國民黨籍者應公布，並指責司法人員的公信力，是十足的行政干涉司法權，很可惜無一位有骨氣的司法官出來反駁。

9/5　‧沒有好人才管理政府，不會有好的政府。過去王永慶常說台灣政治不好，是無好的制度，我持相反看法，我還是認為是「人的品質」的問題。無倫理道德修養的國民，不管有多好的制度，甚至憲法、法律、三權分立，沒有好的人才主政，也是徒然的。我常說台灣法律都不遵守了，還遑論什麼制度。我與李光耀的看法一致，因此我執政期間特別強調提升人的品質，即倫理道德的修養。

　　　‧李光耀的精英係指學業成績、實事求是、想像力、領導能力、衝勁，最重要的是品德和動機。他認為愈是聰明的人，對社會造成的損害可能愈大。

　　　‧李光耀：「領袖的特質是『品性第一』。」

　　　‧如果說台灣近年有成果，只是造就些政治暴發戶和財團暴發戶，很可惜，人格暴發戶掛零。

9/6　‧民主固然是漸進的，但如果是漸退的，永無法達成民主。台灣的民主初期較像民主，實施數十年的台灣民主，有進步的是品質越差，買票金額越高，黑金更多。

‧騙選票以詐欺罪論處。

9/7　‧台灣應發動全民覺醒運動。

9/8　‧要向深度挑戰，對人類才有貢獻，表面的挑戰只是鬥爭、互鬥而已，抵銷來抵銷去。

　　‧參政者如果不是為完美人格和留下典範，是浪費生命、是吃錯藥，惜台灣的參政者大部分是爭利兼奪權，享受個人的榮華富貴，很少具有人格風範的條件，台灣之亂在此。

　　‧無歷史觀、無國家觀、無公義觀、無典範觀的政治人物，雖目前很炫耀，出盡鋒頭，只是自己的榮華富貴而已，終將是歷史的罪人、國家的罪人。

　　‧台灣教育徹底失敗、人性消失、無倫理道德、不分是非，只是物質富裕的動物園而已。人不成人的富裕，非人生也。

9/9　‧歷史和典範是政治家的天職。

　　‧司法官對總統及行政干預司法，不敢嗆聲維護司法獨立，顯示司法官本身問題多（如貪瀆、缺德、無正義感、無專業）自己站不住腳，才不敢仗義回應，是司法的悲哀！

　　‧台灣的政治人物普遍品性差，有劣根性，走不出口水、謾罵、硬拗、豎仔步、炒短線的死胡同。

　　‧做為一位政治家，應如當兵一樣有犧牲生命的決心，為人類、為國家、為歷史而活，甚至家庭生活也應減少，至於榮華富貴更非政治人物的價值觀，否則當政治人物對人類社會有害，是罪人。

　　很可惜，現代參政者幾乎利用權力搞利頭，並享受權力的傲慢和霸氣，真正政治家少之又少，人類墮落之源也。

9/10　‧有地位而不付出是罪惡，有財富而不施捨也是罪惡。

9/11　‧國民黨過去吃台灣，現在交給民進黨吃，自己（連戰、宋楚瑜、吳伯雄及過去的高幹、部長等）則跑到中國吃（受中共國賓招待禮遇，享盡榮華）。

9/13　‧最喜新鮮：食品要新鮮，生命要新鮮，感受要新鮮，思想要新

227

鮮，生活要新鮮，旅遊要新鮮（任何國家、歷史、風景、古蹟、名勝地方，均有新鮮感了）。只要新鮮就不會腐敗，腐敗的生活是不健康，不長命的。

・新鮮即健康。

9/14 ・昨天與豐滿區劉區長談儒家思想，他說儒家思想是爲統治者設想的，外國人也同樣說法。他說忠孝，忠要爲皇帝盡忠、爲統治者盡忠，不適合現時代。我則認爲儒家的忠並非爲統治者而設的，一個人應忠於修養，如忠於國家、忠於他人、忠於「是」、「對」、忠於政府、忠於事、忠於誠信。至於拍馬屁，表面上看起來是「忠心耿耿」，其實是心機、利用、得利而已，非儒家忠的意義，不要混淆視聽。

・李登輝接受《壹週刊》訪問──
一、台灣不必宣不再獨立。
二、統獨是假議題。昨天：2007.9.13
・一、公開反對公投綁大選。
二、批評行政院「每周一利多」是騙人的（騙老百姓的）。

9/15 ・政務官一言一語、一舉一動均應代表國家說話，而非用公權力起乩，宣洩自己權力的傲慢或自己情緒的快感。因此政務官說話，要記住說國家整體利益的話，而非說自己快感的話，或權力傲慢或自己情緒的發洩。
政務官無資格說自己的話、說情緒化的話，應站在維護國家利益、政府尊嚴立場，說有意義、有內涵的話。可惜現在政務官幾乎說五四三、不倫不類的話。

・台灣在綠藍惡鬥下產生很嚴重問題，只能用推土機始能解決，不是鋤頭就可解決的，所以只有用推土機而非鋤頭，因此要說推土機非說鋤頭。

・靠出賣靈性來當官，如四十所大學很快升到一百七十所。

・擔任國家領導人或政務官，不只「要無私」，且爲國家利益和公義可隨時下台的堅決信念。

9/16　・未得到權力前大家都振振有詞，聲音特別大，一旦得到權力後，權力即落入私人所有，一切理念和目標全忘，公權力成爲私人得利討價還價的「籌碼」，不管政府的公權力或社團、財團法人的公權力皆然。政府公權力成爲私人利益的資源，社團、財團法人的權力亦然，成爲私人與政府討價還價或配合政府的工具，而失去組織的理想和目的，此可由成千上萬社團法人或財團法人，無法發揮功能看出來。

　　　　・是典範的發聲，而不是權力的發聲。

9/17　・看過很多人做官前或得勢前與做官後或得勢後聲音不一樣，做官前聲音小，做官後聲音大。做官前與做官後同樣聲音的不多，而我做官前聲音小，做官後聲音更小。

　　　　・態度（傲慢或謙卑），文化，價值。

9/18　・無私才能安。

　　　　・配套和相對因素的周全考量，始有成。

　　　　・搞政治我一貫重視眞實感，有急性落實感，亦即重視做事、完成工作。不能做、無法做、不做的話不說，最討厭說空話、口水、口號。無做無資格說話，是我一貫的堅持。

9/29　・動態的書，讀活書；靜態的書，讀死書。大部分的讀書人是靜態地讀，是讀死書。
　　　　動態的領導者，始有動態的政府機關，靜態的領導者，政府自成靜態的政府。

　　　　・台灣是名詞和頭銜治國。有頭銜無法做事，會說名詞，不知名詞之意義，如智慧、價值。

　　　　・傲慢的人，無法做事，謙卑的人，始能做事。傲慢的人，只在滿足自己的情緒，謙卑的人，是滿足他人的情緒。

9/30　・有錢人是有錢人的職業，讀書人有讀書人的職業，公務員有公務員的職業，農民有農民職業，工人有工人職業，不要有非分之念，盡天命，規規矩矩的活，健康和長壽最重要。感受是會膩的，久而久之毫無胃口。修養能克服一切，不要有非分之

念，就會快樂。

・有公信力的人，必是始終超然、中立、是非分明、有誠信的人，從不爲權勢偎來偎去、靠來靠去、偏來偏去的人。

現在有些組第三勢力的人，本來偎來偎去。偎到無路時，儼然第三勢力自居，爲有公信力。

10/1 ・反應要快、要準、一針見血，解決能力。

10/2 ・無司法威信，司法已破產，台灣是無法治的民主，無法治的民主不是民主。

・第三勢力的問題是看角色，有否代表第三勢力（中間選民）的資格，而不是天會掉下來。不要問第三勢力會爲你做些什麼，而是要問，你能爲第三勢力做些什麼。

・不是拿香跟著拜，而是從善如流。

10/4 ・心靈價值是無貧富之分，也不需患得患失。

10/6 ・權力的傲慢：專制心態，無民主，無人權。

權力的謙卑：民主、人權。

10/7 ・一個國家的領導人，一天到晚均說那些五四三、裝笑爲的話，這個國家一定完蛋；一個家庭的家長一天到晚說那些五四三或裝笑爲的話，這個家庭同樣會完蛋。

一個國家領導人如無倫理道德，他的人民也定無倫理道德，則這個國家定是亂七八糟的國家。

10/10 ・很多人見到我均說氣色很好，我說現在不受壓力反而給人壓力之故。

10/11 ・讀書人最起碼應有「是非觀念」，否則連人的資格都沒有。是非觀念的目的是要主持公道、公正。知識分子不主持公義、公正，反而硬拗、逆向操作，聰明吃不聰明的，失去良知、違背天良。

・施明德昨天在國慶會上嗆聲，「民進黨從國民黨的黑金政治轉化成貪腐政權，今日坐在貴賓席上的民進黨老戰友『心安』嗎？不覺得『慚愧』嗎？」。惜功利社會的眼睛都起濁了，

「生吃都不夠了，哪能曬乾」，心不安、無廉恥，才是官場和媒體真功夫、賺吃碗。施明德的話是對牛彈琴，反而被衝撞死的。

- 第三勢力應是指中間選民，有正義感、清流之士，並有公信力的人，並非那些在兩黨吸乾奶水已混不下去的失意政客。如果是失意政客，比藍綠還差，盼失意政客勿破壞第三勢力的名聲。

10/14・台灣領導階層每日均那些五四三、罵人、責備他人、檢討他人或對手，從不檢討自己、反省自己，足見台灣前途渺茫，也難令人民折服。

- 政治領導位階的人不是基於自己政治利益，便是基於自己利害的角度而發言，人民已厭煩這些政客的言行論調。

10/16・權力的陽光化、透明化、公開化，才是真民主，北歐國家均然。

- 胡錦濤在十七全代表大會「一中原則下，兩岸協議」，看來這是底線。消除兩岸敵對狀態，是我於一九九○年二月五日向楊尚崑提出。

- 有靠山才有貪汙，如趙建銘、趙玉柱、程士瑜（六軍團結拜官）……我縣長時不培養親信，自無貪腐機會。

10/18・所謂透明化、陽光化、公開化是從計劃、決策、執行、成果到責任。

- 透明化、陽光化、公開化是防止貪腐、特權、惡勢力而達到公義社會的唯一策略。

- 很多號稱「民主國家」，政府的權力仍在黑箱作業祕密的妥協、交易、運作、分贓，是在騙人的民主。

- 有無民主，端看權力有無透明化、陽光化、公開化，並非看有無選舉的問題。

- 專制獨裁是權力不透明化、陽光化、公開化。

- 很多號稱民主國家，以選舉來掩蓋他的獨裁專制。

- 權力不透明化、陽光化、公開化，縱有選舉也絕對非民主也，國人不要上當。
- 權力私有化，非民主也。權力私有化，主政者才不敢透明化、陽光化、公開化。
- 中共十七全用人必須讓人民有四權，即知情權、參與權、選擇權、監督權（即權力透明化）。
- 權力越大越謙卑，成就越大越謙虛。唯有謙卑、謙虛才是真權力、真成就。

10/20
- 有濃厚感情的人較有倫理道德。
- 陽光法案首要為權力透明化、陽光化、公開化。
- 如對大局有利，該忍耐就要忍耐，如忍耐對大局沒什麼好處，就要採斷然措施，該負責就負責，不可推諉卸責。
- 不可閉嘴而活，人生短促，該鳴就鳴，勿閉嘴成啞巴，失去人生的意義。
- 中國共產黨有國家利益、全民福祉執政，一切權力運作透明化、陽光化、公開化，則雖名為共產黨，有何不可。比那些名為民主政黨，而行黑箱作業的特權、惡勢力好很多。
- 我最看不起不公正的人，不公正就是無人格。

10/22
- 企業家看高層臉色，表示有意利用特權官商勾結、利益輸送。正當、正派的企業家，則避之唯恐不及。
- 無道德的人就如無靈性的神像。

10/23
- 立場超然客觀，感受才會超然客觀、真實，超然客觀才能解決問題。
- 國民黨的革命精神已耗盡在辛亥革命，現在的國民黨只會坐享和分贓官位，已無革命戰鬥力。面對飛天潛地的民進黨，完全崩盤，束手無策。
- 藍、綠的台灣，藍的取得權力就要給綠的死，綠的取得權力就要藍的死，幫派不如。

10/24
- 無私的獨裁，不遜於私利的民主。

10/25 ・只要有道德，堅持公義，卸任也會紅得發紫。如無道德，不堅持公義，雖在任時人家不得不拍馬屁，一旦卸任馬上褪色而消失。

・現在最好的職業是賺錢又可罵人。電視媒體天天說風涼話，天天罵人，那些人比神仙更神仙，什麼都懂，什麼都可抨擊人家。好像是生來就注定罵人、欺侮人的好命，靠那張毒嘴賺翻天。台灣有這款「賣嘴花」的高薪收入的職業，難怪天下大亂。

・我一生最痛苦的感受，是公義被謀殺、被強姦！

10/27 ・政治人物的歷史價值在於典範、道德、人格，世上很少留有一部奸臣史，只有典範史。

・無典範的官是白做的。

10/28 ・占人家便宜的人，不會有人格；禮讓之人，始有人格。

10/29 ・無公正的人不是心理失衡，便是存心占人家便宜的人。無公正的人向利益偏頗、傾斜、吃人、占人家便宜，認錢不認人，認權勢不認人，是最無人格的人。與這種人相處為伍，最痛苦、最不幸。

・台灣已無公道生存空間，說公道話都會被藍幫或綠幫修理一番，修理得金金。

・法治國家哪有地下工廠、地下電台存在？政府不是無能便是與地下電台、工廠勾結，對付對手，對付公正人士。這種國家不能成丁。

・藍、綠迫台灣人民要靠邊站，太無道理。兩邊都有危險，還跟它們站嗎？

・藍、綠各為自己利益著想，迫使台灣無良知、無公義的生存空間，台灣的良知、良心、公義，均死在藍、綠少數人的手中。

・有良知、有良心、有公義的台灣人，在藍、綠對決下，無奈！

10/30 ・在台灣你說公道話主持公義、維護良知，必受綠或藍攻擊，詆毀人格，這是什麼社會？什麼國家？

・在台灣藍綠之亂＋萬能的媒體批鬥下＝無尊嚴、無人格、無人權可言。

11/1 ・無典範的權力，就如掛牌的土匪（合法的土匪）。

11/2 ・台灣應制定權力陽光法（透明法）。

11/3 ・昨天苗栗爆竹廠又爆炸，死四人，傷很多人，又是地下工廠，每次發生均為地下工廠。又很多地下電台，語言暴力無人管、地下錢莊，暴力討債，一個法治國家，竟有那麼多不合法的地下工廠公然存在，誠一大諷刺。台灣這麼小，政府都無法管了，如果中國大陸如何辦？

11/4 ・扁八年來政績乏善可陳，唯一成就是徹底摧毀國民黨威權一黨獨大體制，唯惜並無國家化，而是民進黨化，使台灣又陷入與國民黨同樣另一威權體制。

11/5 ・選舉只不過是民主的程序而已，真正的民主是權力陽光化、透明化、公開化。

11/7 ・權力透明化就是人民共治，是真正民主。

・權力透明化是二十一世紀政治學的主流。

・權力透明化，貪腐自除。

・無私才會透明化、陽光化。

11/8 ・擔任公職無能力貢獻，卸任後付出代價，擔任公職營私圖利，卸任後上蒼一定會清算報應，天下間才有公道。

11/10 ・謝長廷看歌仔戲罵奸臣有感：奸臣罵忠臣是大奸，若不是奸計，便是奸而不自知。奸臣罵別人奸臣可誤導他人，誤認他不奸。其實奸不奸可從他的眼神、嘴巴、口水和行為和表情看出來。無口德、正諷倒刺、自私害人、說話占人便宜、陰險、奸巧、奸計、抹黑他人，均為奸人、奸臣。並非聽他罵人奸臣，就表示他就是忠臣，奸而不自知，是最可怕的人。

・抹黑他人是最好的保護符，使人不知其惡。

・陽光化、透明化、公開化最公道，對立自然消失。

11/11 ・時間是生命的總量。

・芬蘭的教育觀念（錄自《天下雜誌》384期）——

一、赫爾辛基郵報調查，「芬蘭年輕人最嚮往的行業是當老師。中小學教師受敬重的程度，甚至超過總統和大學教授」。

二、做老師不是爲了錢，是因爲我們眞的相信這份工作對芬蘭很重要。

三、師資即國力，老師越好國家越強大。

四、芬蘭政府給老師和學校最大的教學自主權。

五、官方不進行教師評鑑。

六、強調是「學習」，不是「競爭」。

七、芬蘭是全世界最愛讀書的國家，每人每年平均向圖書館借十七本書來讀。

八、芬蘭學生的休閒生活是「閱讀」。

九、公平與人權是教育的核心價值。

十、小學教師的資格均爲碩士。

十一、接受最好的教育品質，是每個人的基本人權。

十二、教育最終的目標是培養學生成爲文化人，在人格、文化、生命等各方面要均衡。

十三、教育的改革是建立在「信任的專業上」。

十四、芬蘭教育成功的關鍵

（一）政治共識——無論左派或右派，政府均相信「教育公平」，是不能改變的核心價值。

（二）教育決策是永續的，不能變來變去。

11/12 ・如果說我古怪（固執），只是不加入政黨而已。

・由過去的觀察和經驗來看，世上正經和眞實不多，如果說大家不懂眞實，是否過度稀釋。

・眞實遭稀釋後，眞實的密度不存，眞實的成分不多。

・人類的弱點是不重眞實，重虛榮，因此不眞實的誇耀較易引起共鳴，表面可收到熱鬧的虛效。

11/13 ・有的是人的氣質，有的是錢的氣質，有的是官的氣質。

・只要無私，權力陽光化、透明化有何困難，況現在資訊這麼發達。

11/14 ・傳統的延續和一貫的系統才合乎邏輯，失去傳統的一貫延續，將是斷層的。斷層的人生是游擊式的人生。

・我很認同傳統的價值，因此喜維護和發揚傳統。

・傳統較富有感情，功利主義是利害觀，失去感情的價值。

・客觀的人，才能得到真實。主觀的人，有排斥性，很難有客觀、真實。

・國民黨的大官從不用心，只想靠天運當官（天上掉下來的禮物）。民進黨的大官雖做不好，但很用心機。

・傳統建築的三合院、四合院的消失，倫理孝道也隨之減失。新的樓房並無倫理環境，三合院、四合院設計考量倫理關係

一、分為正身與護龍，中庭可供家屬老幼早晚有打招呼，稱呼長輩如伯伯、伯母、叔叔、嬸嬸、祖父母、姑姑、兄弟，是親情的流露，過天倫的生活。

二、家人可在中庭上一起遊玩，增進感情和童年生活的記憶。在樓房上居住如鳥籠，一進門就關門無倫理關係的空間和機會，親情自然淡薄、疏遠、冷漠。

・國民黨過去獨裁威權，但白白地被黨外人士攻擊、修理、謾罵、譏諷，甚至動手，皆採罵不還口、打不還手。現民進黨稍為批評一下，馬上動員媒體或親自上陣還擊、鬥臭、硬拗、抹黑，與國民黨時代相比，黨外不知做何感想。

・真實被稀釋數十倍後，真實只占一點點成分而已，大部是假的。藉一點點真實再摻上他物（包括毒害物）行騙天下，是台灣的政治社會。

11/19 ・英國貴族艾頓（Lord Acton）：「權力使人腐化，絕對的權力，絕對的腐化（Power tends to corrupt. Absolute power corrupts absolutely.）。」艾頓又說：「大人物往往是壞人物（Great men are almost always badmen.）。」

11/22 ・不看「光說不練」的人的書，不看「無誠信」的人的書，不看「政客所說」的書，不看「無道德、無人格」的書。

・要看「有智慧」、「價值」和「真實」的書。

11/25 ・公投綁大選是有詐的。名詞所謂「綁」，就是有動機和不正之意，因此不可說公投「綁」大選，應說「公投與大選合辦」。很可惜，朝野均濫用此名詞，頗為不當，尤其陳水扁公然嗆說二○○四年是公投綁大選才選贏，不知他的用意何在。

11/26 ・與林文義、張燦鍙亞都之會。張燦鍙說李鴻禧當黃文雄、鄭自才在美刺蔣未成，當蔣經國返台時，李鴻禧持國旗到機場迎接蔣經國，換取台大教授之職。莊碩漢過去罵民進黨為民╳黨。這些人不知如何解釋。

11/28 ・有奸無奸看他的嘴臉自明。

・無私才有格局。

11/30 ・有智慧、有能力，如無機會也是徒然的。

12/3 ・民進黨與國民黨半斤八兩，落選的馬上升官與人民作對，人民不要的，黨要、執政者要，非民主也。

・有歷史性條件的人，始可帶領人類。可惜現在帶領人類的人，大部是五四三的豎仔。

・如果是人，騙人一次壓力加重一分，騙人兩次壓力加重兩分，如此類推，最後人的精神會崩潰。如果無人性，是越騙越輕鬆，越騙越有勁，不知恥也。孟子說無羞惡之心，非人也。

12/4 ・自然就是真實，真實最美。

・談問題須求答案，無答案的問題，是白談的。

12/6 ・互相利用就是炒短線。

12/7 ・用人首重操守（清廉），次為智慧，再次為能力，然後經驗。

・一紙書來只為墙，讓他三尺又何妨，長城萬里今猶在，不見當年秦始皇──安徽六尺巷的來源。

・藍、綠均無資格講民主，無寬容、無惻隱之心、心中狹小、趕

盡殺絕，不可能有民主，也不可能有人權。

· 民主、自由、人權是政治騙子的三張切牌。

· 不要說表層，也不要說淺層，要說深層，要說深度。

· 要知道問題，更要有策略和能力解決問題。問題＋策略＋能力＝解決，如此才有效。

· 要說靜態，更要知道動態。

· 靜態較簡單，動態就不易。

· 問題是在動態，能控制動態就是策略，策略要靠智慧、經驗和能力。

· 動態是未來式的，靜態是現在式和過去式的。

· 我是活長線的，而不是活短線的。

12/9 · 不變為誠信之本，不變才能順應自然，不變的人較有情義，不變始有真實，不變始有人格，不變是價值體系，不變身體才能健康，不變才有長壽的生命……不因名利、貧富、貴賤而改變人性。

善變之人不誠信、不真實、無人格、不健康、不長壽，不能與自然相處，是炒短線的現實人，是屬於價格體系。因利害而變的人最多，與善變的人相處，是危險的、恐怖的，被出賣都不知道。

善變者不得善終也。

12/15 · 所謂講理，就是自己吃虧一點，才有理可講。如果要占人家便宜，還有什麼理可講？

· 有智慧的人才能「明理」。

· 教育如不明道理、不講道理，則失去教育的意義。

12/16 · 所謂「當家不鬧事」是指，權力當成大家的，才會怕鬧事，如果把權力當成自己的，不鬧事不會過癮。

12/18 · 不能以財富論道德，也不能以權力壟斷道德。在象牙塔裡的人說道德，不切合實際。

道德不是口號，道德必須有典範、有良知、有慈悲、有廉恥、

238

有辭讓之心，應身歷其行，也即言行一致，不能像有權力的人，以民主、人權來騙人，自己無民主素養和人權觀念，但藉民主和人權來掩蓋其特權、惡勢力、貪腐。

同樣有錢的人也不可藉道德之名，來掩飾其罪惡。

12/19 ・無公義就無社會，無社會就無國家。

・不是人（非人），才會偏頗。政治人物、學者、媒體和宗教均不能偏頗，應力求公義。

12/21 ・所謂倫理即互相尊重也。

・孔子作春秋，亂臣賊子懼。權力無私，亂臣黨派懼。

12/23 ・公正才能活全部，偏頗只能活部分。

12/24 ・民主國家統治者不可口水治國，而是以風範治國。

・國民黨連應對人才都沒有，只有想占官位的人，悲哀！

・台灣最不可救藥的是，媒體工作者出賣良知、出賣人格、而獲取暴利。

12/25 ・現在做官的一大堆，受尊敬的無幾人。

・新書發表會時對賴浩敏說：「歷史是自己寫的，不是別人寫的，不是看人的臉色寫的，更不是投機行為寫出來的。」

12/28 ・喪失天良的人，自無公正心。台灣這個社會，歷年來受政客掏空心靈後，眼睛起濁，起瘋狗目，天良、良心、良知，幾乎消失。

12/30 ・權力私有等於公物私有，公物當為己有等於侵占公物罪，權力私有等於侵占公權。法律應規定，侵占權力罪章。

12/31 ・所稱「神明」，係表示「精神聖明之意」；「拜神」是崇拜祂的偉大精神，因崇拜祂的偉大精神，自會受偉大精神的感召，自己會得到偉大的修為，而對自己有利，即所謂「庇佑」也。並非白白地會保佑你的，如果你沒有受偉大精神的靈感，甚至作惡多端，將難得到好的報應，亦即難得到「神的保祐」。所謂得道多助也。

2008年

・傳統農村生活最純淨、自然、富人性、人情味的倫理生活，以倫理生活，以倫理道德維護「人是萬物之靈」的地位，過著「自然真實」生活，未傷害自然生態。結合自然的天人合一生活，是人生最高境界，既維護心靈，也維護自然宇宙才使人類永續。

・功利化的結果，人類競相炒短線。炒短線的結果，人性消失、倫理道德破壞、社會無是非。炒短線的結果，地球暖化、自然和生態的破壞，影響人類的永續生存……因此炒短線是天災人禍之源。

・任何脫離人性或違反人性的所謂「成就」，均是假的，有害人類社會的，是失敗的。

・孔子及孟子將人與非人、君子與小人、人與禽獸、人性與非人性、有人格與無人格分得最清楚，也是人的價值觀。

・人類兩大危機——
　一、政客掏空人性（倫理道德喪失、心靈破壞）。
　二、政客掏空地球（地球遭破壞，自然生態也遭破壞。）。

・無名利時，人在做人，說人話。等到有名利後不是官在做人，說官話，便是錢在做人，說錢話。唯有無名利時才是人，才是自然人。

・有私心就無民主，無人權可言。有私心的人，不會尊重他人，甚至霸氣沖天，占人便宜，欺人吃人，民主人權成為俎上肉。

・我要活全部的人生，我不能只活藍，或只活綠，活一半的人生「不夠氣」（還不夠）。我要活有公義的全部一生，不受藍、綠挾持。

・兩陣營應給國家留些能獨立為國家說話的人才，不要在藍、綠對立下，全部被耗損掉。有些學者主持節目，失去學術的獨立性，為少數的節目費，而埋葬他的學術地位，可惜！

・我的生命未被藍、綠挾持，也未活在兩顆爛蘋果上，能自由自在為自己的歷史而活，為自己的生命而活，還算幸運。

- 無倫理就斷層，家庭、社會、政府將遭破壞，無倫理的教育非教育也。

1/11
- 立法委員新選制，單一選區兩票制，明天即將登場，各黨派及候選人選戰中怪象不斷。
  - 一、陳水扁公然用公的資源、公器，並動員一千六百名安全人員保護，為民進黨候選人造勢、掃街，百分之百是綠色總統，綠色專制，已樹立台灣永遠不良典範。
  - 二、謝長廷每日均在罵馬英九和國民黨，他的「和解共生」作何解釋？
  - 三、行政院長、各部會首長均全力投入選舉，公事荒廢，公的資源作政策性賄選，人民無可奈何。如台中鐵路高架化，未編預算也未發包，張俊雄院長公然舉行破土典禮，欺人太甚。
  - 四、不少候選人以哭哭啼啼、下跪、裝病，引起同情，選舉完全變調。
  - 五、賄選、抹黑，負面選舉一大堆。
  - 六、中選會被批已落入執政黨的工具，其實中選會應保持獨立、中立、超然、公正立場。
  - 七、這種選舉是民主選舉抑或專制選舉，國人無公正的辨別力嗎？
- 世間如無公道，人就不能存在。

1/12
- 民進黨大敗，輸得脫褲，是天理。民進黨一直以「權力傲慢」、「權力說話」，才有今日的惡果。民進黨如能以「權力謙卑」、「天理說話」，就無今日的下場，可惜！
- 政績＋謙卑＝成功，口水＋傲慢＝大敗。

1/13
- 民進黨敗選主因——
  - 一、貪腐又無政績。
  - 二、《大話新聞》、《頭家來開講》走火入魔、顛倒是非、到處放火、罵人、欺人，非常恐怖，引起人民反感。

三、杜正勝、莊國榮，炒族群分裂，扮去蔣英雄，完全失去轉型正義的意義，失去官員風格。

四、權力的傲慢：徐國勇、王世堅、蔡季芳、林重謀、廖本煌、黃宗源、王淑慧、莊碩漢、吳秉叡、郭俊銘、黃昭輝、何敏豪、李鎮楠均告落選，足見人民討厭權力的傲慢。

五、非國民黨之勝，國民黨與民進黨半斤八兩，還是應受淘汰的政黨。

I/14　・民進黨敗選，陳水扁、謝長廷（在高雄為台灣承擔的音樂會上）、蘇貞昌均說今後要謙卑，其實是口頭說謙卑，心中和行為均存傲慢，這是民進黨一貫伎倆，就如他們經常喊民主、人權，其實是經常違背民主和人權。由他們說謙卑的嘴臉上看，有點不自然，是喊假的，因他們根本無謙卑的細胞，根本謙卑不起來，如果他們有謙卑就不會有今日的慘敗。

・民進黨慘敗，大多候選人均說很對不起、努力不夠才落選，為何不說權力傲慢、貪腐、無政績，人民唾棄之故？顯無反省力。

・正面操作避免逆向操作。

I/15　・違背良心的人，身體健康，一日比一日差，我看過不少人如此。

I/18　・有些人是無是非的本土，我說應有是非的本土，才有意義。

I/19　・謙卑，善良；傲慢，惡劣。

I/20　・《聯合報》第A2版刊載，即將在二月一日卸任的立委八人要到中東考察外交，既要卸任，連這些考察費都不放過，足見台灣政治人物的心態，加減撈。

・靈鷲山基金會歷年調查，人民最討厭政治人物，其次罪犯，三為媒體。一月十九日中時民調，百分之八十人民認政治人物不誠實。

・放空才能健康，我除國事、天下事外，全部放空。

1/23 ・民進黨敗在執政後的用人失敗，並未評估品德、專業和能力，大部是酬庸性或他認識的人，才導致八年來的敗政。

1/24 ・無私權力才能乾淨，有私心將是髒的權力。

1/25 ・立委選舉藍大勝近四分之三，綠為謝長廷勝選推出鐘擺效應，謂藍一黨獨大，將來會形成過去一黨專制。唯此次國民黨壓倒性勝利是人民給它一黨獨大，並非過去威權體制下的一黨獨大。人民因看八年來民進黨的硬拗、腐敗，才給國民黨絕對多數，是人民給民進黨嚴重教訓。民進黨不自省，竟批一黨獨大，並期待天掉下的鐘擺效應。

1/26 ・權力私有化，主要敗筆在於用人私權化。

1/27 ・「無私」才能永恆：五倫永恆、事業永恆、人格永恆。

1/28 ・民進黨執政專門作秀——

一、台中國際機場，未設施只有名稱就剪綵開幕，結果迄今無班機起飛。

二、雪山隧道剪綵好幾次。

三、昨日台六線原計劃三十四公里，只開通五公里，阿扁就去剪綵。

民進黨是剪綵政府

1/29 ・有學問的人，不一定有智慧；有財富的人，也不一定有智慧。

1/30 ・權力無私特色——

一、始終以無私處理政務。

二、以典範的理念領導縣民及參政。

三、我面對問題均解決過。

四、發掘問題並提出解決方案，每章節的問題均有解決方案。

1/31 ・價值是絕對的，價格是相對的，企業家常說創造價值，自有其意義。

・真假也是屬於價值體系。

2/3 ・甘迺迪之女卡洛琳：「總統競選除競選政策外，領袖氣質是決定國家領導人良莠的關鍵。」

總統能激起原先政治冷感的青年人，對於公共事務的熱情。總統能讓年輕人的一代，相信自己所追求理想，透過其不斷努力和不斷創造，擁有實踐的可能，能夠透過自身的處世經歷　發下一代對於信仰和價值的堅持。

2/4　‧掏空地球——

一、汙染。

二、地球過度開發，造成暖化。

三、二氧化碳超排，造成溫室效應。

四、生態破壞。

五、自然破壞。

2/7　‧謝長廷、馬英九在聖嚴法師主持新年祈福時，競相扶著聖嚴法師，值得肯定。唯並無此心，是要選票的作秀，一切均為假的。

2/10　‧掏空人性、掏空地球的人，是全人類的罪人，也是全人類的公敵。

‧一位領導者頭腦應清楚，講話要清楚，做事要清楚，業務要清楚，責任要清楚，公私要清楚，是非要清楚。

2/11　‧台灣的政治人物說話第一流，做事無半步，第三流。

‧愛本土更愛公義的台灣。

2/12　‧摘錄《聯合報》第A10版，林肯著名的演說「分裂的家必站立不住」，美國應擺脫「心胸狹小的政爭」。

2/13　‧不擇手段而取得的權力和財富，不只無光彩，甚至有罪惡感。

2/15　‧我的血液是台灣人的血液，非藍血液亦非綠色血液。換言之，是紅血非藍血亦非綠血。

2/16　‧讀書的目的是使你知道什麼是公正、公道，然後有能力去維護公正、公道，然後才能為公為民做事，否則讀書是白讀，不知公正不算為讀書人。

2/17　‧邱義仁與吳乃仁組軍火公司，名為「鏈震」。當然軍火商獲利甚鉅，但身為行政院副院長的邱義仁不忌諱，公私不分地公然

組織軍火公司，學政治的邱義仁，無公私之分，更不知公權力與私權力的分際，難怪民進黨主政後他位居要津，公然違背中立，進行割喉戰，以豎仔步利用政府公營事業的資源，進行破壞體制的選戰，更以硬拗的口吻強暴公義。而在野的國民黨只等天掉下來的大位，無能力監督公私不分的執政者，使台灣淪為公私不分、無法無天的鬼域。

公私不分是法律問題，是違法，公權力應嚴懲不逮，還有什麼可辯呢？這麼簡單的事都想不通，可憐的富裕的台灣人，台灣的良知何在，動物園的富裕有何意義。

· 台灣只是藍、綠兩王國所有，非藍非綠的國民只有繳稅金的分，其他算老幾？連元宵節的活動場面非綠即藍，今日高雄市舉辦元宵活動，高雄市是綠色執政，活動場上幾乎清一色綠色大老，由陳水扁、張俊雄……均為綠色人，無藍色，也無超藍綠的國民，只有藍民、綠民並無國民，這是國家嗎？應是幫派，台灣淪為幫派統治，悲哀！

· 中選會配合謝，去函調查馬英九的綠卡號碼。有無綠卡無關總統資格，如果是調查國籍，是中選會職權，調查綠卡是配合謝的演出。

· 台灣的中選會不應淪為某黨、某候選人的工具，還有國家存在嗎？權力者應維護國家尊嚴，有所節制，在野也應維護國家體制的尊嚴，向破壞體制者發難，就是革命也應做。

· 除了泯滅人性，失去良知的人，才會做出不公正、違背良心的事。

· 新聞焦點均放在有錢人身上和做官的身上，不放在有人格修養的典範身上，難怪台灣難出息。無人格的名利，人人應唾棄之。

2/19 · 職業奸臣，職業硬拗，職業豎仔。

2/20 · 品格：人品和人格。品格說起來簡單，但能符合的人不多，人品包括智慧、道德、無私、善良、清廉、慈悲、謙卑、典範、

廉恥、誠信、公義等條件。

人格：在行為上能展現上述人品的人，才有人格，只靠嘴巴、口水的人品，無人格也。

- 科技固可改善人類生活環境和便利，但由於物性化後人性被物性取代，致原有人性的倫理道德消失，人文素養崩解，才成人不人、獸不獸的社會。加以地球過度開發，二氧化碳排量過多，自然生態遭受破壞，造成臭氧層破洞、地球暖化，扼殺未來子孫的生存環境。

上述均係功利主義抬頭，物慾和物化破壞了人性和自然後，人的價值和古代人是萬物之靈的地位完全喪失，精神價值完全解體，導致人與其他動物合流，人獸無異。

- 日本現在正在推動道德教育。人性被掏空的人間和社會家庭問題均不平衡，人的問題已相當嚴重，日本還能倡導道德教育，算先知先覺。無道德的國民如同動物園的動物。

- 國民無是非之心，無知可主導有知，無能主導有能，惡人主導好人，惡性循環、反淘汰、價值觀崩潰，造成混濁不清的亂世。

2/22
- 未來學包括預防學、防腐學、預備學、先知學。

2/25
- 政黨競爭應以國家利益、全民福祉及是非公義為前提，任何牴觸國利、民利和公義的政黨，均為惡黨、惡勢力。

- 台灣雖有憲法，但政治人物並未將憲法當成一回事，各政黨亦然。以黨利和私利各自解釋憲法，而大法官也看執政者的臉色解釋憲法，居然成為權力者的私人武器，比過去腐敗的專制更差。

- 就這麼簡單，就這麼簡單，只要無私，什麼事情都單純化，不會複雜，就這麼簡單。就是有私心，黨利才把問題複雜化，故意製造模糊，便在混水中摸魚，得到好處，這麼簡單。

什麼事情本來就很簡單，真實勝於雄辯，靠那張利嘴滔滔不絕地信口開河，企圖扭曲是非、強姦公義，以利自己或團體，才

要花那麼多口水口徑。事實真實只有一個，可看得到的，爲何要廢盡心機自貶人格，爲著只不過「利」而已，就這麼簡單。

- 讀書人面對問題應堅持公正、風骨，爲何要出賣靈魂，犧牲人格，就是爲了「利」，就這麼簡單。

2/26 · 總統競選辯論應以政策爲主，不得攻擊詆毀對方人格爲前提，否則格局太小，如選鄉鎮長、縣議員，比賽說對方的是非。

2/27 · 國家領導人應有高度智慧，超越的思考，看過三層壁的眼力，人類觀、世界觀、歷史觀，爲人類的永續而構圖，有維護人性和保護地球的能力，言行舉動均足爲典範。並非爲權力天天惡鬥、計較、扒糞、摧毀對方，說五四三、不倫不類、不三不四、豎仔、硬拗，不檢討自己專門檢討他人之徒。

台灣檯面上的政治人物很難找到一位有資格當領導人，勉強可當幫派的領導。

- 很可惜，台灣幾十年來無法培養具領袖級的人才，卻培養鬥爭的高手，豎仔一大堆，這些人雄踞政壇，操控國家和愚弄人民，大多心術不正、心機不良，藉掠取權位，享權力的傲慢，搞私利、黨利，儼然成爲財閥名利雙收，至爲可惡。

- 人類價值觀崩解後，核心價值已渙散，各行其是，各自爲政。

2/28 · 台灣的領導階層或政黨，一旦取得政權，分贓的時間都不夠，哪有時間和精神爲國家設想，縱然有時會口沫橫飛提國家，即虛晃一招，騙人騙世而已，也是掩耳盜鈴。

- 文明化就是人爲化。非洲民族的文化是人與自然結合的文化，過著原始的自然生活。待西方文明發達後，自然遭受破壞，相對地與自然結合生活的非洲人，受文明的侵略和欺侮，使與自然結合的人類成爲弱勢。

- 聽公正的話，就有營養，多聽多營養，這是我的感受。不會聽公正的話者，是憨人。

2/29 · 李總統，台灣早已獨立，不需宣布台獨。我認爲中華民國才是早已主權獨立的國家，可不須宣布台獨，但如以台灣名義則應

宣布台灣獨立，因台灣不承認與中華民國的血統，與已獨立近百年的中華民國無關。因此台灣如要獨立，還是要宣布台灣獨立，不然就要台灣正名的修憲或制憲。

3/4
- 我不是藍色人，也非綠色人，而是台灣人。
- 藍人生藍鏽太重被藍鏽卡太深，心中只有藍，不容他人存在，綠色人亦然，被綠鏽卡太深，已無轉還的餘地，心中只有綠，不容他人存在。

3/5
- 要有清正的政治，即清廉和公正的政治。因此為官應清正。
- 《權力無私》的英文名為「Selfless Power」。
- 在很好的天氣下，向天感謝我的長輩、鄉親長官和眾神過去對我的栽培、照顧、指導，才有今日的石城，謹在此向眾神及鄉親和族親感謝，這是我的感情，時常想念過去我曾看過的人。

3/7
- 台灣政客非藍即綠，大部是吃父偎父，吃母偎母，如何著書立言？根本無條件、無資格、無環境可立言。得到好處又無道德、公義，偏綠或偏藍，如何立言？因此政治人物所寫的書，大有問題，不值得看。
- 台灣政治人物，非藍即綠，偏來偏去，不中立、不公正、不超然、不客觀，如何寫書，寫什麼碗粿。
- 腦筋退化的人，不可參政。
- 因我能超然、跨越藍綠、堅持公正，《權力無私》（Selfless Power）始能問世。
- 一個民族一個國家，等於國族。培養優秀國民，亦即培養優秀民族，建立優秀的國家。
  而美國是多種民族的國家，很難有優秀民族出現。因此有優秀民族的國家，學習美國多種民族的統治方式，將是吃倒頭藥，自廢民族。
  看到美國人的粗野和複雜，非常不習慣。

3/10
- 為官不正，狗官也。
- 台灣人本教育失敗，大部分培養那些暴發戶的五四三人物，

典範人才難找，人格更難談上，難道人類的開發是暴發戶而已嗎？如此與動物園的動物何異？

- 主政者無智慧，只在權力下自我炫耀、揮霍，達到權力的傲慢和滿足自己的快感，缺乏責任感。台灣的政治搞成這樣，主政者難辭其咎。

- 真小人比僞君子好多了。

- 權力者和財富者較難說道德，因他們在取得權力和財富過程中，做了很多暗的缺德事，才取得今日的權力和財富。

- 我自幼喜道德修爲，因感覺有道德才像人，因此無論有無錢或有無地位，均以道德爲前提，有權力也是捍衛道德的義工。

- 幫派式的政黨，其領導階層或其屬員，如要著書立言，只能發揮爲其黨的貢獻和排除異己（他黨派）的功勞而已，此種書不值得看。

- 政治人物應有大是大非的智慧。

3/12
- 一個有公信力的人，爲無公信力的政黨或候選人站台或背書，自也變爲無公信力的人。

- 台灣的政治人物只靠口水、硬拗、豎仔、五四三、不三不四、不倫不類、眼睛起濁，而霸占權力，傲慢強暴公義，這種人是垃圾，非典範，非典範如何出書？

- 無公正就無資格說話。

- 功利社會就是物化社會。

- 要做政治家的家庭，不做政客的家庭。

- 演講大多是美麗的言詞，大部分是不做、不能做、也不會做的話。我認爲不能做又不做的言詞，不管如何美麗都是徒然的，毫無意義。

- 是比人格而非比官位，更非比金錢。

3/14
- 維新館事件，四位國民黨立委費鴻泰等固然是白目，但謝長廷陣營擴大爲踹門、踢門、偷文件、置炸彈等行爲，足見台灣政治人物比黑道流氓更可怕。而在電視台出現的政黨代表，公然

250

為自己黨的利益失去良知、泯滅人性，明眼人說瞎話，冤枉、陷害對方，栽贓不斷，這種人公然可在電視上揚眉吐氣，使台灣無是非，永無晴天、真理之日。台灣沉淪到這種地步，有什麼值得誇耀、傲慢呢？

3/15 ・總統選舉越接近，眼睛越起濁，電視媒體更可怕，媒體無良知，更無公義、無是非，這些人很為他們悲哀！他們有高學歷竟為五斗米折腰，甘願出賣讀書人的良心，而專門演反派的角色，賺取節目費三、四千元，是「職業打手」。

・過去只有歌仔戲、布袋戲中才可看到奸徒，現在電視台到處可看到「職業奸臣」，這是台灣的「深化民主」。
過去大家看到奸臣，人人恨之入骨，疾惡如仇，現在可公然看到職業奸臣的囂張，橫行整個社會國家，悲哉！

・藍軍和綠軍的人如何寫回憶錄，所寫的只不過是黨利和私利的惡鬥錄或分贓錄、幫派錄而已，無人生價值和歷史價值可言。

3/16 ・不可與走雲頂的人相處，走雲頂的人已失去純真，失去人性的人。

・台灣的教育徹底失敗，高級知識分子（讀書人）、政治人物所學的是硬拗、豎仔步，無公義感、無邏輯的思想，不講理，用學術地位和權力公然強姦公道、公正，這種的人如何為台灣打拚？整個台灣幾乎這種人，這是台灣人的教育成果，可悲！

3/18 ・看到三一六藍、綠各動員百萬人走出街頭出來，非常熱鬧，但他們從不炫耀公義的優勢，不比人格，而是以小人、奸巧、硬拗、豎仔、奧步取勝。難道台灣已無公義、君子、人格的生存空間嗎？不能以公義、道德、君子、人格為核心價值進行競爭嗎？台灣人那麼墮落、腐化嗎？公義、道德、君子、人格，不能取勝嗎？否則為什麼在百萬人走出街頭的大場面，無人會感受公義，人格，道德，君子是台灣人的價值？兩黨不以公義、人格、道德、君子的價值取勝，台灣的選舉實失去意義。

・民進黨敗於自己做不好又要罵人、批評人。自己不好，人家沒

罵你就不錯了，還要罵人。

3/21 ・選戰活動今日結束——

一、長昌一路打馬，抹黑製造是非，馬一直處於挨罵無法招架。

二、民進黨大部分人都説「奧步一大堆」，其實民進黨只是以本土愛台灣為口號，做事不但無半撇，違背倫理地打選戰。國民黨對付民進黨無半步，只等分官位而已。

三、台灣人的悲哀，綠屬害奸巧、無良知，藍智障無能。綠的勝利，台灣踐踏殆盡。藍的當選，大肆貪腐、分贓。台灣永無太陽，非人居住之地。

3/24 ・在分秒必爭的競爭力時代，哪有時間説那些五四三、不倫不類、毫無營養的話，民進黨敗選在此。

・民進黨敗選主因——

一、權力的傲慢，權力的腐敗。

二、不清廉、貪腐。

三、做少。

四、有些電視的職業打手，為貪腐辯護、保護，人民反感。

五、有些政治人物無能又強勢，人民看不慣。

六、杜正勝、莊國榮傷害民進黨。

・民進黨挫敗，敗在那張嘴。

・民進黨對台灣的三大詛咒：外來政權、你是不是台灣人、你是賣台集團。

3/25 ・為官無典範是白做的。立德、立言、立功是典範，有典範才能立言。

・無廉恥的人，才搶官位，搶官位是最下流的，不值得。搶官位的人不只厚臉皮，不知見笑，且都無實力、能力的人，他們搶官位是為私益，為榮華富貴，為享受權力的傲慢。

・政治是整體、嚴肅的，不是説自己爽的話。台灣的政治人物取得權力，好像權力是他家的，專門説那些傲慢、五四三的話。

3/26　・無私是清廉和效率之本。

・政治很簡單，只要無私，一切都OK，勿庸講那麼五四三來掩蓋自私。政客說一大堆廢話，而增政務的複雜性和模糊性。

3/27　・李登輝昨天接受日本產經新聞訪問——

一、確認馬英九是正直、不貪汙。

二、批評台獨人士幾年來靠那張嘴維護貪汙政權。

・台灣的政治人物只要敢騙、能騙，就是老大。

3/28　・李登輝昨日在翠山莊接見總統當選人馬英九，讚揚馬英九正直老實，不是統派。過去批馬英九是外來政權，不做事只會兩腿露出來跑步，馬腳早已露出來，如謝長廷落選，台灣民主倒退二十年，聲明無九二共識（馬主張有九二共識），把馬批得一無是處，如今一夜之間，馬成為「正直、老實、清廉，非統派」，這就是台灣的政治。我一貫堅持原則、誠信、講話算話，很難與人相比。

・「說」的我較沒有感受，只有「做」我才有感受。

3/29　・台灣的政治人物說話的時間占太多，亦即作秀太多，因此沒有「做」的時間，亦無「做」的機會，況說話的人又無誠信，失去公信力，縱然說得很多，無人相信，也是浪費。

3/31　・幼時經常聽到長輩說「久也會遇到」，這句話很有意思，勸人不要太現實。一生中有數十年寒暑，不管得意、失意或感情上衝突，總有一天會相遇、遇到、碰到，長期觀察來，這是「真實」。看到有些早期衝突的朋友，經過長時間後又相遇，有尷尬狀，當初如不鬧翻，以後均有相補的機會。因此什麼事都不要太現實、勢利眼，否則後悔莫及。

・空殼的大官何用？無靈性的大官何用？有立德、立功、立言的大官，才能為後人典範，典範才能永存，官位易逝。

4/1　・馬、扁會，變成「一中各表」辯論會，可看出馬英九的IQ。馬拜訪現任總統，應是禮貌上請益並非辯論，馬主張「一中各表」是他就任後的事，不需經現任總統同意，何需辯論？足見

馬無分是非的能力，亦無判斷權責的能力，亦喜說話，與李登輝、陳水扁同一愛說話的毛病。馬當著扁說「權力足以使人腐化」就是這個意思，「喜作秀，愛說話」就是腐化之例，由此次的表現，可看出他的治國能力。

4/2 ・行動始有典範，光說不練非典範也。

・言行舉動均應為全民的表率，才是真典範。

・政治人物在個人修為上應為人民的典範。在治國上應有能力做事，會做事、重行動、重實質，說五四三、畫山畫水，均不做事的人。因此典範和做事，是政治家和政客的分際。

・過去我曾說台灣有「言行意識神經分裂症」，現在我覺得「心言不一」才不可思議。以前邱創煥訪美，華僑勸他選總統，華僑說：「現在李登輝說不再競選，你可參選。」邱回應說：「李（他）嘴巴雖這樣說，但他肚子裡在想什麼，我怎麼知道。」這是心口不一的例證。

最近領會很多政治領導階層，專門在愚民，表面說給人民聽，但內心所想的與說的、做的不一致，是政治人物的特招，已成騙人民的絕招，因此，現在是「心口意識」神經也分裂了。

・民進黨敗選後，黨內大肆談「改革」，其實——
一、談改革的人應先被人改革。
二、改革是一種騙話，如何改革，改革什麼，改革只不過是逃避責任的美麗謊言而已。
三、目前檯面上的人，均無改革的公信力，也無改革的內涵。

4/3 ・民進黨八年來敗政原因——
一、破壞體制。
二、酬庸性和分贓式用人。
三、輪流式做看嘜，行政院長及各部會首長，經常換人。
四、貪腐嚴重，大部分很肥。
五、民進黨高層吃香喝辣。
六、硬拗、不認錯、不反省。

七、政府當成自家的，情緒治國。

八、媒體掩護貪腐，如三立大話新聞，民視頭家來開講，助長民進黨終結執政。

九、杜正勝、莊國榮和部分立委，破壞民進黨形象。

十、亂流式的執政加上權力的傲慢。

4/6　‧權力傲慢的人，才愛說話，台灣直選的總統都喜說話。權力謙卑的人較低調，不喜講話，但做事。

‧喜說話的人，較不會做事；喜做事的人，不喜歡說話。

‧效率（競爭力）建立於透明度和清廉度之上。

4/8　‧由馬英九當選後一連串拜訪王永慶、張忠謀、郭台銘、徐旭東、林百達等企業大老有感：民進黨八年，把所有資源用於意識形態鬥爭，全黨均在圍剿國民黨，只要鬥垮國民黨，民進黨就永久執政。民進黨未將八年執政資源用於國政，用於建設關心人民生活和社會公義，才導致總統大選和立委選舉的慘敗，這是權力傲慢的結果，非常可惜！其實國民黨好不到哪裡，只是民進黨太腐、太爛，人民不得不政黨輪替。

‧民進黨八年間，把數十年黨外前輩犧牲生命、流血流汗所得的成果，全部玩完了。
看到民進黨檯面上這些人要使民進黨起死回生，看來很難，因他們吃香喝辣，吃相難看，加上權力的傲慢、公信力的崩解，實難挽回民進黨的命。

‧馬英九拜訪台塑集團，當場答應王永慶將麥寮列為直航港口與阿扁無異。

4/9　‧有智慧的人，每逢問題均能如雷達的反應，立刻針對問題、解決問題、整合問題。

‧人生的效能與生命競爭力，為人的價值的指標。

4/11　‧政見如果可不兌現，那與詐欺犯何異，只是標的不一樣，一為詐欺錢財，一是詐欺權力，照理詐欺權力罪應重於詐欺錢財。
將來刑法修改，應將詐欺權力列入詐欺罪章

- 我只分是與非、對與錯、善與惡的格調，絕不淪爲藍與綠的格調和配角。可惜這個社會大多只有藍綠之分，而無公義之分。
- 如果是我主政，我一定做全民政府，我有能力做到全民信服、滿意，會做到無反對勢力，這才是我的政治理想。
- 現代社會的虛僞已成自然：心口不一、言言不一、言行不一。這三種人能公然在台灣存在，而且站上舞台、公然說謊，而且有人會相信，這就是台灣人的低路師（窩囊、差勁之意）。

4/12
- 一、人的問題：品德、品格、操守。
  二、誠信問題：公信力。
  三、做、解決問題。
  四、清廉。
  五、責任。
  六、公義。
  七、哲學。
- 張秋政說要有逆境、困境才能出頭天，如果順境、易境不會有成功之日，也就是常說的危機即轉機。

4/24
- 現在還有很多部會首長拚命出國，五月二十日就要換人，還考察什麼？還招商什麼？總而言之，是畢業旅行，太不像話。要離職還大量花錢，實可惡。難怪施明德說他們八年來吃香喝辣，實不爲過。

4/25
- 民進黨執政部會首長出國最多，藉出國享受頭等機票、五星飯店、禮遇，應將各首長任期内出國費用總計，公諸於世。

4/26
- 回國晨，在中天看辜振甫記錄片，對辜先生的修爲、學養、風格、文化，對國家社會貢獻至爲欽佩，值得青少年學習的典範。出身台灣名人辜顯榮的後代，能有此成就，永難令人忘懷。

4/27
- 祕密之處即暗處，暗處就會見不得人，腐化、弊端均出在暗處，因此須陽光、透明、公開，才不會貪腐。

4/29
- 看到連戰、林豐正……國民黨人士到北京受中國領導人的熱烈

款待。過去國民黨以威權統治，藉要反攻大陸消滅共匪的口號，享受權力的傲慢和榮華，如今搖身一變，紛紛競相到萬惡共匪朝拜，接受他們敵人——中國領導人高規格的招待。看到這種場面，我感慨萬千，對人類的價值我實無法解釋。

4/30・《聯合報》第A6版刊載，柏楊說：「一輩子說真話，苦於沒人聽」。唯不知內情、實際或被誤導說的話，不能算真話。柏楊被豎仔誤導甚深，是柏楊的悲哀！

・智慧、公正、無私、真實、價值、整體，為我立論的基礎。

・《聯合晚報》第A6版刊載，美國「自由之家」（Freedom House）發表二○○八年世界新聞自由度調查報告，台灣東亞冠軍。我想媒體是台灣的亂源，亂源的自由，能算新聞自由嗎？國際人士僅看表面，不知內情。

5/1・台灣整個社會籠罩著功利、自私、投機、骯髒、無整體觀念、心地不良、缺德，很難整合。

5/3・巴紐建交被A十億，黃志芳與邱義仁均說道歉，願負最大責任，在記者會上，邱義仁一再出現笑容，輕鬆以對。十億因係政府的錢，非邱義仁的錢，當然輕鬆，如果是邱的私錢，就要燒炭、跳樓。由此事件可看出扁政府——

一、亂用人、不守法、不守制度、亂搞一場，八年的兒戲可要謝幕了。

二、十億鉅款只信任民間的金紀玖及吳思材，未經查證也未經付款程序即撥到他倆帳號，差太遠了。況邱義仁為國安會祕書長，如此國安太低路了。他國安僅是為民進黨選舉操盤和割喉戰，八年來他吃香喝辣，擔任國安會祕書長、總統府祕書長、行政院祕書長、行政副院長，一點行政經驗都沒有，國家重要職位均操在他之手。

三、非口號道歉或口號負責即了結。

四、應追究貪瀆責任。

五、應連帶賠償。

5/5 ・假建交眞丟錢！看到黃志芳的嘴臉，有感而發，就是「無那個屁股，擱想慾吃彼個瀉藥」。扁政府部會首長就是如此，無部會首長的條件和資格就要當部長，黃志芳只是冰山一角而已。

5/9 ・有些人會說公義，但無公義的Sense（感受），有些人會說道德，但無道德的感受。不是說他能說公義或道德，就表示他有公義有道德。有感受、有心、能行最要緊，無感受、無心、不做，就是說呷天花亂墜也無效。

・無私也然，必須有無私的感受、無私的心，同時能身體力行，否則是騙人的。

・台灣今日的問題在於政治人物光說不練，只有口水而無行動，只有口號而無做。無做、不做、不能做的話我都不聽，以免耳朵受傷。

・巴紐建交案被A三千萬美金，民進黨說是被騙，是公私不分的謬論。公事無被騙之事，私事才有被騙之事，公事應依法行政。縱祕密外交，也應依祕密之公權力而爲，私事則不然，依私人意願而爲，當然常會被騙。

5/13 ・道德是絕對的，而非相對的，如果是相對的，道德就無意義了，如果是相對性的，就成爲可選擇性，道德是絕對的，自非可選擇性，很可惜台灣有些標榜道德人士，他們是選擇性的漂白式的道德而已。法律也然，是絕對性的，不可選擇性執法。

5/14 ・當食物要進嘴時，想到健康，你就會馬上放棄山珍海味（對山珍海味不感興趣）。

5/16 ・說話一大堆，做事無半人（台灣之癌）。

5/17 ・人治的政府才會被騙，法治的政府，不應被騙，除非違法瀆職，才會被騙。其實政府不是被騙的主體，私人才會受騙，而成被騙的主體。

・浮面的人，大部是偽君子，眞小人。

・尊嚴是全人類的尊嚴，而不是少數人的尊嚴或既得利益者的尊嚴。

- 無私才能客觀，有智慧才會客觀。
- 能做到客觀，才有真正的智慧。
- 有客觀才不會自私，能達到客觀的功夫並非易事。
- 主觀的人目中無人，表示私心重的人。至少應以客觀爲基礎的主觀。
- 無私自無自我，大家因爲自私心，所以不敢直接說無私。其實無私就可解決一切，不必轉一大圈來，「我不是我的我」，大家都搞不懂。
- 每一件事不能直斷結論，應了解當時背景、過程、困難、阻力、變化，才能下客觀、正確的結論。
- 無私才有真實。
- 掩蓋無私必有破綻。
- 無私才能海闊天空。
- 無私才能自然。
- 台灣馬屁學、巴結學相當發達，有不少大官和學者可能得到馬屁學博士學位。

5/18
- 摸權力兼洗褲（取權力兼A錢）。

5/19
- 扁、馬還是作秀。做爲領導人，要作秀不是不可以，唯應做有典範的秀、有智慧的秀、有深度的秀、正經的秀，並非那些藝人的五四三秀、笑料秀、不三不四秀，請領導者不要與藝人搶生意，縱然搶了也只不過是權力傲慢秀，比不上藝人的藝人秀。

5/20
- 總統保護傘與總統誓詞矛盾，在誓詞中，總統違法應受國家最嚴屬制裁，但又有刑事豁免權，如何制裁應修正？

5/21
- 不管是榮華還是富貴，同樣感受不要太多，應活些新的內涵，才有多彩多姿的豐富人生。
- 有智慧的人，重在做、實踐、力行、成果。聰明的人靠那張嘴，光說不練、口秀、官秀，永遠是空的、零的。
- 人品在於道德，即品德也。

5/22 ・著書立論，貴在精神、人格、典範，非在高官的炫耀，權力的傲慢。

5/23 ・劉兆玄所謂的壞人，應是不中立、不公正的政務官。

・貪贓枉法固為壞人，拍馬屁喜作秀者，均為壞人，貪錢不做事，也是壞人。

・要做堂堂正正有骨頭髓的人，不做無骨氣的大官顯要。

5/24 ・政客說話大部是說給人聽，其實應說給自己聽，自己聽才會檢討自己有否按其所言，切實執行，否則自己都沒有做了，如何要求他人做？

・台灣政治騙子特別多，政客言而不行，言而不能行，言而不會行，還有言行不一。而台灣人很少會察覺政客的嘴臉、追蹤其行為能力，是否言行一致，還是騙人。今後台灣人應聰明地對政客言行一致性及行為能力，應嚴格監督和追究，如此才能揭破政客一貫的謊言。

・說能做的話，不要說空話。

・政治評論員，應評論政客的行為能力，非只評政客的言論。

・沒有「做」，說什麼都沒用。

・台灣的天空只有口水，也即口水天下，不需內涵、不需成果，因此是空轉社會，熱鬧的社會（不甘寂寞），大家都滿意，這是台灣人的敗筆。

・我是真實主義者，非口水主義者，因此我不喜口水、口號、標語，口水、口號、標語大多是騙人的，唯真實最公正、公道。因事實、真實不會騙人，縱要騙，真實就是真實，是騙不了。

・自己正在騙人，還批別人的話（還說人騙人，騙上加騙）。

・媒體上的名嘴，失去公信力，只有成笑料和快感而已，不會產生影響力。

・台灣主體意識，大家都認同，但很可惜，無人做台灣主體意識的價值。如台灣人品質提高，政治的清廉、國家競爭力、弱勢的保護、環保公害的處理、社會公義，解決以上這些問題，對

台灣主體意識才有正面的市場。很不幸，說台灣主體的政客、學界一向只是空話、口號而已，如果是空話、口號，就如林玉體說的，靠天掉下來，才能解決。

- 台灣有些學界一輩子靠說「台灣主體意識」的口水，賺吃一輩子，悲哀！
- 精神錯亂的學界，毒化台灣。
- 主觀只能製造問題，無法解決問題。
- 主觀意識重的人，將成獨裁專制。
- 未整合的議題我不發言，也無從發言。

5/25
- 面對選票就無好壞人了。
- 有功很快忘掉，未完成的永遠耿耿於懷。

5/27
- 看到國民黨吳伯雄主席一行十六人，浩浩蕩蕩到中國訪問，受高規格接待，可見國民黨的人，命運很好，從台灣吃到中國，一生都在吃人，無入國民黨的人不知如何看法或感受。
- 職位（官位）應與人格、內涵相等，否則將成占著毛坑不拉屎。
- 現實性過久了，自失去理想性。我雖活在七十三歲，但我從不失去理想性，對理想的追求依然很強烈。
- 我的一生是一步一腳印，實實在在的人生，非碰運氣的一生。

5/29
- 大部分的大官所出版的傳記、回憶錄是一部做官史。傳記或回憶錄應是一部做事史、理念史、典範史、風骨史，做官史只是顯示權力的傲慢史和做官的風光史而已，是不值得一看。
- 看到胡錦濤接見吳伯雄（五月二十八日）的談話鏡頭，嚴肅、莊嚴、莊重、謹慎，心繫十三億人的沉重心情，令人感動，確實不失大國之風的領導人，與台灣的領導人相比，天淵之別，台灣只不過是丑角而已。
- 公務人員應處理事情、解決問題為本務，並非權力的傲慢（風光）或想孔想縫、作秀、賺錢。

5/30
- 對利害滿足是私心，對是非滿意是公義。

・劉兆玄首度施政報告又道歉，五月二十八日油品漲價也道歉，應算爲「道歉內閣」，不要以爲「道歉」就可治天下。

5/31
・新任監察委員、考試委員應經得起社會公評，並非僅提名小組遴選，經立法院政黨同意就了事，因立法委員大部分有政黨屬性，立法院同意權只不過是政黨同意權而已，也等於政黨的角力，如此監、考委自失中立性、公正性。

・敗選後的民進黨一直喊改革，但從不指出改革內容和對象，如何改革？均無，只有口號。甚至那些喊改革的人，也許是應被改革的對象。

・要說有目標的話，要說達成目標的話，其他斷層的零碎話，不必說。

・政治最好騙，因好騙，不少人靠搞政治起家。

6/1
・政治騙子比一般詐欺犯可惡，而政治騙子有正當性，不負任何法律責任，如政見不兌現可不負責。殊不知政見不兌現，以政見騙取選票、騙政權，如此大事件竟可不負責，怪哉！

・官員不可輕易道歉，如要道歉須負政治或法律責任，非白白道歉而已。

・有智慧、有能力、有責任的官員應做到無瑕疵、零缺點，媒體找不到毛病。

・權力的傲慢、權力的風光、權力的榮華，均非民主時代的產物。

・「收起來嘸賣啊」，記得二〇〇四年大選後我宣布要辭職，當時很多扶輪社請我去演講，很多社員聽到我要辭職，大家紛紛說台灣像你這麼公正的人已經找不到了，要求我不辭職。我答說「嘸了」、「收起來嘸賣啊」。

6/2
・我可貴之處是迄仍有旺盛的戰鬥力，勝過年輕人。

・面對問題必須具高度智慧和旺盛的戰鬥力，始可克服一切難題。

6/5
・做事應注意「萬一」。

6/7　・民進黨八年執政的敗筆：無法消除賄選、無法清除不公不義的國民黨黨產。因此黑金政治和一黨獨大繼續延續，如今民進黨兵敗如山倒，很難復起，真正的民主將難達成。

・監委推薦方法，須被推薦人的簽名，有陷被推薦人不義之虞：不清高、求官之意。

・大官帽蓋住下，均為細菌、毒蟲。

・當今大官無風骨、典範的內容，只有官位的炫耀史，權力的傲慢史而已，立德、立功、立言等於零，因此現在的大官無意義。

・近日南部水災，農民很單純，要求大官到災區看看，美其名為勘災，有何意義？只是作秀上鏡頭而已，不補於事。其實首長應到場解決問題和搶救行動，才真正有意義。

6/8　・劉兆玄院長今南下勘災，唯應內行才能勘出問題、針對問題、解決問題，如外行人不能勘出問題，反而勘錯問題，更不能解決問題，如此的勘災是形式的、官式的，是作秀的。

・電視報導凱達格蘭學校（陳水扁創辦）及李登輝學校均告停招，沒有幾年就結束，均為炒短線，逞一時之快而已。我早就看出來，難怪一九九二年間，有些財團（包括蔡萬財、陳重光、王玉雲、許典雅）要我組黨（有些報紙均報導），我均婉拒，不能只組黨那天的炫耀，應有長久的打算，炒短線的我才不要，我沒有生命可浪費。

6/9　・有些人終身以權貴做人，而我永是一介平民而已。

・自然科學的成就可主觀，人文科學不可主觀。

・民主社會如主觀，就無民主而成獨裁。

6/10　・責任感的人，工作能力自然強。

・一個人的邏輯系統破功，思想行為自然錯亂，無目標、無願景。

6/11　・江炳坤率團到北京與中國對談，贈送給中共代表團團長陳雲林的禮物書寫「一團和氣」。這四個字，不知綠色、台獨及本

土，有何感想？

- 江炳坤之子在大陸經商，江炳坤代表政府前往談判，可不迴避嗎？在台灣島內都要迴避了，到大陸不必迴避，朝野均能容忍，怪哉！

- 運用人格殺手「媒體」而壯大的人不是好貨，檯面上有不少人屬此類人。

6/12
- 無是非就無尊嚴。

- 有做事的能力始有辯護的能力，無做事，如何辯？只是空辯，無信服力。

- 酬庸性用人、分贓式用人、馬屁式用人均非好貨。

- 政治人物、媒體人士藉豎仔步詐財、詐權（官位），表面上看起來詐了大官，但如查他的來歷過程，便可知其真面目，不少大官是詐來的，還有開空頭競選支票騙選票騙取高官位，可說是高等詐欺。

- 劉兆玄內閣成立二十天，道歉、凸槌不斷，原因在於閣員人選不是賢能，而是與高層有關係就任用，可說是分贓式用人，並非真正賢能。這種文化，國民黨執政經民進黨執政而今國民黨又執政均然，此惡習不改，對任何政黨絕望。台灣永遠是幫派分贓而已。

6/13
- 政務官說話、民代說話、政黨說話、抗爭人士說話、學界說話均不切實際，無了解實情，無策略、不追蹤、不究成效和責任，大多是作秀、應付、交代、空轉、抵銷了事，這是台灣的政治常態。

- 要說「有」的話，不要說「無」的話。

- 國民黨政府與過去一樣。這次是民進黨太差才有機會班師回朝，觀其所用之人（政務官），全用新有利害關係或裙帶關係的人，縱一、二「人才」，只不過是當花瓶，象徵性、騙騙人民而已，跟他們不同一夥休想當官。因此我認為台灣的所謂「用人唯才」、「德重於才」均在騙人，完全沒有那回事實。

‧政見不兌現，形同詐欺，如此可杜絕空頭支票。

6/14 ‧要說做的話，要說動態的話，要說進行式的話。

‧是生命的競爭力，而不是做官的競爭力，也非經濟的競爭力。

6/16 ‧當你要開口時，腦神經應開動雷達，監控你的話是否眞實、是否可信、是否可行。

‧由綠藍政府的用人可看出，台灣只有「做官派」而無「做事派」。如劉兆玄內閣則只有「馬朋友」、「蕭朋友」、「劉朋友」三股人脈組成，與他們三人無關的賢能之士休想。

6/18 ‧劉內閣成員分爲三派人馬組成，即馬英九派、蕭萬長派和劉兆玄派，所謂「派」是「親友」，亦即由其親友組成的內閣。

‧所謂「用人唯才」，是一貫的騙術，「用人唯友」，才是眞義。

‧道德是我的維生系統，也即我的空氣。

‧電視中看到高雄市爲爭取「流行音樂中心」，竟由陳菊市長率一級主管靜坐抗議中央，是壞示範。如果高雄市各里長爭取不到補助，大家來靜坐抗議高雄市政府，不知陳菊做何感想？連政府都可公然靜坐、抗爭，人民爲什麼不可以？陳菊應深思，首長是風範而不是牆頭草。

6/20 ‧監委、試委紛紛出爐，被推薦人達兩百多人，經遴選小組決定試委十九名、監委二十九名，從名單中可看出幾類——

一、指標性、樣板。

二、分贓性居多：政黨黨性強者。

三、酬庸性也不少：大樁腳、金主、選舉功臣（地方派系首領）。

四、高層的親友（有關係的人）。

五、投機的政客。

眞正超黨派、公正無私、有風骨不妥協、有專業能力和有經驗（非指監委或試委之經驗，指行政內涵運作有經驗者）公認的人格者很少。這些人均不屬於上述四類之人，自無機會出線。

- 台灣目前的讀書人很少有真實意識，大部均有虛幻意識，甘願過著虛幻生活，因此真假不分，對教育或國家政事用虛幻的、如天方夜譚般地處理，永難解決真實問題。
- 我一生過於求真求實，過於正經、過於認真，才成孤立，因大部分的人是馬馬虎虎過日子，尤其政治人物最怕真實，最怕正經，也怕認真。
- 權力傲慢的人是封建思想，將政府當成他家的，民主社會凡是領公家薪水的人都是公僕，無資格傲慢起來，不可喧賓奪主。但大部分政治人物無法做到，還是以權貴身分嚇惑民眾。
- 價值的建立只能靠教育家，政治人物不需價值，他們只是價格的材料。
- 會騙人或喜說謊的人是最無人權觀念。
- 說話應站在制高點而說。

6/21
- 無典範的權力，就是總統之尊也毫無意義的。
- 這次監委入圍者，不少是「求官」和「爭來」的，由名單中看出誰是「求官」誰是「爭來」的，不清高不值得。
- 台灣的政務官或民代如有寫日記，應回頭去看任職期間言行，再與現在的言行對對看，不但是矛盾，也是笑話幾卡車，如無日記就把它當爛帳好了。
- 我只喜與有人格、有風骨的人逗陣為友，而不與無人格的大官顯要為伍。

6/22
- 現在當大官的並無風骨、無公義心，大部分是靠關係。平時有拍馬屁的燒香或投機分子，幸運有好康的工作機會，領到高薪，是他的福氣而已，不值得尊敬，更無資格令人尊敬。
- 民視晚間新聞，全世界最值得信任俄羅斯總理蒲亭（Vladimir Putin）及胡錦濤名列一二，均為共產專制的國家，而民主國家的領導人，因受民主的各種條件的牽制，言而無信者居多，因此排殿後。

6/23
- 想要留名青史者，定是好人。

- 無風骨而操作當監委者，如土匪當警察，可怕又可惡。
- 無典範、無價值觀的所謂「民主」，是政客騙來騙去的飯碗。
- 一個價值崩解的社會，死無所懼，生無所歡。
- 王建煊要求提名的監委勿到立法院拜託立委投同意票，是正確的，如果拜託就不清高，我很讚賞王的作法。
- 王建煊如要發揮御史風骨，必須了解各監委的出身背景、底細，是否為投機分子、半奸忠、馬屁精、遊走藍綠、黨棍、靠高層操作而來，是否有價格觀、私心重，是否有地方或中央部會首長的經驗，為什麼他會有今日？否則如何調查人家，本身無資格糾彈人家，甚至是被糾彈的對象。王聖人應能瞭如指掌並可掌握各監委的行蹤、生活，是否利用監委權勢為特定人效勞，與財團或有錢人掛勾，經常在大飯店、高級餐廳或高爾夫球場出現，或有關說、施壓。上述如能充分掌控，並制定嚴格的監委自律公約公諸於世，讓全民監督監委，監察院也許可發揮些功能，否則明的是善人、聖人，暗的是毒蛇、猛獸，不只無法職司風憲、澄清吏治，反而享受權貴、魚肉人民、禍害國家、名利雙收的高收入戶而已。
- 餘年願當烏鴉，不當喜鵲。
- 許龍俊（麥察人）説美麗島事件時，蘇進強與蔡鐘雄同夥反台獨打手，並因要「槍斃施明德」得莒光連連長之榮譽。蘇任台聯主席，台聯民調只有千分之二十五的支持率。

6/25
- 政治大學拒續聘莊國榮之事，馬英九竟為莊國榮求情，足見馬無是非——
  一、違背大學自主：總統可介入學校教育嗎？無常識總統，不是當總統什麼都可干預的。
  二、假慈悲，貓哭老鼠莊國榮的嘴臉。馬為自私突顯他有寬宏大量，犧牲教育神聖，當為私人資源。
  三、馬英九什麼都管，對政大處分，總統不能隨便發言。
     由此可見馬英九的自私，單純的聘任教師被馬搞的混亂。

- 台灣的高層、大官顯要，本無領導條件，道德、倫理、骨氣、誠信、公義、學問、人格均有問題，實無資格擔任政要，因其好運能找到高薪的頭路而已，並非他們傑出、有典範、值得尊敬。
- 人生歷程應留下人格、典範的痕跡，任何權貴的榮華（酒池肉林、權力傲慢、到處馬屁）均為暫時的，很快消失。

6/30
- 我不欣賞功利的人生，但大部分的人，寧願將一生投入功利生活而感滿足，不知人生的意義何在？
- 無風骨又不清高，當監委不羞恥嗎？並不是搶來就高興。

7/2
- 民進黨不用心、不用功，專門撿那些便宜貨來攻擊執政黨，因此效果有限，甚至模糊焦點，最後損失的是自己。

7/3
- 無高度和廣度如何治國？領導者如無治國的高度和廣度，無從治起。

7/4
- 台灣以「語言暴力」出名的媒體及民代，藉新聞自由和免責權，大肆製造語言暴力的恐怖，如侮辱、誹謗、妨害名譽、抹黑、侵害人格權，做人格謀殺，最後達成生命的謀殺（由寶來證券金融集團總裁白文正跳海說起）。
- 是解決問題，而不是發飆就能了事。官員發飆，顯示權力的傲慢。

7/5
- 謀殺白文正的兇手，是媒體與民代。
- 資訊時代，民代免責權應取消，讓民代說應負責之話。
- 監委沈富雄、陳耀昌、許炳進、尤美女被擋下來，未被擋下來的監委，比他們四位好不了多少，只是他們的暗步及奸步較高明、厲害而已。
- 過去我一直認為台灣的政黨均以黨的利益高於國家、高於人民，是幫派，非政治學上的政黨，由此次監委同意權的行使看來，黨的利益高於公義、高於風骨，如此看來台灣的政黨，不只是幫派，應是惡勢力。
- 台灣的政黨，是幫派，更是惡勢力。

- 無智慧才會有私心，有私心一切沒完沒了。
- 看白文正之死，媒體與民代均無懺悔，一位完美主義的企業家竟死於媒體及民代之手，誰應負責。
- 台灣人性消失、政治腐敗、社會敗壞……原因在於，國民黨統治數十年未盡心起用品德好、學識好，有專業之賢能，大多起用與層峰有關係之徒或腐敗吃銅、吃鐵的黨工所致，而民進黨也然，加上金主大樁腳、酬庸性用人之故。

7/11
- 金錢是容易花光，而時間是用不盡的，只怕你不認真地活。

7/13
- 能過著道德生活是一生最大的榮耀。
- 台灣的領導者缺治國理念、治國智慧、治國風格和治國能力。
- 出國前，媒體報導馬英九要幫陳水扁國務機要費案除罪化。馬英九學法不知法，司法是獨立的，尤其元首更應遵守司法獨立，不得干預司法、破壞司法。馬英九以為當了總統，司法成為他家，才隨便發言。

7/15
- 人格權比政權重要。
- 靠賄選執政和千億黨產執政的怎能是有功於民主，見笑！應是民主之罪也，是民主之恥。

7/17
- 監委基本條件：風骨在哪裡、清高在哪裡。已搶到的監委風骨在哪裡、清高在哪裡？未來要選監委先決條件，風骨和清高的事實，應列出來。如無風骨和清高的監委，絕不能勝任，只是拿到特權和榮華而已。

7/18
- 政治人物一次無誠信就應掃入垃圾場。如謝長廷競選總統時說，如落選將永久退出政治，現在又反悔了，說要再出來從政，太無格調了。
- 無私並非僅指貪汙、私利，酬庸或用私人最自私，為害最大。
- 台灣政策錯誤或失職，任憑攻擊、批判，大官均我行我素，無動於衷，究其原因是無廉恥、不知見笑，與無廉恥的人對話，如對牛彈琴，是白費的，等於與廢人對話，自討沒趣。台灣之敗在於政治人物無恥、無賴、無知、無能，大家均皮皮，無羞

恥之心、無責任感所使然的。

・一位領導者應具備條件——

一、本身：無私、道德、智慧、誠信、公義、責任、典範。

二、治國條件：治國理念、治國智慧、治國格調、治國能力、歷史的使命感。

三、治國能力：對政府各部門業務甚熱衷，並能掌控各部門的施政作為，尤其執行力，追蹤各部門廉潔、效率均能控制，並卓越的開創力。

四、治國理念：對國家的歷史背景應了解，目前國家的需要問題均能處理解決，對國家未來的發展（數十年、數百年的規劃）和子孫的生活幸福有構想、遠見。

・民主時代從政人物貴在無私、道德、學問、智慧、公義、誠信、人格典範，始能在歷史上、社會上有地位，受人懷念、尊敬。

如無上述條件，是毫無意義，不只不受敬重甚至會被唾罵，而遺臭萬年。由政黨輪替後的從政人員立即貶值、崩盤、無臉見人、銷聲匿跡可見一般。當然威權時代的從政人員，不管好壞均受威權的強烈保護，表面上人不得不尊重，但暗地裡人民是咬牙切齒，忍無可忍的。

・政治人物會作秀的是不會做事。我曾說過：「要作秀不如到動物園去當猴子。」

・台灣前日中部水災嚴重，政官有三種情形——

一、中央與地方互推責任，中央與地方高官競相搶鏡頭作秀。

二、怪治水預算不足，才釀成災害。

三、開支票，說好聽話騙騙可憐受害農工。

試想這麼小的台灣，國民黨統治近六十年，民進黨統治八年，連台中市縣、台北市的排水都無法治好，還有什麼資格講話，是無能也。政府屢次主張擴大內需，治水經費頗多，不是被吞，便是偷工減料，永難治水。治水怎麼治法？馬英九、劉兆

玄懂得什麼？不懂又要說話，甚至去災區作秀，有何用，完全是騙局。他們心目中的治水，如同兒童在玩玩具，幼稚無極，令人嘆爲觀止。

- 主政者與實際認知差距太大，造成只有形式的執政，無法落實執政，才造成今日問題叢生，爾虞我詐的社會。

- 人民怕官員，官員怕民代，官員、民代均怕媒體，這就是台灣的民主結構，原因——

　一、無法治，是人治。

　二、官員有私心又無實力，才怕民代與媒體。

　三、民代耍特權，搞私利，以質詢權及預算權向官員施壓、關說，以達成私利，因走暗路，也怕媒體。

　四、媒體無公義。

　　如此惡性循環，造成台灣的反淘汰，如此結構無打破，台灣只有墮落腐化而已，這款民主不要也罷。

- 台灣政府的權力運作，是無法治（選擇性執法、人治）＋官員無實力又貪＋特權（民代和官員）＋無公義＝墮落腐敗。很簡單的道理。

- 台灣有詐欺集團，其實政府正是大詐欺集團。它們是騙政權，其他詐欺集團是騙錢財。執政者從賄選、大開不兌現支票、作秀、騙來騙去、豎來豎去、硬拗，與大詐欺集團何異！

7/22 ・四川大地震，溫家寶長時間住在災區，與災民共力處理救災工作，台灣九二一我們的高層在哪裡，有在災區住過一天嗎？只不過是到災區亮相一下、做作秀，出了電視鏡頭就回家過著溫暖的官生活，這就是台灣與中國高層的差異。

- 我喜歡會做事的人，我討厭會做官的人。

7/23 ・電視政論性節目是台灣亂源，藍綠邀請對象均爲打手，靠那張嘴對打，各扮護航者和打擊手，根本無有公義人士參與，更無有豐富從政經驗人士參與，這些政論節目無法言之有物，是藍綠互相攻訐、互相對罵、對打，根本無公義的空間，也無眞實

空間。如此節目長期下去，對台灣只有負面教育、負面影響，對台灣是不利的，甚至有破壞性。

7/24 ·台灣被幫派式政黨綁架，已無國家的存在，也無「賢能」的存在。以目前新聞操作，新聞局長求官為例，藍綠不分是非、善惡，只要是藍所用人才，綠不只否定，甚至惡言相向。過去綠所用人才，不管如何優秀，藍也否定，還是惡言相向，雙方均無給國家留人才，試問如此，台灣像國家嗎？有賢能的生存空間嗎？很可惜，台灣就在幫派輪流統治下而死，無逃生的餘地，除非幫派能消滅，台灣才有重生的希望。

·做官如無風骨和清高，是白做的。

·御史大夫的基本條件：風骨、清高。當今監察委員很難找到有風骨和清高的人。

7/28 ·一位賢能的領導者應有高度的智慧和條件，說出絕對性的主張、看法，如果都說那些模稜兩可的相對性的話，實無資格充當領導者。

·看到馬英九、劉兆玄在鳳凰颱風來襲前夕，到台中縣及應變中心視察，只會打官腔，不懂水患來源，到處建築、開發，有排水規劃否，所有排水溝平時有否疏濬，整個排水是否有系統的規劃，各水利工程是不是腳痛醫腳、頭痛醫頭，非長遠建設，各工程是否偷工減料，預算如何使用，均為重點。

況劉兆玄亦指示——

一、氣象報告應口語化。數十年均如此報導，大家應很清楚，否則過去的報導，人民不懂嗎？

二、中央通知各地方政府的公文，各地方首長必須親自簽收並回答，這是不懂行政程序。如劉院長的想法，各首長無法獲得中央信任，才要這怪招，公署間的公文不需多此一舉，與人民間的公文，才需當事人簽收。

·現在錢就是倫理，權力即是倫理的時代，許多事我都不便置喙，也無說話的餘地。

7/29 ・一個國家如僅有黨派（藍綠）之分，無國家人民存在，非國家也，難怪國際間不承認台灣，只有黨派（藍綠），如何承認。

・「真實」勝過一切（包括藍綠、利害）。

8/1 ・我較屬於先天下而憂的角色。

8/2 ・真實和公義是我生命的營養素，不真實，是在活什麼？不真實，一切都是假的，假的如何活法，無公義像人類嗎？是什麼世界。

8/3 ・說真實的話，才能「清楚」。

・記得縣長時代經常提出「真實意識的形成在教育上的重要」。其實一個人如不能辨別真實、不懂真實、不喜真實，那他的人生不知在活什麼。

・「不真實」才要浪費時間解釋一大遍，結果還是不真實。

・我曾在民視和華視演講「活真的不要活假的」。

・台灣要好需從「人本教育」和「價值重建」著手。

・馬英九、劉兆玄就任兩個半月（七十五天），迄無法說有典範的話，做有典範的事。這就是我平常主張，政治人物應有典範，有典範才會讓人尊敬、懷念、有歷史地位，否則是白做的、空做的。

・愛做官而無典範，是害人害己的。

・無私自無壓力，無私才能海闊天空，無私才能自由自在，無私是人生最高境界。

8/5 ・當價格觀取代價值觀後，功利現實抬頭，傳統人本價值漸失，所謂倫理道德、禮義廉恥、誠實、公道、正義、人格、典範，成為歷史美麗名詞，笑貧不笑娼成為主流，教育的意義何在，教育的目的在哪裡！

・明明是權力、錢財主宰一切，我迄今偏偏仍否定。權力、錢財的暴風圈已威脅著我，我迄無所動，仍堅持我的價值理念，我總希望我一生能像人。

8/7 ・《人民日報》刊載：民主政治圖利既得利益，不是靠公正、平

等的機會中獲得，而是依靠特殊的權力獲得。從制度上進行改革，設計出把權力和利益分離的機制，勢在必行。上述是王長江的看法，我很贊同。

・權力和利益分離機制，首在消除特權。消除特權的機制是權力運作的透明化、陽光化、公開化。

・要有理念，要有落實，無法落實的理念是幻想。

・人民日報報導，奧運會邀請兩百五十四位全國道德楷模當貴賓，參觀奧運開幕典禮，顯示中國重視道德。

・權力的黑箱作業（運作）是特權的溫床。

8/9 ・台灣官員喜歡出國原因——

一、假出國，真觀光，真購物。

二、貪圖公費出國（頭等機票、五星飯店、旅費、禮遇）。

三、幾大箱禮品換回私人禮物。

四、無心也無水平考察。

五、回國從未參考執行，有些連報告也沒有。

六、是變相貪汙的溫床。

・看到北京的進步有感：領導人無私，有理想，有國家觀、歷史觀、永續觀、責任觀。台灣則無，只有政黨惡鬥、口水戰而已。

・面對錢財，人格不值錢，面對權力亦然。

・有人格的人，少與有錢人或有權力人相處，以免自我矮化或自我掃興。

・這個社會（功利），很少有人格的有錢人，也很少有人格的有權力的人。

・看到北京、上海的繁榮進步是驚人的，十五年前與十五年後天壤之別。台灣幾十年來只有口水、惡鬥，一切空轉，已輸中國數十年了，中國如果學台灣很快就玩完了。

・守時和衛生是起碼的文明。

・看連戰、吳伯雄、宋楚瑜和黨政要人與中共親熱的場面，事實

上台灣與中國已合併了，只是形式不敢張揚出去而已。

- 台灣的反對派、本土派、台獨派，如果真正反對與中國合併，應提出辦法、行動，否則僅靠不勞而獲的口水，優勢慢慢消失，永難達成。

8/10
- 為國家、為全民的獨裁，總比為自身和少數人利益的民主好。
- 要說做事的話，不要說做官的空話。
- 無智慧、無學識、無品德、無能力、無典範，縱然當了很大的官，也是白痴的官。
- 華人於團體型的運動項目，如足球無法勝西方國家，原因在於個人主義重，又缺團隊精神才無法合作。

8/12
- 執政者不可批判政治病態，也無資格批評，執政者只有解決政治病態的義務。一旦發現問題或弊端，主政者應馬上解決，否則應受批鬥。
- 主政者只有被批判、批鬥的角色，無資格批判、批鬥他人。
- 我要再起，我要自力更生，過去的不管有何地位、成就，均化為烏有，今日從零開始，再找我的人生。
- 台灣之敗在於主政者不知本身角色。主政者只有解決問題的角色，主政者不得批評他人，無資格罵人。
- 回國看到電視，空軍官校士官竟集資經營應召站，為軍紀渙散，真是軍人之恥，也是領導人經常高唱的民主成就，可悲！

8/13
- 陳水扁昨因國務費接受偵訊後發表談話「將背台灣民主歷史的十字架」。馬英九之前說：「台灣民主的成就。」民主已成為領導人享受權力傲慢、利益和腐敗的保護符，只要高喊民主，腐敗、墮落、貪汙腐化、無知、無恥、無能、無賴，都無事。

8/15
- 用人原則：如果這個職位須能擔一百斤的人始能勝任，你就一定要找一百斤實力的人來充任。倘一百斤的職位，你為酬庸或受賄而用十斤的人，政府將損失九十斤，也即只能發揮十分之一的功能，對國家和納稅人損失十分之九，有責任的首長一定會用能擔一百斤以上能力的，道理很簡單。

唯在功利社會中，首長大部用人原則是酬庸、人情、受賄三個因素，難怪效率、競爭力無法提升。

8/17 ・陳水扁洗錢六億，已承認，唯認為是選舉剩餘款——

一、剩餘款達六億之多，足見我過去說的，選舉可發大財，相信很多政客心知肚明，均成鉅富。

二、政商勾結，才獲捐鉅款。

三、當選後回饋、利益輸送，專門為金主服務，焉有餘力做公事？難怪效率、競爭力太差。

四、過去激烈挺扁的，如今見笑、恥辱，但他們均得好處甚多，不要忘掉，他們也有分。

五、應調查共犯結構。過去八年位居要津及扁左右手均難免重嫌。

六、他所用之人，只要忠於陳水扁才用，非忠於國家，如邱義仁、葉盛茂八年均為陳水扁護航，均在保護陳水扁政府的貪腐政權，才導致今日之局。

七、檢調人員為升官，姑息扁政府貪之無厭，最後害死扁。

8/20 ・由陳水扁洗錢案談到馬英九執政，可查出台灣雖自稱民主成功的典範，其實迄今仍為人治的體制，陳水扁政府周邊的紅人，邱義仁、葉盛茂……忠於扁，不忠於國，迄至馬英九，初要赦陳水扁，後為莊國榮脫罪，均為人治心態。人治是專制，非民主。

・陳水扁為洗錢六億而退黨，震驚國內外，民進黨內討伐聲不斷，當時政府的高官如陳師孟、張俊雄、邱義仁、游錫堃、謝長廷、蘇貞昌、姚嘉文……共犯結構成歷史罪人，他們至少得到八年來的權力傲慢、榮華、利益、好處，如今這些共犯結構一定臉上無光。曾擔任的高官，不只無榮譽，還留下歷史不朽的罪責，真是輕於鴻毛。陳水扁的遭遇，難道他們無責任嗎？沒有陳水扁，他們哪有高官可做，哪有權力的傲慢，哪有在朝的威風？

- 由陳水扁案發，足見我過去經常說（手記應有記載）：「不怕死，你就來。」也即不怕死的人才來當官，由於「上樑不正下樑歪」，當民進黨的官，上面經常用口頭命令下屬做違法或不道德的事，如今應驗了。

- 人治的思想和理念、人治的社會，很難實施民主政治。民主只不過是口號，騙騙世人和權力者貪腐的遮布而已。

- 一個有人權觀念和民主素養的人，不管有權勢或無權勢，不管有錢或無錢，為人處事都是一貫的，絕不因地位貧富而別。試看台灣的官員和有錢人，一旦取得權力或富有，馬上判若兩人，這種極現實又功利的社會，很難談人權、人道、民主、慈悲，這些名詞是全部騙人的。

- 施明德在電視訪問中（八月十九日）說劉兆玄稱扁案「不會無限上綱」，有干預司法之嫌，司法是「證據到哪裡就辦到哪裡」，非無限上綱的問題，司法是證據不是「設定」的，足見行政院連此常識都沒有，台灣的悲哀！

8/21
- 鄧小平曾說實踐是檢驗真理的唯一標準。鄧氏以此論述推翻華國鋒。

- 《聯合報》第A13版刊載，德國學者艾普勒（Erhard Eppler）曾言政治只是愛出鋒頭的人的骯髒行業，他們根本做不了什麼事，更遑論好事。

- 顏清標被判三年半徒刑，今日報到服刑，在家祭祖，眾多民眾歡送入獄，顯示司法公信力的崩盤。古代是衣錦還鄉才祭祖，受地方各界歡迎。

- 在華泰飯店宴席上，李總統公開說，我是台灣做最好的縣長，其次是蘇南成，同時讚揚我《權力無私》是一本好書。

8/22
- 無私的專制比私心的民主好，其實有私心就無民主可言，台灣就是如此。

8/23
- 站在高度看問題和適當角度看問題，可能較能得到正確清楚的答案。

8/27 ・阿扁國外洗錢案有感——

　　一、阿扁及子女均口徑一致，將責任推給吳淑珍，他們均爲人頭而已（陳致中）。如果當公職人員，弊案可推給太太，則官箴大亂。

　　二、道德問題：如果弊案是眞實，不容狡辯，任何狡辯和掩蓋均爲不眞實，縱狡辯或掩飾眞相而成功均爲缺德的。

・馬英九的私心僅表面的自己無貪，其實領導者的私心除不貪爲當然外，用人不當或隨便用人是最私心的，尤其幫派式的用人或酬庸性用人、分贓性用人是最自私的。從馬英九上任的用人看來，馬英九私心很重，無資格説「無私」（內閣團隊、監委、考委、公營事業人事，還是不脱離酬庸、分贓、幫派式的用人，這種用人是最自私的，他迄無找賢能的事實）。

8/29 ・蕭萬長競選時提出「6」（經濟成長率）、「3」（國民所得三萬美金）、「3」（失業率3％以下），這就是「633政見」，如今很難達成。「633」成爲騙選票、騙「權」的政見，等於騙「錢」，觸犯詐欺罪，唯「騙權」無罪，「騙錢」才有罪，不公平。

・台灣人的品質根本不適合實施民主政治，因台灣人無公義心存在，如陳水扁洗錢案，葉盛茂（調查局長）任局長專爲阿扁掩蓋弊案，通風報信，等於在保護總統犯罪。堂堂調查局長的角色，成爲御用，擔任權力者犯法的報馬仔，也即權力者犯法的迴護者，置國法於不顧，則國家怎會有法治？唯葉如不迴護主人，他的官位馬上不保，由此足見權力者無公義，葉也無公義，足證台灣人無公義，民主無實質意義。

8/30 ・做官是靜態，做事是動態。靜態如死人，動態才是活人。

・「八三〇遊行」抗爭有感：政黨不得動員發動遊行抗爭，如政黨可動員遊行抗爭，將成政黨惡鬥、政黨對抗，將成內戰，失去政黨政治，也是民主的危機。

・藍綠名嘴治國，台灣無公義和眞理。

8/31・台灣的民主成就只是造就些政治暴發戶，其來源：一選舉財，二爲權力財。

・說實話，說能做、要做的話，比較愼重，須句句斟酌、字字考量，因此不流利有點結結巴巴。至於隨便說話，說不眞實的話，說無法做的話，因不負責較流利可信口開河。

9/1・第一流的人，不需法律來管，自己會管得很好；第二流的人，需靠法律來管，因怕受罰，才守法；第三流的人，不怕法律，向法律挑戰，專門違法。

9/2・什麼是假民主——

一、賄選（錢主）：金錢買票、政策買票、公資源買票。

二、政黨是幫派。

三、情治首長只忠於總統，不忠於國家，而成爲總統犯法的護身符，如調查局長葉盛茂爲扁通風報訊。

四、政黨可遊行抗爭是錯誤的。政黨只能在競爭失敗後再等下次競選取回政權，倘政黨（政府補助）可遊行抗爭，選輸的政黨可隨時不斷向執政黨政府遊行抗爭，鬥爭群眾運動，勢將造成政治動盪不安、社會動亂、沒完沒了，甚至演成內戰。反對黨只能在議會監督抵抗。人民或人民團體始有資格遊行抗爭。

・我要聽言之有物的話，不聽空話、假話、騙話。

9/3・藍綠的政見專門是騙人的，騙到手後，生鏽面、硬拗、豎仔步盡展，只會說美麗的謊言，做事無半步，人民無可奈何！

9/4・台灣的執政者，不只無法做事，也無典範，每日如施明德說的，均在吃香喝辣。

・馬英九說兩岸關係特別，但非國與國的關係。李登輝說「特殊國與國」的關係，陳水扁說「一邊一國」，足見迄今台灣地位未定。三位總統說三種話，叫台灣人民如何適從，眞是名不正言不順，兩千三百萬人「霧煞煞」，難怪無團結的台灣人，只有混水摸魚的藍綠幫派，沒完沒了。

- 《聯合報》第A13版刊載，隋唐思想家王通説「古之從仕者，養人；今之從仕者，養己」（古是指夏、商、周三代，今是隋之覆亡）。宋朝的三蘇之一蘇轍給哲宗上〈乞分別邪正箚子〉。他説：「君子小人形同冰炭，同處必爭，一爭之後，小人必勝，君子必敗。何者？小人貪利忍恥，擊之難去。君子潔身重義，知道之不行，必先引退。」

9/5
- 馬「633政見」跳票：台灣政治騙子會那麼多，是人民輕易信任政治人物的話，也可證明台灣無誠信的人太多，無誠信者自然易信無誠信者的話。
- 年老折舊後的狀況和問題，是老人心理上必須面對的。

9/6
- 馬團隊三個月就出事了——
  - 一、宣布六月二日汽油要漲價，引起汽油屯積，產生公共安全問題，突改於五月二十六日漲價，引起人民不滿，然後道歉。
  - 二、送禮三百元以下，不切合實際，現在又要修改，足證團隊不知人間煙火。
  - 三、「633政見」跳票，馬竟説二〇一六年可達到。馬三次道歉，由此可見馬團隊迄無治國理念、治國智慧、治國能力、治國格局，他們只會分贓權位，享受權力的榮華，無法看到他們能為國家做些什麼，也無法解決面臨的問題。很可惜政見須待八年，然他的任期只有四年，下任後才能達成，太荒唐。如果他的政見是二〇一六年完成，相信無人會投他票，現在想來，當初有點受騙的感覺。
- 自殺的因素：理想絕望、生活問題、久病不癒、無解的壓力、失意、受冤枉。

9/9
- 動物的排放與地球暖化有密切的關係，吃肉減少自可減緩地球暖化。
- 不是看他官位的高低，而是看他的品格和典範。
- 大部分的人甘心充權力和錢財的奴隸，因為他們只認官位和金

錢爲人生的一切價值。

9/10 ・台灣無救的原因——

一、人民遊行抗爭：有的拿國旗，有的不要國旗，只拿黨旗，不像外國遊行抗爭，一律拿國旗。有的是台灣共和國，有的是中華民國，有的是想統一的中華人民共和國。無團結、一條心、沒有整合，永久分裂，無共識，爲一不正常國家。

二、擴大內需，統治者美麗語句。其實是分贓分得多少，貪汙約兩成，並非那麼好心爲建設，同時也是行政資源的賄選或人情建設，所謂內需是騙人的。

三、統治者御用情治首長、軍方，司法保護統治者的貪腐，非保衛國家和保障法律公平、正義。

四、只有藍綠，無是非、無公義、無人民，人民白繳稅金給他們玩。

五、權力和財團壟斷是非、道德、公義，才可怕，無是非、無公義、無道德的社會。

六、政治人物絕大多數無誠信、無公信力、騙來騙去、拗來拗去、豎來豎去，天下大亂。

七、價格觀取代價值觀，笑貧不笑娼、人性消失、倫理道德喪失，人不人、君不君、獸不獸。

八、權力成爲他家的，權力傲慢、權力私有化。

九、宗教功利化，無宗教精神，失去教化功能。

十、政治人物大部是吃天、吃地、吃人民、吃政府、吃國家，無國家觀念、無智慧、無風骨、無公義、無能力。

9/11 ・公權力消失原因——

一、公務員不依法行政。

二、民代向公權力挑戰。

三、官員受賄，自無法施展公權力，俗云「拿人好處手自軟」。

四、官員無毅力（魄力）受人情包圍，失去公權力，怕得罪人或怕惹麻煩。

五、特權和惡勢力瓜分公權力。

由上述因素，成為敗腎的政府。

· 做官發財或享受榮華，非榮耀而是人之恥，也是罪惡，會禍延子孫。

· 做官如不清廉，無倫理道德、無公義、無典範，是恥亦是罪惡，同樣會禍延子孫。

無因果論的人，什麼事都會做出來，是可怕的，無因果觀念的人，是最不負責的，只有前段而無後段，也是有頭無尾不正常，最後做了，無後段結論，免負結果責任，是不公義的。

· 路過忠烈祠，感慨萬千——

一、功利主義絕大多數自私自利，哪有國家存在，忠烈之士為國犧牲、保土衛國，結果成為政黨分贓和官員貪汙腐化的資源，如此犧牲有何價值。

二、現實社會之下，忠烈之士犧牲的結果，只有政客得到利益，國家和人民是被遺棄的，因此成仁取義毫無意義和價值。

三、台灣只有藍綠，有黨無國，不值得犧牲，如果要忠烈祠，要分為藍綠私烈詞。

四、忠烈祠在台灣是一大諷刺，為誰犧牲、為誰取義，只是為政客取義，助成政客，魚肉人民而已。

五、因此忠烈祠已失意義，忠烈祠只可供奉過去的英烈，現在是多餘的。

六、維護吃天、吃地、吃政府、吃人民的政客，非忠烈，而是助紂為虐。因此軍人必須明辨忠奸，分清政治家和政客，應剷除奸雄和政客，為忠臣、為政治家、為國家、為全民而成仁取義，才算忠烈，才可奉祀忠烈祠。像現在台灣權力的傲慢，軍人又臣服於政客，憑什麼資格可入祀忠烈

祠。

七、國共已統一了，這些所謂為國犧牲的烈士，很尷尬的，將來命運未卜。

9/12 ·如果說清廉，死人最清廉，不貪不吃不取又不浪費，你說清廉不清廉？如何與死人比，不沾鍋的馬英九，比不上死人的一根腳毛。

·馬英九總統不到四個月「馬腳」全露，無智慧、無能力、無誠信、無是非，如何治國？人民已無法忍受下去。

一、馬團隊用人「無德無才」，幫派化、酬庸化、分贓化、小人化，從內閣閣員、考試委員、監察委員、公營事業負責人的派任，有德有才有幾人？馬政府是無知、無能、無恥、無賴的政府，未滿四個月，全民憤慨、痛恨、失望、不滿，連國民黨黨員都看不下去了。

二、發表台灣與大陸是台灣地區與大陸地區的關係，非國與國的關係。台灣至少是中華民國，怎是地區呢？你無知最好不要愛說話，你不說會死嗎？說了引起國內這麼大爭議。

三、馬說「633政見」須至二○一六年始能兌現，不僅騙人，而是糟蹋人民。你的政見是四年任期，只能說到二○一二年，下一任你能保證當選嗎？憑什麼資格說到二○一六年，無常識也無知。

四、干預學術獨立，莊國榮事件政大校評會不續聘莊國榮，他竟以總統之尊干預政大續聘事件。

五、內閣閣員頻頻道歉，汽油漲價事的道歉、「633政見」的道歉、水災的道歉……

六、馬根本無治國理念、治國智慧、治國能力、治國格局，只到農村Long Stay玩一玩，做作秀，穿短褲慢跑、游泳、露露馬腿，還不斷作秀，說無責任的話。人家提供意見他只說「謝謝指教」，一點都聽不進去，根本沒聽，與人對談他很認真筆記，但一點都沒做，完全是騙局。一位主持

283

國家大政者天天作小秀，做雞毛蒜皮事的秀，浪費國家資源、全民的權益，真是小人當權，人民之苦。

七、馬身邊的人，大部不是無知、無能，便是魔鬼、小人一大堆，才種下失德敗政的主因。

八、內閣無知、無能又喜作秀，關於股票下跌，邱政雄、劉兆玄及其他財經官員，頻頻出招，說股票基本面健全，多久就會漲起來，劉兆玄說第四季就會好起，整個內閣均在操作股票，無知、無能在此。試看中國股票由六千點跌到兩千兩百點，中國領導人從不講一句話，讓市場自行調整，股票投資人自行負擔盈虧、負擔風險。

· 道歉是貪腐無能政客的遁詞。

9/13 · 物化後的人類已失靈性，人類已淪為獸類。

· 如果說不沾鍋，死人最不沾鍋。

9/14 · 以權力做人是權力私有化，以公權力做個人現在和未來公關，人性的弱點在於爭相拍權力的馬屁，掌權者可得到目前或卸任後好處，這樣對社會也是不公平的，因此以權力當成個人公關的籌碼，是權力私有化的現象。

· 以權力當為私人的公關比貪汙更嚴重，他可得到無形的財富，如購屋可得到優待的打折，甚至整樓贈與，官場上可看到。

9/15 · 面對是非，和稀泥的人是最不可原諒的。馬英九正是。

· 一個政府面對是非和稀泥，將失公信力，自成為腐敗的政府。

· 司法失去公信力，司法首長應下台負責，如繼續硬拗下去是無恥。如果真調查局長葉盛茂、法務部長，將犯罪資料交涉嫌人，是不可原諒的，檢察總長和安全局長迴護涉嫌人，其罪更可誅。

· 能公然容忍司法不公和貪腐的政府和政客的國民，顯示國民水準差，人說有什麼樣的國民就有什麼樣的政府，其意在此。

· 好的領導者至少對是非和公義應明快果斷。

· 台灣已成為「有官」的無政府狀態——

一、人的品質差，教育功利，非人本。

二、政府成黑金大本營。

三、無人維護公義，反而破壞公義。

四、無「有人格」的領導人。

五、無價值觀、無歷史觀、無使命觀。

六、官員利用權力做公關，大肆得好處，不把權力當爲責任。

· 所謂政黨輪替，其實是「做官輪替」，也是利頭輪替，也是作秀輪替而已。

9/16 · 我只相信人格而不相信權力。

· 辛樂克颱風造成的五斷橋，其四造在去年政府評定竟爲特優，這就是台灣政府的傑作，人民會被害死的。

· 電視鏡頭劉兆玄到宜蘭勘災，又到台中勘斷橋，被嗆聲爲作秀，官員到災區是「假關懷，眞作秀」，一點都無濟於事，是多此一舉的「騙民」而已。從未改善，痛改前非，下次還是照樣災害，他們又會來作秀。這就是台灣官員的眞面目，你不必相信官員那一套。

9/17 · 晚間三立新聞，盧山三十家溫泉飯店僅四家合法，將近百分之九十違法，此次辛樂克颱風倒塌嚴重，才捅出問題。百分之九十違法照樣營業，無政府也不至於此，交通部觀光局、南投縣政府爲何不取締違法違規飯店？今釀成多人死亡，草菅人命，應負民刑責任。

· 劉兆玄在馬英九宴請立委時，向記者及與會人員說，今後要「傾聽民意」。什麼是民意，民意在哪裡？他們不知道。其實傾聽民意是騙人之詞，是官話，這句話已騙幾十年了，劉新手不知才沿用，幼稚極了。其實就任前就要全盤了解民意，如不了解民意，無資格當高官，就任後才要傾聽民意，已太遲了。

9/20 · 俗云「善有善報，惡有惡報」，這是因果論，應是公道的。但很可惜，世上其實相反。看到不少惡例，是善有惡報，惡有善報，這雖有違天道，唯事實就是如此。有些人不信因果論，不

過我還是相信應有因果，才符合邏輯。

9/21 ・富而不仁，惡也。富而有仁慈，人生最高境界。爲官而有仁慈亦然。爲官而不仁，罪惡也。

・偽君子和眞小人，均非善類。

・關心他人、社會及國家的不沾鍋，才有正面價值，不顧他人死活，不顧社會國家的不沾鍋，是最自私的人。

・只活清靜，不活雜質，必健康（雜質指業障）。

9/22 ・大陸三鹿集團的毒奶粉和台灣的金車毒產品均向人民道歉，但已受害民眾找誰補償，僅道歉就可了事嗎？商界的道歉和政治之道歉如出一轍，兩岸也然。如果道歉就了事，那就簡單了，誰也會做。

・電視看到馬英九、劉兆玄在蘆山災區巡視，有位年輕國民黨女性鄉民代表當場問劉兆玄，搶麥克風大罵馬、劉作秀，馬、劉臉色難堪，啞口無言。如此總統、行政院長一點都沒尊嚴，比乞丐還不如。只要有官做，臉皮厚一點無妨。

9/25 ・《聯合報》A4版刊載，溫家寶二十三日在紐約發表首場公開演說「企業家應流道德血」，針對毒奶事件，比台灣高層格局大多了。

9/26 ・有官格而無人格，有錢格而無人格。

9/27 ・一味想當官的人是最自私的人。政壇上一路當官的不乏其人，當然常務文官或民選公職除外。政務官可當一輩子，何德何能？只是靠他的圓滑不敢得罪人、黨，和拍對馬屁而來的。須知不敢得罪人是明哲保身，是自私，做不出什麼事的。

・要說可行的話，要說如何做的話，要說怎麼做的話，不要說推卸的話，不要說檢討他人的話，不要說責備他人的話。

・檢調前日搜查扁及家人二十七處，發現有國安資料，並可蒐集李登輝五千萬美金洗錢資料，這些均可帶回而不列移交，如此政府將成私人所有。爲防杜上列惡習，最好還是權力運作公開化、陽光化、透明化，自無機密可言。

9/29 ·薔蜜颱風造成全台水患，原因——

一、有道路無水溝，外國是水溝比道路好。

二、有宏美的大廈而缺完善的排水系統，怎會無水患？台中中港路七期重劃的積水便是。

三、炒短線的建設只看表面的道路和建物，不重地下排水和路面排水。

四、無正本清源的領導人，從根從基本面解決，水患不只沒完沒了，甚至會倍數的嚴重。

9/30 ·《聯合報》A6版刊載「新加坡拚經濟，道德也閃邊」，準備把器官買賣合法化。這是違背人性、人道，違反道德。新加坡不應該為錢落得跟落後的中國大陸一樣，靠買賣器官而生存，如新加坡果真如此，就是開始墮落之時。

器官可買賣，所謂人道、人權、民主，等於零。器官可買賣，可專設「器官買賣園區」，專門培養出賣器官的人，如此人如商品，比過去的奴隸制度更不人道。

富人可買活體器官，窮人出賣活體器官，天賦的平等不存在，所謂生而平等，全被否定，這是人類進步的結果嗎？過去歐洲國家的大革命，均以爭平等的天賦人權為號召，如今人類器官可買賣，買器官的有錢人可增壽，出賣器官的窮人將造成身體健康問題。這種生意不應放在人類上面，與當初大革命的宗旨相違。看來人類應進行另一次大革命，人類始可永續。

·做事看格局，看深度、廣度、高度，看目標、方向，看效能。

·短線與長線之別，短線重現實，是政客，是第三流；長線重理想，是政治家，是第一流。

10/1 ·總統頒授勳章幾乎是酬庸性，大多均與總統私人利害或特權人士有關，是公器私相授受的行為，真正對國家有貢獻者很少。可從得到景星大授勳章的人，一一查對其功績的事實自明，大部分無資格，受之有愧，唯在這無廉恥的社會，只要臉皮厚，照收不誤。因此我早就說過，二十年來所頒的勳章，沒有意

義、沒有價值。

- 亂頒受勳章的人必會貪汙，以國家榮典私相授受，罪該萬死，比貪汙更嚴重。

- 最聰明的大官，實不必貪汙，只要討好財團或為財團設想，財物自然滾滾而來。最負責的大官專為窮人、弱勢而憂、而設想，是最有良心的好官。

10/3 ・民眾下跪現象之感：最近因風、水災看到馬總統及劉兆玄院長到災區巡視，除了被嗆聲作秀外，受害人均向馬、劉下跪哭求。又前日因警察路檢開槍，殺死二十歲為獨生子的機車騎士，死者父母看到北縣警察局長林國棟也下跪。看到這些情境，心內五味雜陳，台灣人何其不幸，民主時代還要向官員下跪，況是喪家，遭受家變還要向兇手下跪。而這些官員也沒心替他們解決難題，更無承認政府錯失，才造成死亡之責，也即政府是兇手，要做官的人自應負間接殺人之罪責，還敢接受喪家的下跪。而這些官員竟敢厚臉地接受下跪，又無法替喪家做主，解決困難和補償，喪家是白跪，而官員演出一場封建的做官秀。

- 經驗是寶，經驗不亞於資源，無經驗，資源容易浪費。經驗是金錢也是學問，不管做事業、從政，有豐富經驗的人才才有好績效，也較不會失敗。

  無經驗的人須繳很多學費（失敗的教訓），足夠的學費始能上路，所謂新手上路，不知天大地廣。

  有經驗即如一條陌生路，有走過的比沒走過的更有信心，更不會有差錯，無走過的人第一次走那條路，只是探路和冒險而已。

10/5 ・昨晚電視看到馬英九民調百分之二十三滿意，劉兆玄百分之十九滿意，很為台灣人抱屈。民進黨政府做太差，國民黨才有機會，並非國民黨好、馬英九好。如今國民黨、馬英九、劉兆玄主政四個多月，民調百分之二十三滿意，表示國民黨、馬英九

比民進黨差，台灣人何其不幸，「挫尿換挫屎」（漏尿換漏屎）。

- 李登輝之友會全球大會，李在致詞時特別強調「道德力」，台灣要提高道德。日本最強調道德觀念，李能感受到道德的重要，使我參加今日的會格外有意義，因我喜歡道德，無道德覺得不像「人」。

- 政治人物絕大部分無資格談道德，很少有道德修為的政治人物。

10/6 ・吹毛求疵式的社會永難共識，民主成為吹毛求疵的鬥爭，也成為永無是非的社會。

10/7 ・倫理是人性的自然流露，是全面性、是永恆的，不是人為的、個別的、選擇性的、短暫性的。

- 宗教是教化，而非教育，教育是培育良好的品格，宗教是將脫離良好品格的人加以教化，變化氣質而成良好品格。教育是上游，宗教是下游。

- 最怕道德、倫理、慈悲、公義、誠信成為口號，教條如成口號，教條就死定了，將成騙人的名詞。

10/8 ・政治白痴：擁有權位、無知、無恥、無能、無賴，就是政治白痴。

10/10 ・任何機關首長，該機關未發生問題前應嚴加管制監督，一旦出事首長應自行檢討、負責，勿再罵人、檢討他人，否則是做官官僚。

- 藍綠惡鬥、對立，原因是政黨之私、權力者之私。兩黨均不尊重中立、超然、公正、客觀之士，如中立機關之監委、考委、中選會委員、NCC、公平會、司法首長，均應用絕對中立、公正、超然、客觀的人。可惜政黨輪替後這些中立機關的人士，也隨著政黨輪替而淪陷於政黨的怪手，所謂中立機關名存實亡，是騙人民的。

- 一個民主國家如無中立機關，也無中立、公正、超然、客觀人

士存在，或擔任中立機關要職，這個不是民主政治，而是幫派政治。

- 如果中立機關不用眞正中立、公正、超然、客觀人士，就失去中立機關的意義，以目前的中立機關仍然爲政黨所壟斷、把持、操弄，各政黨均在公然欺騙選民。

  如不用眞正中立人士，這些中立機關應立即廢棄，勿掛羊頭賣狗肉，太可惡。

- 記得二○○四年六月十五日中選會歡送會中，我感嘆：「台灣有達一百七十所大學，無法培養眞正中立、公正的人。」顯示教育失敗。

10/11
- 有倫理道德、誠信、公平、正義的人，才是正常人，否則不管是大官或富人，均係變態人。

10/17
- 民主國家很少看到終身或長期的政務官（除非由選舉產生），但國民黨的政務官很幸運，當政務官十年、二十年、三十年都有。

10/18
- 有人格的人會以自己去管理人格，人格指道德、倫理、智慧、公義、誠信、典範。

10/20
- 破壞公義的兩顆核彈，一是權力，二是財團。

- 鄭深池原是長榮集團的女婿，因長榮與政府官員的公關，大多由鄭深池出面，藍綠顯要敵不過金錢的誘惑，藍綠大官均在長榮手掌中，成爲藍綠官員的最愛。二○○○年陳水扁執政，敢起用無財經背景和經驗的鄭深池爲交通銀行董事長，使大家震驚和懷疑，如今已有答案，原是扁洗錢的操盤手。今鄭已成被告，眞是可惜。

- 元大馬志玲於陳致中結婚送六百萬美金支票的大禮，如何解釋？不管是私人或公司送的，均無兩樣。

- 台灣的價值只是大官和財團。王永慶靈堂走動的人物，媒體只報導大官和財團的鏡頭，和頌揚王永慶的話。我看這些鏡頭，王先生如健在，最討厭這些鏡頭，這些作秀、無內容、又不實

在的行爲，是王先生的大忌。王先生不只是企業之神，最主要是一位君子，勤儉、不浪費物質、不浪費時間，是非分明，不與政府掛勾，不利益輸送，不培養護航部隊，有智慧、無私心……均親身實踐、力行，哪個人能與他比？說實在，那些政要或財團連頌揚王先生都不夠資格。然台灣的媒體誤導，使王先生的價值被扭曲，王先生最有價值的眞實面，無法讓人民學習，可惜！

10/21 ·有責任的人最討厭表面工作，但社會上大多數人喜表面工作，表面工作是無心的，是騙人的。

10/22 ·陳雲林來台，如稱馬英九爲馬主席，則表示國共兩黨的事，比稱馬先生更有爭議。陳雲林不能稱馬總統，將產生枝節。

·台灣政府的布局，非以國家利益、人民利益爲考量，亦非以品德、智慧、能力、經驗，而是以私利、黨利爲考量，並以分贓、酬庸、選票爲布局，這是權力自私的台灣特有的。這種布局的政府永久不會生毛（長大），也不像政府。可憐的台灣人繳幾十年血汗錢，原來是繳給黑幫集團，並非眞正的政府。

10/23 ·我吃便當時先吃不好的菜，喜歡的菜色留在最後，也即「先苦後甘」，這是我的習慣。

·可栽培有理想的人，有理想的人不會現實，不會變來變去，不會炒短線，不會自私自利，有理想的人有整體觀、有歷史觀、有責任感、無私心，才能爲整體國家、子孫、歷史，做有責任的規劃，有能力的建設。

10/25 ·在功利泛濫中，人的臉皮如牛皮，已失廉恥，任何道歉已毫無意義。道歉的人本無恥，道歉只是騙的口條而已。

·台灣有教養的人不多，個人主義太強，難有整體觀念，很難整合，自難共識，台灣俗云「十嘴九腳倉」、「離離落落」、「有私無公」永難處理。

·未成熟的構想或意見最好不要隨便發表，以免誤人誤己。

10/27 ·看錯書比投資錯誤更慘。

10/29 ・立委質詢尹啓明部長時，馬英九在競選時說「馬上好」竟說是「口號」，劉兆玄說是「選舉語言」。這些未經競選而當高官之徒，出此狂言，令人感傷。難道候選人可以口號、選舉語言騙取選票嗎？足見尹啓明、劉兆玄的無知。

・陳明文因汙水弊案被收押，其妻說政治迫害，其妹說司法已死，支持者在法院前聲援，縣府人員到處繫黃絲帶祈福，這種像什麼國家？人民不相信司法，而司法也隨著政黨輪替而輪替，甲黨黨員被收押，其黨員說司法已死、政治迫害，乙黨黨員犯罪被收押，也說政治迫害，如此，司法算什麼？各政黨均不守法又違法，司法均不能辯駁，如追訴就說司法已死、政治迫害，如此破壞司法，以政治迫害為藉口，使犯罪成合法化，永無法治可言。所以我經常說政黨是幫派，非政治學上之政黨。

10/31 ・我從未加入任何政黨（幫派），不靠黨派起家，如果說不沾鍋，我才是真正不沾鍋。馬英九靠黨（幫）起家而得利益，應是大沾鍋，並非不沾鍋。

11/1 ・一位領導人的條件——

一、無私、智慧、道德、公義、誠信、能力、典範。

二、治國理念、治國智慧、治國能力。

三、有系統、有邏輯地掌控全局，整合各部門，瞭解各部門問題，對各部門有前瞻性的想法、作法，格局要大，有世界第一流政府的典範。

四、絕對陽光化、透明化、公開化。

五、絕對清廉、貪汙絕跡。

六、司法絕對獨立，情治、公務人員絕對中立，軍隊國家化，任何人不得操控。

11/3 ・權力的傲慢是公然的違法行為，是把權力私有化，將權力當成他家的，當成他自身情緒好惡的反應，是非常可怕的。權力傲慢的結果，政府不像政府，權力私有化的結果，公權力無法維

護，社會自無是非、無中立、無超然、無客觀、無公義可言，政府的腐化、國家的墮落，均在於權力的傲慢。

- 權力無私不只不會貪腐，首長更不會出賣公權力，除對事嚴加控管外，絕不可操弄人事的調動、升遷、處分，控制公務員為他個人或為其黨派的利益做事，應讓公務員能為國家、為人民做事，應創造公務員有中立、公正、守法、公義的辦公環境，這是好的首長的責任。

- 權力無私，政府才能陽光化、透明化、公開化，才是最乾淨清廉的政府，貪汙腐化自然絕跡。

- 對付黨派高於國家人民的政府（即違法的政府），務必以暴力的抗爭始能成效，和平抗爭是毫無意義的。面對幫派式的政府，和平抗爭是抓癢的、是作秀的、是多餘的。

- 未經民選竟有終身當政務官，只有國民黨政府才有，那些終身政務官是靠特權起家的，可能是較多的父親生的。

- 我是炒長線的，從政立場——

　一、數十年均維持無黨、獨立、中立、公義，迄無改變。

　二、從政永遠以國家利益、人民利益為先。

　三、權力無私，從縣長、政務委員、中選會主委均無私、超然、公正、是非分明、堅持公義、無私處事。

　四、財富與未執政前少，並未因執政二十多年而有所增加。與一般從政人員一旦有執政，財富馬上增加，這些人都是炒短線。

- 國民黨為了報答連戰、吳伯雄、宋楚瑜、江丙坤，讓其數次到中國，受國賓級的款待，強力邀請陳雲林來台，造成動用數千警察維護陳的安全。由此場面看來草木皆兵的大陣容，已埋下兩岸不可能和平統一的基因，經此波折看來，兩岸的鴻溝更加深裂痕，對兩岸不見得有利。本來兩岸關係自然化最好，如今以人為力介入，勉強討好中方，並以他幾位到北京吃香喝辣的答謝中方，而影響正常化發展，至為可惜。

‧ 馬英九政府的無能之例，陳雲林來台竟動用數千警力的大陣容，製造暴戾對立氣氛，對兩岸發展蒙上一層雪霜。本來單純問題，應以智慧在無形中解決，竟然小題大作加深了台灣人對中國人的仇恨，這是馬政府「低路」之處。這次陳雲林來，是那些到北京受國賓待遇的吃香喝辣之徒的勝利，但給台灣人加深裂痕。

11/4 ‧ 國民黨統治六十年，連、吳、宋、江從無在中國享受吃香喝辣的榮華富貴，比照民進黨執政期間的苦分分，使他們覺醒，台灣寧歸併入中國，都不讓民進黨再有機會，因此國共合一勢在必然。

‧ 一位卓越領導人應具歷史責任感，高度的道德觀、無私、智慧、公義的天性，且是一位正直君子。

11/5 ‧ 陳雲林來台，連戰、吳伯雄、宋楚瑜分別在國賓、圓山、晶華設盛宴款待陳雲林一夥人馬，由此足見，陳此行是連、吳、宋私人請來的，他們食髓知味，一再到中國吃香喝辣，受國賓級待遇，為感念中國的厚待，才硬請陳雲林來，造成台灣嚴重對立、對抗、衝突，害死陳雲林，中國不知台灣實情，聽信國民黨的話，是不可靠的，會死得很難看。

11/6 ‧ 吳伯雄在晶華宴陳雲林被嗆、被包圍，警民嚴重衝突，迄凌晨二時，陳雲林仍無法回圓山飯店，現場暴亂不堪，吳伯雄仍以過去的口吻說，這是「台灣的風情習慣」。如此嚴重問題竟輕描淡寫，避重就輕，以欺騙客人裝作若無其事般，這是國民黨六十年來一貫伎倆，另則說「只是一小撮人」。明明嚴重衝突，大規模抗爭，他偏偏說是一小撮人，對此嚴重衝突不加反省、不加檢討，竟說是台灣的風情習慣或只有一小撮人（難道還要多嗎），好像是很正常，是台灣的悲哀！

‧ 連、吳、宋分別設宴請陳雲林等人，他們三人只不過是回宴他們數度在北京吃香喝辣的私人行為，為何要發動數千警察來保護他們三人的私事宴會呢？是不是他們有特權，警政署竟公私

不分，領人民血汗錢以公權力來保護特權或私人，太扯了。況他們私人的答宴費用可能由公家支應，如此將成違法，倘用他們的私錢請客便是私人行為，怎可動用數千鎮暴警察呢？人民應追究責任。

- 國民黨迄仍與過去的統治心態一樣，中國信任國民黨是錯誤的，國民黨只有權力的傲慢，橫霸的心態，是最「低路師」，好的事經國民黨處理一定變壞的。此次陳雲林來本是好事，但經國民黨處理，小題大作，動用數千警察才造成大規模抗爭、衝突、掛彩、朝野對立，也把中國拖來當事主，是世上最無知、無能、無恥、無賴的低路黨。中國還不知道國民黨的真面目，遲早會被國民黨玩掉。

- 什麼叫做效率？金錢用在刀口上、時間用在刀口上。

- 民眾失控是警方處理失當之故。

- 以權力傲慢的心態處理問題（包括群眾運動），一定發生更嚴重問題，不但無法解決，會更惡化。

- 郝龍斌對昨天晶華的動亂，說為「台灣是多元化社會」。難道「多元化社會」就無是非嗎？就會經常動亂嗎？多元化社會警察和群眾可隨時違法嗎？無知的官僚。

11/12 · 統治者能以被統治者心態主政，才是真民主，倘只以統治者心態，主政必敗。

- 說話的人應有公信力，否則會誤導，也是白說的。

11/14 · 讀書人名節重於權力和金錢，否則不能算為讀書人。

- 台灣缺治國智慧、治國理念、治國能力的人才，更缺乏有整合智慧、整合能力的人。當然最缺有公信力、有價值觀的人。

- 自己無公信力，自己無典範，無資格批人、罵人。縱批人、罵人，也是徒然的，如狗吠火車，無人會聽的、會相信的。如有些電視上的所謂名嘴，說了一輩子，都無法使人相信，甚至反而令人討厭。

- 救台灣只有公信力的人，那些名嘴天天說五四三的，是無法解

決問題，只有製造問題，是亂源。

11/16 ・台灣的名嘴是司法官，政黨幫派也是司法官，無公信力的法院，對司法案件放任名嘴、政黨操作，形成法不法、官不官、是不是、非不非。綠的貪汙被押，綠的一定說政治迫害、司法不公、司法已死，藍的貪汙被押，藍營也然，照說政治迫害、司法不公、司法已死。有罪無罪不是名嘴和藍綠決定的，而法院和檢察署無可奈何，司法首長又不爭氣，只坐高位領高薪，不敢得罪名嘴和政黨，不敢維護司法尊嚴，只好任憑司法爛下去，破壞司法威信，創傷法治，悲哀！

・連司法都有藍綠之分，由藍綠決定將鬧不完、亂不休，不像一個國家。

・公權力是屬於國家的，公權力如有藍綠之分，稅金應由藍綠分擔，非藍綠者可不繳稅金，這樣才公道。

・國民黨自中國逃到台灣，統治台灣五十年，二千年失去政權，二○○八年又奪回政權，統治心態沒變，就如李宗仁說的「專制而無能又腐化」。

・領導階層如無智慧、道德、學問、能力、人格，社會、人民將受負面影響，這些人當領導者是罪惡、無恥，人人應誅之而後快。

11/18 ・與大官相處，只不過被利用玩的，當你有事需他幫忙，他不會那麼傻地幫忙你。

・最會拍馬屁的人是無格、無恥、無尊嚴的小丑。喜被拍馬屁的人是被裝笑爲的而不自知、是被利用而不自知，是最腐化的官僚和惡官。

11/19 ・看到胡錦濤訪問古巴的談話有感：中共領導人說話時的表情、眼神，看起來內心是誠信、正經、說眞話、愼重，有責任的。而台灣檯面的政治人物（不分藍綠），說話是輕浮，眼神、嘴臉五四三、無心，背些名詞或流行名詞、信口開河、臭彈（吹牛）、罵人、批人，以爲很會說話就可當官，但由他的說話表

情、眼神，可看出心口不一、心術不正的王祿仔嘴（仙），賣膏藥的偉大謊話，完全在欺騙世人的。

台灣六十年被這些心口不一、心術不正的大官、名嘴埋葬掉，空轉、虛耗。

‧說真的或說假的，說要做或說不做的，可從他的眼神和嘴臉可看出來。

‧用人應先觀其說話時的眼神、嘴臉和內心，則可了解其說的真實性。

‧國事、公事、社會事均應說真話，不能說「玩笑話」或說「瘋話」、「爽話」。

11/21 ‧在無是非只有利害的功利社會，人性消失是必然的，富裕的人類與富裕動物園的動物無異，於是傳統的倫理、道德、文章、學問、人格、歷史、地位均遭毀滅。人類怕倫理道德、怕學問，失去靈性，權力和金錢掛帥下，劣幣驅逐良幣，造成反淘汰結果，無仁義的權力和金錢，成為人類的主流，倫理道德、學問、人格、歷史被邊緣化，是人類最大的危機。

‧世界的領導人，大部分出於無學問、無道德、無人格的政客，導致真正哲學家的消失，炒短線取代了永續，有人性的人類遲早會滅失。

‧道德、學問、人格、典範既被淘汰，而權力和金錢成為主流，爭權奪利自成正常生活方式。

‧不只要拚健康，更要拚不老。

‧考量健康、不老的代謝下，來選擇食物的種類和質量。

‧現在人與人的競爭均為炒短線的競爭，國與國的競爭亦然，二〇〇八年房貸風暴和金融風暴均係炒短線競爭的結果，卡債風暴也然。

‧欲挽救政客掏空人性和地球，必須呼籲全世界哲學家，整合全世界哲學家，向各國政客公開宣戰，以維護人性尊嚴，保護地球永續。

11/22・心靈的動物與物質動物之分，心靈動物是人類，物質動物不一
定是人類。

11/23・短短數十年人生，真的都活沒夠了，哪有時間活彎彎曲曲的。

11/25・台灣的政治人物大多把政治當職業，把政治當搖錢樹，當為榮
華富貴的目標，非專業、無理想、無心、無使命感、責任感，
只當成自私自利的終極目的而已。

11/26・有錢判生，無錢判死，誰叫你會無錢，活該。所謂法治、所謂
公道、所謂法律之前人人平等，王子犯法與庶民同罪，全係假
的。前天辜仲諒以通緝犯身分坐私人飛機，一下機大大方方到
特偵組，可不帶手銬，背了六案的罪可不受聲押，就是因他家
有錢、是鉅富。中信集團藍綠通吃，辜家兄弟經常在總統官邸
做法國菜給總統家人吃，扁執政與陳致中、馬永成稱兄道弟，
與陳致中親密擁抱的鏡頭，令人髮指。辜家的財富在藍綠通吃
的大好機會中擴增不少，台灣沒有一位財團能與辜家的兒子相
比，包括王永慶，辜家的厲害在此。因他家是大財團，不應帶
手銬，不需受聲押，道理在此。誰叫你沒錢，不要怨天尤人。
有錢判生，無錢判死，是古訓，不是假的。

・汙點證人可減輕或免除其刑，不合理。單一犯罪自首減輕或免
除其刑是合理，如果是共犯，其中之一轉汙點證人是不合理
的。須知道當初如無共犯，可能犯罪無法進行，經共同進行，
才有犯罪的結果，如今共犯之一賣友求榮，法院竟准其轉汙點
證人而免除其刑，這是不公道的。如辜仲諒進入扁家，送錢做
菜給扁家，可能A了很大好處，如今A了鉅利，才轉為汙點證
人，過去從扁處已得近八年的利益，現在又出賣扁，這種人法
院當成寶貝，社會還有是非嗎？法院的公道是如此嗎？司法人
員連這點道理都不明，難怪人民不信任司法，這是台灣人的悲
哀！

・通緝犯辜仲諒不帶手銬的特權，返國成為媒體的寵兒，整個媒
體均忘了他犯下大刑案，大多均報導他將接班中信集團，且把

辜家有錢的榮耀報導不停，談好條件而投案的通緝犯一夜之間儼然成英雄式的寵兒，是變態無公義社會的傑作，這也是有錢判生的例證，真是有錢使鬼會推磨。這些司法小鬼、媒體小鬼，均願為有錢人拖磨，可憐！

- 蕭萬長參加外商餐會說台灣經濟明年第二季會轉好，外商公然嗆蕭「台灣難敵世界性景氣」。我看台灣的大官只要是喜鵲，就可當總統、副總統了，他們從不說憂國憂民的話，不說困難之處，不說如何解決難題的話，只會說課題，而不談內涵和方法。如說台灣還有舉債的空間，但不說舉債是否需要、舉債後能解決什麼問題、會被A多少、無成效應負連帶責任……要說這些話，才是負責的。台灣的大官只會說大話，說很多騙人的好話，從不說負責的話。不說如何做的話，只是騙人的空話、口號，灌米湯的爽話，不知見笑的瘋話，這是台灣大官的一貫嘴臉，也是享受權力的傲慢。

- 重利的人面對金錢或利益就會忘掉自己是人，如無道德、犯法、不誠實、無道義、心橫起來、奸雄、無情無義。

11/28 · 俗語說「得了理不饒人」，我認為「得理更應饒人」。

- 電視鏡頭看到劉兆玄為救勞工，拍電視廣告「我要挺你」的鏡頭，甚為幼稚。救勞工、拚經濟是要行動，行政院長應執行救勞工、拚經濟，要把成果展現於國人，並非廣告。電視廣告是作秀，是騙人民的，這是國民黨政治人物自古以來的一貫作風，很可惡！

11/29 · 前天文化總會改組，選出三十五位執行委員（理事），清一色是生意人和政界人士，沒有文化人、藝術家、國學詩人，因此不應稱為文化總會，應是「政商總會」。國民黨連文化都敢拗，以政商主導文化，而不以文化主導文化，失去文化總會的意義和功能，也不尊重文化。政商總會，可能是募款，然後如民進黨搞選舉。國民黨的惡質永不會改變，國民黨在歷史上第一次被中共唾棄，第二次二〇〇〇年被民進黨唾棄還教不乖，

看來不久會被台灣人唾棄才甘願。

- 最近連爆陳水扁弊案，大多與財團有關，如辜成允（台灣水泥公司董事長）為龍潭土地以高價賣出為工業區，送扁家四億，中信辜仲諒及其弟為澄清湖購大樓案，插手兆豐和中華開發案，送鉅款給扁家，鄭深池也送錢並為他洗錢，元大金控送兩億給珍……還有未爆的企業家。足見台灣的企業諸如王永慶等，少數企業不與政府勾結、利益輸送外，大都是與政府高層掛勾，從中利益輸送而壯大其今日的大財團，並非靠自己的實力努力奮鬥而得來的。

- 台灣的商人，不少是靠與大官顯要利益輸送而成大富，待成為財團後，大官就會拍財團馬屁。財團有時碰到地震或災害時捐錢以掩蓋其黑暗的一面，而成為假善人，這是財團當頭的真面目。

- 政治家炒長線，政客炒短線。

- 今日基督教祈禱早餐會，馬英九及蔡英文均出席，馬英九與過去一樣盼與蔡英文會談，使「朝野和諧」，其動機——

  一、在朝當然希望朝野和諧，不像民進黨當家鬧不完，俗云「當家不鬧事」，國民黨較聰明，要求和諧。

  二、如蔡英文答應與馬會晤，民進黨就中計。在野是要監督，不可被執政黨摸頭，否則在野黨穩輸的，將被收編。

  三、馬如果要和諧，馬執政政績要好，人民、在野均滿意，自然和諧，如果執政不好，馬蔡會有何意義？

  四、我的答案是只要政績佳，不需會晤，在野也會全力支持。如果政績差才要與在野黨主席會晤，有何意義？俗語説「放屁安狗心」而已。

11/30
- 台灣的所謂民主——

  一、民主精神，民主素養零。

  二、民主是黑道漂白，特權橫行的藉口和斂財的道具而已。

  三、台灣自然生態的破壞，出於惡劣的民代和無能官員勾結的

300

傑作。

四、倫理道德的崩解出於假民主，假自由的破壞，人性消失。

五、選票導致無是非只有利害的社會結構，公義難存。

六、功利教育主導下無法培養有教養的國民，人的品質低劣，國家無教養的領導人，只有三、五流的政府和三、五流的國民。

七、無人格的價值觀只有權勢（權力與金錢）的價格觀，傳統受尊重的人格者、有志者、地方士紳全被消滅，換來地方漂白的惡霸、惡勢力（特權）、暴發戶，可悲！

八、選舉是投資：賄選、財團政治獻金，當選後撈回本錢，有的甚至以公職賺大錢，而財團不會白白獻金，只要有一本萬利的機會，大撈特撈一筆，造成官商勾結，利益輸送油然而生，因此選舉成貪腐的源頭。

12/8 ・領導者要說無私的話，說有智慧的話，說有學問的話，說有道德的話，說有價值的話，說有思想的話，說有創新的話，說有遠見的話，說真實的話，說能做的話，說有典範的話。否則是作秀江湖術士、是翁祿仔仙、五四三、不倫不類做不良示範，會害死人的。

・物化的結果只是增些生毛帶角的人而已。

・過去我曾批政治人物大部分是吃天、吃地、吃人民、吃政府，現在我感覺政治人物大部分是譬仔面、硬拗面，生毛帶角。

12/9 ・國民黨五十年的威權統治帶給台灣人的反感，使人民累積反對的能量，給民進黨八年的執政全部掏空，加上八年來人民認清民進黨的真面目後，今後台灣的反對力量很難成氣候，不能以黨外時代同日而語，已無東山再起的機會，況且國民黨與中國合流，更無可能也無機會板回。

・民進黨八年執政成果產生幾位政治暴發戶，如張俊雄、游錫堃、蘇貞昌、謝長廷擔任行政院長。雖說陳水扁貪腐，如無陳水扁，他們何德何能擔任行政院長？因此張、謝、蘇、游應感

謝陳水扁。施明德說的，他們八年來吃香喝辣，享盡權力的傲慢，沒有把國政治好，反而幫陳水扁貪汙，陳水扁固然有責，他們也難逃政治和道德責任。

- 國民黨五十年統治，人民反感的能量，在民進黨八年執政，全部釋出。國民黨五十年的「負」，民進黨八年幫國民黨填成「正」，反對能量自此消失，要再等國民黨的敗政、腐化，反對力量始有機會。

12/13 ・阿扁貪汙案今日偵結起訴有四部分，國務機要費、龍潭土地案，南港展貿館和洗錢案，起訴書達兩百八十一頁。其實違法文件首在犯罪事實和證據，並非著書立論，要特偵小組寫兩百八十一頁起訴狀才能起訴扁，顯示犯罪事實及證據有問題，才需兩百八十一頁的理由。因此本案需兩百八十一頁始能將扁起訴，不只效率差，犯罪重點不清楚。

12/17 ・尊嚴比生命重要。

- 人與獸之別在於人有尊嚴，而禽獸無尊嚴，但有生命。

- 有尊嚴的人，自會自尊、自重、自愛，這種人才不會做壞事。

12/19 ・物化的人，就無尊嚴。

- 《聯合報》第A10版刊載，馬英九對台灣自殺率高，說為政者「要檢討」。自殺是人命關天，應即刻提出對策，解決方案，如果只是「檢討」是騙人，是官話。

- 非權勢的尊敬才是真尊敬（人面對權力和財富自成權勢的奴隸，這是人性的弱點）。

12/21 ・國民黨行政院長劉兆玄宣布開放軍公教及政務官赴中國，和在上海舉辦的國共論壇。連戰和吳伯雄的參加，可說國民黨已和中國統一，國民黨五十年來靠打倒共匪反抗共產暴政，吃定台灣人五十年、欺騙台灣人五十年，大家吃香喝辣，吃呷油洗洗，如今又搖身一變，附和中國、親熱中國。連、吳、宋、江幾度到中國受中國高規格、國賓級的接待，在中國到處吃香喝辣。看來後五十年國民黨靠中國吃定台灣人，台灣人真是犯國

民黨的太歲。連、吳、宋自打倒共匪到與共匪親熱，吃定台灣人一輩子，這不曉得什麼邏輯，公道何在？

- 有人說：「石城你永久堅持堅守道德，最後可能會沒有朋友。」
- 雖然我擔任很多公職，但我心未曾進過廟堂，永在外面受暴風雨和雪霜的考驗，才知道人間的冷暖，才形成我的政治哲學和理念。

12/24
- 當一個人活到很疲累時，就想休息，人生活到很疲累時，自然也想休息而消失。
- 過去黨外或民進黨對付國民黨，而中共也對付國民黨，國民黨成為雙方夾擊的目標。而今國民黨已與中共統一，今後的民進黨或本土派要對付國民黨加中國，就很難了。

12/25
- 英女王伊麗沙白，在聖誕演說中強調「家庭是一切的核心」。
- 日本戰後缺少忠於國家、忠於歷史的政治家，大部是爭權奪利炒短線的政客。日本僅在經濟上可炫耀，在政治上和國民優質上乏善可陳，這是日本戰後墮落的原因。
- 佛教：以「慈悲」為德行，教化不殺生、行方便、坐禪。
  道教：以「清靜」為德化，教人練性修道、積功德、練氣功。
  儒教：以「忠信」為基礎，教人說仁義，尊重三綱五常之道。
  基督教：博愛精神。

12/26
- 夏威夷精神是阿囉哈精神，歐巴馬學習阿囉哈——
  一、代表心靈的平和。
  二、很友善的態度接納不同的理念和他人的文化。
  三、夏威夷人深信此種神聖的精神力量可提供生命綿延不絕的能量。

12/27
- 《中國時報》第A2版刊載，普林斯頓大學教授保羅·克羅曼說：「歐巴馬改革必須說到做到」——
  一、歐巴馬必須當goo-goo（政治改革者）：「goo-goo」一詞已有百年歷史，指的是改革派當家的「好政府」，反對貪汙

和官官相護。羅斯福是好榜樣，他讓政府多管閒事，卻又更清廉。

二、羅斯福新政計劃自始便內建監督機制，特別是「工程進度管理署」及獨立「進度調查部門」。

三、羅斯福也確保國會無法在審議經濟刺激方案時夾帶「肉桶分肥」，在緊急預算案中未能讓國會議員上下其手的「專項撥款」。

四、超級清廉，花錢要審慎，而把關也很重要，督察長必須強勢超然，獎勵揭發弊端的人。

· 羅斯福新政也針對政府的清廉、工程進度機制，及國會議員肉桶分肥，提出解決方案。足見任何政府如清廉，工程進度機制不讓國會議員肉桶分肥，就是改革派當家的好政府。

我的看法：只要政府的權力運作能做到陽光化、透明化、公開化，就是羅斯福新政的內涵。

12/28 · 藉政黨政治之名，行幫派政治的結果，無國家和政府的存在，只有幫派分子，炒短線的利頭、對立、仇恨、無是非、無公義，自然無國家整體的歷史，在地方更難有客觀、有責任的真實史，後代的子孫只有活在斷層、空白、無歷史的年代。

· 整復師是身體的地理師（風水師），地理師是屠場的風水師，均為喬角度和脈角之師。

12/31 · 民代自肥是公權力的土匪。

2009年

・台灣的政治人物無理念、無理想，大多是職業特權，職業賺錢，職業的被拍馬屁者而已，尤其無人格、無品德、無學識、無誠信（看到李慶安美國籍竟能當中華民國數十年民代，還要拗下去有感）。

・馬英九元旦祝詞，要公務員有「聞聲救苦的菩薩慈悲心」，應以身作則，由自己和高官做起，做給人看。如自己或高官無慈悲心，要人有慈悲心，是不可能的。單就馬英九不回應他人的建議，就可看出馬英九不只無慈悲心，甚至心腸好硬。野草莓在自由廣場的學生，在這樣寒冷天氣靜坐下，馬無動於衷，有慈悲心嗎？馬善作秀，說好聽話，如過去以打倒共匪反攻大陸來統治台灣人如出一轍。

・政客不會有慈悲心。

・二氧化碳排放過多，造成地球暖化，生物無法生存，如美國青蛙瀕臨絕種，無青蛙，蚊蟲叢生，產生傳染病，對人類的生存造成威脅。

・救台灣——

一、有整合智慧、條件和能力的人，然後才有共識、合作，團結一致的目標和行動。

二、道德、倫理、良知、公義的價值教育最重要。

三、政府的陽光、透明、公開運作，才能杜絕貪腐，建立清廉有競爭力的政府。

・這個年頭賺命比賺錢難啊！

・利害關係相處結合只是互相利用，是炒短線的，不會永久，很快就消失。利害如兵刃相見，無永久的利害而有短暫的利害而已。

・台灣無法實施民主原因——

一、民道德和守法素養太差，無公義的共識。

二、政黨是幫派，黨的利益高於國家，高於人民，與民主的本質相違背，根本不可能有民主。

三、參與政治的人，只為私利私益，以為民主就可大舉搜刮，大撈一筆，當成吃軟飯的事業，無國家觀念，無歷史的責任感。

四、選舉：

　　（一）賄選。

　　（二）黑道介入。

　　（三）政見可不兌現的騙選票。

這些均為反民主

五、政黨惡性競爭，無實力，也無能力為國家開拓遠景，靠小人步挖牆角。

· 有權的人做權力遊戲，有錢的人做金錢遊戲，有權和有錢的人很少替國家或人類設想。

· 權力和錢力的傲慢，對國家和人民均為不利。

1/12　· 真實最權威，無真實的權威是師公嚇死鬼。

1/13　· 權力和金錢足以壟斷是非，壟斷公義，因此有權力和金錢之處較不會有是非公義，也因此權力和金錢是公義的敵人。

1/15　· 少睡多活。

· （補記1月10日）對藍法官說：「真實才有權威，無真實就權威不起來。」

1/16　· 高層大都是呼口號、貼標語，低層大多是說內涵和努力地做。

· 公信力比做官重要

· 做官也要說公道話，勿說官話，更不可說黨話，這才是典範。

· 無原則的大官，最可憐！

1/18　· 有些財團和大官表面捐些錢給社會或弱勢以掩蓋或漂白其惡，此種人是偽善。

1/19　· 是「無為而治」，而非國民黨的「無能而治」。

· 昨天領消費券在無多大的宣傳下，竟能達百分之九十，而每逢選舉經數月的撕殺纏鬥，還要用賄選，還達不到八成，足見台灣人功利心之重，認選舉權值不過金錢。

I/20 ・歐巴馬就職演説：勇於負責的新年代。

・馬英九昨天在頒資政聘書時説「希望大家以喜鵲之心、烏鴉之嘴，不要怕批評，不要怕得罪人」期許。唯説的一套，做的又另一套，那些資政都是馬的支持者、後援會會長、椿腳和金主，如果這些人會批評馬，均不可能當資政。馬得了便宜又賣乖，以為人民是大笨蛋。現在這些資政將來批評他，以後就無法當資政。

I/24 ・權義（義務）不對等的體制、權責不對等的體制均應廢除。如無給職資政、國策顧問，均有權力（利）無責任的體制，自不應存在。雖現只聘無給職，但這些人是特權，還是喊水會結凍的，把資政和國策顧問印在名片上，還是會師公嚇死鬼的。

・過年到，高層競相作秀，但中國官員很少看到作秀。

・愛作秀也要做有典範的秀，可惜台灣的高官均做那些五四三的秀、不倫不類的秀，真是做不良的示範。

I/25 ・中國時報刊登國軍將領大搬風，扁系將領漸退，深不以為然。軍隊、司法、情治中立機構絕不可有藍綠色彩和黨派色彩，只有幫派才有黨派之分。如果我是領導者，絕不容有藍綠或黨派存在，有藍綠或黨派之分的領導者，永不錄用，否則國不國、君不君、臣不臣。

I/26 ・孔子説「為政以德」，所謂「德」即無私也。

・那些名嘴或學者經常看政客的臉色或看利頭説話。

I/28 ・過年只看到馬英九高層和財團發紅包秀，整個春節只看到濃厚的功利氣氛，炫耀權力和財力的傲慢，並無看到人文道德典範的氣質，難怪權力和財力成為墮落腐化的主流，人性、倫理道德、公義，誰去追求，誰去維護。

I/30 ・有私心的人參政絕對無法辦好政治，其有無私心端看其用人和行為自明。

I/31 ・馬、蕭、劉競相到各寺廟發紅包，是紅包政府。

・藍綠的高官均在「權力的傲慢」，很少看到「人格的傲慢」或

「典範的傲慢」。

由於高官發動權力的傲慢，無人格典範，因此台灣只有墮落腐化。

2/1　‧《自由時報》A13版刊登：愛錢的台灣人。

‧日據時代民政長官後藤新平曾說台灣人的民族性格是「怕死」、「愛錢」、「愛面子」。

2/2　‧馬政府財經首長在劉兆玄領軍下，提前研商降低失業率在百分之四點五以下，其主要藥方為以小型工程最能具體增加就業機會。其實所謂「小型工程」，是最直接的「分贓工程」，也是今年年底地方選舉的「選舉工程」、「縛椿工程」，屬於人情建設，是短暫的。

‧馬英九的LongStay大人玩意，且到處（飼牛、犁田的鏡頭）均露超短內褲，吸收婦女票。

現在學蔣經國有民間友人到處作秀發紅包，這些舉動完全是權力傲慢的表現。蔣經國時代是威權體制，可選擇性找幾個友人來表示他親近民眾的秀，如今已是民主化，全民應是總統的友人，不能有選擇性的幾人為民間友人，其他絕大多數的人民就不是友人，太扯了，不是腦筋有問題，便是不知治國為何物。

‧陳水扁如果真的貪汙腐化到十惡不赦，則他身邊的大官（如行政院長、各部會首長，尤其擔任法務部長者，總統府祕書長、副祕書長、國安會祕書長、安全局長）難道都不知道嗎？他們為貪做官，不是維護扁貪腐便是競相拍馬屁，讓阿扁得其所欲達其長期貪腐，以換來高層官位、享受榮華。如果阿扁長期貪腐，連身邊的人或內閣閣員都無一點風聲和警覺，那他們是吃稀飯的。因此阿扁果真貪腐有罪，他們均是共犯結構，難辭其責而置身度外，應負歷史罪責。如無他們的配合或拍馬屁，阿扁怎能插手內閣各部會呢？因此倘阿扁貪腐，他們至少貪做官，均叫阿扁負全責是不公道的。

2/6　‧我的政治立場一貫性，並無為權力而陷入藍綠的矛盾，因此我

的意志很堅定，立場很穩，力量無限。

- 資料必須具體簡單明瞭，切忌長篇闊論，稀釋重點，模糊焦點。

- 廉恥心最重要，無廉恥心即不知見笑也。

- 我的智慧、道德、公義從不泡沫化。

- 不做的話、無法做的話，最好不說。

2/11 · 物化的結果，人類將貶值。

2/13 · 道教中有「知者不言，言者不知」。我是屬於知者不言。

2/15 · 「無事忙中老，空裡有哭笑，本來沒有我，生死皆可拋。」
（杜忠誥書聖嚴法師之語）

2/17 · 報載日本首相麻生支持度不到一成，這種人竟然是日本首相？日本無格，麻生無恥，難怪靈鳩山民調，人民最討厭是政治人物，這就是反淘汰的世界。

- 人間處理問題方式——
一、應付式（作秀性）：騙人的。
二、點綴式（象徵式）：有限效率。
三、全面性（推土機式）：高效率。

2/18 · 阿珍爆二十財團政治獻金十三億，如辜仲諒、元大馬志玲各兩億，王永慶、吳東亮、蔡宏圖各一億，其他五千萬、四千萬、三千萬、二千萬、一千萬不等。這是台灣政府自國民黨時代開始培養的政商連體嬰，財團捐錢不是白捐的——
一、先打預防針，萬一出事可有保障。
二、準備利益輸送。
三、表示各財團所賺的錢有問題，否則何必政治獻金，有人為財團開脫，說是被勒索，可能財團有不法才會被勒索，如果樹頭站的穩，自不怕颱風，可拒絕捐獻。
四、台灣長期政商共犯結構早已形成，有錢使鬼會推磨，政府首長均聽命於財團，對有錢人尊敬，馬屁財團，由於政商利益輸送不正常，財團可使不聽話的首長下台，也可使有

利於財團的人坐上首長，因首長必須任憑財團差使，政治
人物有權力機構的老闆，也有財團的老闆，在雙重老闆的
壓力下，真是君不君、臣不臣，社會自無公義可言。

五、扁案與財團的曖昧關係，掀出台灣財團長期吃定政府的不
正常內幕，如果阿扁有責任，財團亦難辭責任，須知道一
個銅錢不會響，兩個銅錢才會響，原因在此。

六、財團與政治人物如不徹底剪斷，台灣的政治難清明。

2/19 ・扁政府部分官員涉案，天下無白吃的午餐。他們喊水會結凍，
吃香喝辣的榮華如何得到，當然須付出代價。今日的下場自應
付出當時喊水會結凍的代價。

2/20 ・書大部分是炒短線性的書，而我的書是典範性的書。

・民主政治如果政黨分竊國家資源，撕裂國家，以幫派式的政黨
處理國政，非治國也，是分贓。以分贓式的手段搜刮國家資源
是非常可怕的，難怪台灣幾十年來在幫派式政黨竊占下，台灣
只有炒短線式的治理，無國家整體觀念、實質的國家意識、
國家的遠景、整體規劃、永續的責任。因此台灣幾年來的執
政，是炒短線的建設（執政）、選票式的建設（執政）、分贓
式的建設（執政）、人情建設（執政）、斷層式的建設（執
政）……最後結論是垃圾吃垃圾肥。

2/21 ・權力和財團操縱公義，而成為無公義的台灣。

・黨的利益高於國家、高於一切的幫派式統治下，國家正常結構
的長遠公義政策和制度均難存在，不管學界或社會人士喊幾年
的改革，僅是喊爽的，永難改革。除非把幫派式的政黨幹掉，
否則台灣永無希望可言。

・抓癢話、搧風話，不必說。

2/22 ・台灣的問題不是民主化、民主深化，而是結構性的問題，幫派
式的結構，如何治理國政。

2/28 ・馬英九將CECA（綜合性經濟合作協定，Comprehesive Economic
Cooperation Agreement，簡稱CECA）正名為ECFA（兩岸經濟

合作架構協議，Economic Cooperation Framework Agreement，簡稱ECFA）。為了救經濟、炒短線，將台灣淪為港澳地位，就如一個人為了飯碗顧不了那麼多了，就是犧牲尊嚴和人格也在所不惜。中國一國兩制開始啓動了，只要台灣經濟必須靠中國才能生存，台灣的主權將消失。簡言之，要生存又要主權是矛盾的，遲早會被國民黨政府推向一國兩制。

3/1 ・馬政府修改考績法，名為「獎優汰劣」，增加丙等名額。此制度仍然出於關中之手，是國民黨恢復威權時代體制，在絕對執政的國民黨之下，只要不支持國民黨或說國民黨壞話的人，縱然能幹、品德好，亦難獲得公道的考績，甚至會被貼標籤而被考為丙等。尤其在黨利高於國家的幫派式統治，此制度是出於整肅異己的上策。考試院長出於黨性強、吃黨飯長大的人，不為黨利，天誅地滅。

3/3 ・應注意功利與公義的衝突，如果民主就是功利而非公義，民主就失去價值和意義。

3/4 ・現在是錢在做人並非人在做人，錢是萬人之靈。

3/13 ・溫家寶答覆記者——

一、二○○八年經濟最差時，兩岸貿易額達一千三百多億美金。

二、台灣對大陸貿易順差達七百七十八億美金。

三、台灣廠商在中國有三萬多家，總投資額達四百四十七億美金，因此兩岸關係密切而不可分。

四、台灣是祖國的寶島，他已六十七歲，就是走不動也要用爬著去台灣。

・三月八日遊福州，宏琳厝（黃姓）公媽牌廳的對聯，分別為「仁義為友，道德為師」及「金石其心，芝蘭其室」。上聯為「勤儉崇文」。

3/15 ・馬英九又作秀到台南做麵包（穿做麵包服戴麵包帽子），並做吃麵包（紅豆）配麥仔酒的秀。可憐馬英九不做總統喜做麵包

秀、米苔目秀、吃花生秀、吃紅豆湯秀⋯⋯。

3/16 ・不管你的理論多好，你的話多麼響亮，多麼動聽，只要不能做、不會做、無法做，什麼好理論多麼動聽，都是空談。台灣的失敗在於空談的人太多，會做的人太少，空談否定作爲，致使做的都是錯誤，空談的永遠囂張。

3/17 ・民進黨的失敗在於人的品質。阿扁有責，天王是共犯結構，難辭共犯之責。

民進黨的無望，在於無公信力的領導人。未執政前，無法看出有否公信力的人。如今執政八年，權力的傲慢，貪腐不斷，執政能力、誠信、公義、操守，均被看穿了，哪位有公信力，人民心中有數。無公信力的人如何反省，如何檢討，會有效嗎？人民會相信嗎？

看來民進黨如無公信力的人來領導，縱使國民黨腐敗，自然倒塌，再由民進黨執政，也無補於事。

・只會說理論或評論他人的人，只能當學者或媒體人，不可參與政治。因政治人物是「能做會做」的人，不會做不能做的人，只是空談，批人、罵人而已。不懂做、不能做、不會做的人，無資格說話。

・說話簡單，做就不易了，說話只要無啞巴，大家都會說，但能做、會做的有幾人？

・價值是解決問題的良方。

3/24 ・無論如何得意，都要記住節制。無限的得意將會產生副作用，唯有節制才能長久。

・作秀是權力傲慢的具體表現。馬英九的買皮鞋秀、買運動褲秀、吃花生湯秀、吃紅豆湯秀、吃牛肉冰淇淋秀、做麵包秀、捉魚秀⋯⋯均爲權力傲慢的炫耀行爲。

3/28 ・孔子家書言「道人是非者，本是是非人」。

3/30 ・政績就是縣（首）長的意識形態。

・無道德的權力不只害人也會害己。

4/1　・在電視上看到馬英九參加中央社社慶準備的紅豆餅，他今日沒吃，因從前不少吃秀備受批評（吃紅豆湯、花生湯、吃米苔目、吃麵包……）。其實不是不可吃，而是吃相難看，不自然的秀，令人噁心。

　　　・辜仲諒與扁在法庭對質，表示他是一位不厚道的人。爲何不想他爲何要高攀扁？爲何要黏著扁家？爲何要送那麼多錢給扁珍？他說兩億爲「不樂之捐」，既不樂，爲何要捐？當他捐錢時得到權貴的賞識和榮華（好處）時，他是多麼風光，如今東窗事發，他無責任嗎？他如不求好處，何必透過關係高攀阿扁，因此他與扁家關係，如有責任，他是始作俑者。不要自認清高，至少是共犯（辜是無道義的有錢人）。

4/3　・國家領導人應有堅強理念、公義意識、歷史使命感和人格典範，在功利的民主社會，只有一味討好選民、鄉愿、五四三、升格（地方）、建蚊子館、到處吃秀、抱秀（抱孩子），享盡榮華而已。人民的水準亦如此而已，談不上領導人的條件和責任，這是台灣的悲哀！

　　　・劉內閣政績爲撒錢減稅。

4/5　・典範才有資格成爲歷史性人物，不是官大財多的問題。大官財富如無典範，一切均等於零。

4/6　・不可聽假話，浪費生命。

　　　・民主無國家體制，只有選票體制──

　　　　一、《地制法》修正：將中市中縣合併提升爲院轄市，無疑爲馬英九競選時所做的無本錢的選票政見，並無整體台灣發展的考量，只是爲討好選民而開的支票。現在他執政了，只好兌現，並無考慮整體發展的得失，爲國家長遠計畫的炒選票的政策而已。

　　　　二、國民黨已要黨政合一。過去馬英九堅持黨政分離，總統不兼黨主席，要做全民總統，不做國民黨總統，以與中國分別。現因嚐到權力的滋味，在一堆馬屁精的推波下，馬英

九面對二○一二年大選，可能恢復黨政合一制。為了勝選反覆無常，無誠信，前後人格矛盾，均為私利設想，寧毀人格，為選票而屈服，實在無品。

三、二十年前大學只有四十所，現在已超過一百七十所。民代或政黨為選票和政治資源，與教育部勾結、施壓、關說，出賣國家教育體制，統統有獎，全部升格，使大學教育品質低劣。聯考總分十八分就可讀大學，破壞大學教育，很可憐，在所謂民主口號下政客選票下，大學教育也難逃被破壞的惡運。

四、《地制法》通過，為使中縣市合併為院轄市，將今年要選的縣市長、民代、鄉鎮長延任一年，是獨裁威權的作法，完全違背民主。

4/7 ・人家說「花要插應插頭前」，而我是「專門插在後面的」，舉一九七二年縣長落選後捐九萬元之例。

4/9 ・價值觀、價值意識，價值表現等於零。現在的政客、公眾人士，只有價格觀、價格意識和價格表現，亦即價格冒充價值的社會。

・台灣的領導人才，無國家意識、無整體觀念，只有幫派意識和個人的利害觀，因此取得政權後均在鞏固幫派，維護私利，這也是政治人物從政的目的。

・大官和富人絕大多數是價格觀的成就，很少有價值觀的成就。因此，高官和富人一生只談價格，不知價值為何物。

4/10 ・無公義的政治制度對人民均不利，無公義的民主不比獨裁好。

・台灣的勳章大部分是私相授受，酬庸性為多，並非真正有功的事蹟或有典範的行為，因此台灣的勳章無公信力，只要與領導人有密切關係（利害關係）或捐款者，很易取得勳章。今日爆料中將花錢買上將，買官不成反而授予「雲麾勳章」，就是一例。

4/11 ・看到中國的發展和台灣的墮落，將來一國兩制可能是形式的，

315

自然的一國一制，勢將必然的。

- 中國共產黨一黨專制統治下，外匯兩兆美金，全世界最高，經濟力也強，此次全世界金融風暴受傷最輕，復甦最快。而號稱民主的美國、英國受傷最重，因此足見民主的資本主義敵不過專制的資本主義。

- 台灣近日爆發的將官以金錢買星星的醜聞，令人鼻酸。軍人首重氣節，然台灣的軍人竟淪落到用金錢買星星的地步，一顆星兩百萬、三百萬、五百萬，不只沒有榮譽，此種用金錢買來的星是見笑的。這種軍人如何領導他人，如何打仗？士兵怎能看得起，怎能服從？把台灣人的臉丟到全世界，台灣之恥。

- 什麼是民主、什麼是專制，陽光化、透明化、公開化是最好的政制。只要權力運作能做到透明化、陽光化、公開化，什麼民主化、專制化均無所謂。

- 專制政治，民主政治，透明政治。透明政治是最公義的政治制度。

- 權力者、執政者均不支持透明化，唯只要憲法增加「各級政府權力運作應透明化、陽光化、公開化，則可」。

4/12
- 如無道德，權力、金錢、女色是人類主要汙染源。

- 未受汙染的心靈，不可救藥的純潔，不染塵埃，是價值觀。

4/15
- 過去領導台灣人要打倒共匪的國民黨高層，如今搖身一變成為共匪的權貴，成為共匪的同路人（過去我選舉縣長時，國民黨放毒說我是共產黨）。過去罵共匪那麼兇、那麼難聽的人，現在是共匪的座上賓，這種人不感到人格的矛盾，人格的分裂嗎？

  我想他們本就無風骨、無原則的政客，過去靠打倒共匪統治台灣，並享受國民黨權力的傲慢和榮華，而台灣政權被民進黨取代後，他們就馬上靠攏共匪，如今得到共匪高規格的招待，遊府吃府、遊縣吃縣的威風，還享有交通管制、警察開道的元首級規格，真是吃盡共匪，一生吃來吃去真是好命。唯他們不會

覺得矛盾嗎？希望他們將來如有傳記或回憶錄，應好好將這一
段做個明確的交代。

4/17 ・圓山飯店施明德講演時的觀感。多元化就不會有原則的問題，
一元化才是原則。是非問題屬於原則問題，不可多元化，多元
化就無是非。

4/18 ・電視看到黃輝珍接任李登輝的台綜院董事長，很為他慶幸。大
家知道最提拔黃的是阿扁，他在牢房不知做何感想。

一、二千年大選他擔任國民黨文工會主任，專門修理民進黨和
親民黨，結果陳水扁當選，很快成為陳水扁的愛將。

二、他是扁重用家臣，他的好運比在國民黨混幾十年的老將更
紅，然阿扁與李登輝關係惡化，當阿扁進監落難之際，他
馬上靠回李登輝，對阿扁而言，情何以堪。

・無是非之心，非知識分子也。

・政治人物無是非之心，必是敗類。

4/21 ・道德是無可選擇的，也不能討價選價的。

・無道德的還算人嗎？

・今午快步又爬坡有點累，唯回想幼時看水牛拖犁運貨物，雖走
不動，一旦鞭一下，牛就跳起來勉強硬撐，拚命拉過去，完成
任務，這是水牛精神。年已七十五歲的我，日快步五公里，有
點吃不消，但回看水牛拖犁載物，雖已拉不動，但仍繼續拖拉
的耐力，我應效法水牛精神，要堅強地繼續快步運動，更應更
加學習如電腦操作⋯⋯也即從今日起，要效法水牛式的生活。

4/27 ・陸委會在各電視台廣告，由主委賴幸媛主導「唯有保障人民生
存權，才能維護主權」。生存權與主權不能同日而語（生存權
屬於人權而非主權，應弄清楚）。依賴幸媛之言，只要生存
權，無主權也可以，也即只要有生存權，也可做亡國奴。由賴
之言已可看出，台灣主權已不存，正在拚中國給台灣的生存權
（尤其金融海嘯經濟、景氣惡劣時，中國乘機而入），台灣也
不可能有主權。生存權解決了台灣主權，可悲！

- 多元化最容易模糊是非，以多元化來代替是非就是規避是非。

4/29
- 馬英九記者會（劉兆玄、蘇起、王金平均參加）宣布世衛組織同意台灣以「中華台北」名義觀察員參加，表示榮耀。其實聯合國組織下的機構以「中華台北」參加，惡例一開，台灣主權完全喪失，就是一國兩制，無法保住「台灣」兩字或「中華民國」，連香港、澳門都不如。

4/30
- 「中華台北」既成為國際組織承認的國家，則中華民國和台灣更難有主權存在，不如將計就計，乾脆改為「中華台北共和國」以立足於世界。

- 出賣台灣求榮者，後人應記取，應負歷史責任。

5/1
- 生存權是人權與主權有別，馬先維護生存權後才主權是絕對錯誤。主權是人，無人再多的財富均是零，主權是生命，無生命還生存什麼，無主權自無生存權。

5/2
- 靜態意識：理想原則。動態意識：將理想原則行動化（革命）。

- 國民黨步向統一步驟——
  一、外交休兵。
  二、經濟傾中、依中（三通直航、中資入台、開放觀光）。
  三、地區化（地方化）馬英九的論點。
  四、香港化、澳門化：甚至不如港澳，而是中華台北，台灣消失。
  五、最後國民黨高官進入中國中央：由打倒共匪、消滅共匪到成中國權貴。

- 李登輝的「國統綱領」到「兩國論」，有相當的變化。

5/3
- 歷史是整體的真實，而非選擇性的切割，選擇性的切割則非真實性，自無歷史價值。

- 很功利的台灣人，大多傾向權貴、傾向財團，缺公義更缺真實，缺公義和真實而以權貴、財團為依歸的功利心態，台灣數十年的歷史，很難有真實性。尤其不少歷史家權貴化、財團

化，更談不上歷史，因此幾十年的台灣歷史，只不過是一部選擇性的權貴史和財團史，而無真實的台灣典範史。

‧馬政府不需主權，但到處申請加入國際組織，無知。

5/4 ‧酬庸比歪哥（貪汙之意）更可怕。

‧任何計劃或決策均要有完成的使命感，無使命感的任何計劃或決策，僅是湊熱鬧而已，只是個人生活的消遣，而無目標、無意義。

5/5 ‧說有感受的話，做有感受的事。無感受的話，無感受的事，是白說的、白做的，是說高興，做高興的。

‧我當縣長、行政院政務委員、中選會主委之職時，自身並無感受做官的味道，卸任公職後，看到他人對做官的在意（拍、敬），始覺我公職時只知做事與責任，無感受到做官的滋味，卸任後才格外感受到做官的滋味。

‧晚年只能在立場、角度的制高點上，做重點與原則的生活和決定，其他零零碎碎的雜事，已無時間參與和過問。

5/6 ‧人與人之間、朋友間的恩怨，均可化解。
政治人物是風骨，立場的問題，不易化解、不能化解。政治人物是責任和歷史的問題，本不應有恩怨，既由於風骨、立場、責任、歷史而惹恩怨，如何和解？政治是公的問題，私人怎能和解公的問題，並非兒戲呀（報上報導經國百年紀念會上，李、宋見面已和解，如果真和解，足見他們未把政治當公事而當私事處理）！

5/7 ‧是非：有倫理，是價值。利害：無倫理，是價格。

‧心靈環保（聖嚴法師提倡）：智慧、慈悲、謙卑、和諧。

‧果東方丈（一九五五年生）還年輕，我說：「很羨慕方丈年輕，如果能買回年輕，什麼地位，什麼財富均可放棄，就是傾家蕩產我都要回來。」果東方丈在頒心六倫種子教師證書時，特別提起這段話。

‧利害的人是勢利眼，是最現實、炒短線，不會有倫理，連道德

319

也談不上。

- 馬英九昨天到海基會慰留江丙坤，唯媒體暴料江丙坤有兩件問題：其子在中國經商、有二億豪宅，錢從哪裡來的？

  江丙坤不澄清利益迴避，又不說明鉅富的來源，令人質疑。馬英九說他自己不貪，但專門用有問題的人，江丙坤不講清楚，馬英九應代為說清楚，否則馬的政府亦非清楚政府。

- 功利就無倫理，功利的人生吃都不夠了，哪有曬乾之理。

5/10　・有典範條件的人始有資格站上政治舞台（演講台、頒獎台、鋒頭台、說話台、領袖台），亦即有學問、有智慧、有道德、有誠信、有公義、有典範者始有資格向群眾、人民說話。很可惜台灣在國民黨統治數十年，這些講台全被那些惡勢力、馬屁精、不學無術、權力傲慢、五四三、不倫不類的政客、偽君子霸占，人民只能聽到那些無公義、騙來騙去的聲音，無法聽到有是非、有公道、有人性、有正義的正經話和真實話，才促使幫派政黨顛倒是非、顛倒黑白，欺騙人民，吃人民夠夠，說謊臉不紅、無知、無恥、無能、無賴的統治。

　　而今社會已無公義，無是非善惡之分，更缺倫理道德，面對此情此景，無奈又無法挽回，統治階層應負抄家滅族之罪責。而台灣人應發起唾棄政客統治運動，全面向政客宣戰、討回公道，台灣才能自救。

5/11　・在位者應有羞恥心和責任感。台灣的官場只要搶到權位就開始享受榮華和搜刮利益，缺乏羞惡心和責任感，這是台灣官場文化。

5/12　・縣市合併升格就要延選新首長，這是硬拗成習和野蠻作風。民主政治之可貴，在於任期制與民契約，任期滿即應離職，不應藉故延任，不只違法，也違背民意。除非獨裁專制政治始可違法，違背民意。國民黨一路走來，均是專制威權心態，如今號稱為民主化，竟仍沿習過去威權制度說延就延，罔顧法律，違背與民契約。

馬英九知法犯法，大膽與公權力挑戰與公權力作對，蠻幹瞎幹，人民應清算之。

· 統治者自身無倫理道德的天性和修爲，竟一味推動倫理道德和有品運動，有倫理道德的國民和有品的社會只是方便他的統治而已。

· 破壞人性的兩顆核彈：一爲權力，一爲金錢。面對權力和金錢眼起濁。爲權位，無永久朋友，均是一時的利害結合；爲家產，兄弟姊妹反目成仇，甚至與父母亦然。

因說有品、心六倫是靜態，如果是動態就亂起來，不會乖乖地有品、心六倫。

· 教育部推動「有品運動」，我認爲——

一、領導者、主事者本身應具有品條件。

二、從事有品運動者，本身應有素養，以身作則，表率風範。

三、否則流爲形式、口號，作秀又多了。

5/13 · 馬英九的政績專門搞擴編人員及加薪，可惡！

一、聘酬庸的資政、國策顧問。

二、政務人員法

（一）總統府增二十一位政務顧問，行政院增十七位政務顧問。

（二）國安會祕書長、總統府祕書長待遇提高爲院長級。

（三）地方民代增加助理。

地方民代質低，黑金不少，增加助理等於增加惡勢力。其實地方民代不設助理，以民代的品質和地方民代的工作需要均無理由設助理。過去不設助理，議事效能比現在好。增加助理的好處，一方面增加關說施壓的特權人數，另方面擴大黑金勢力，民代可以其爪牙伸入利益地盤，這是馬英九討好基層民代的大禮物。這些法案一旦過關貪腐沒完沒了，台灣將失去清明的天空，將帶來黑雲佈暴風天。

5/15 · 中國強大的兩大理由——

一、專制政治的高效率成就。

二、增碳的工業和經濟發展（資本主義）。

· 報載顏清標假釋出獄——

一、辦出獄手續從法務部到監獄，經五個單位只要九小時即可辦好，馬政府的效率很高。

二、馬英九立即電致意，並盼勿再胖，是元首的體貼。

· 陳菊市長五月二十一日訪北京：民進黨一貫反中國，陳菊過去也是反中頭號戰將，如今爭赴中國，對民進黨的反中無異投下核彈。陳菊過去是郭雨新的祕書，郭也是台獨高層人士，陳菊利用郭雨新的聲望闖大，才有今日，陳菊這樣做對得起郭雨新嗎？也對得起民進黨嗎？

5/16 · 如果為了經濟須向中國靠攏而犧牲主權，就如同為了生活可去搶劫，而甘冒坐牢的危險同樣道理。

· ECFA如果是犧牲主權獲得一時的好處，如同出賣祖產獲得家庭成員一時的好處。然主權一出賣、祖產一出賣，國家或家庭均產生嚴重問題。

5/17 · 無能的政府，人民才抗爭。

· 現在政府很皮，傳統式抗爭如同抓癢和搧涼而已，浪費社會資源。

· 陳菊五月二十一日赴中，民進黨反對，她說會在平等尊嚴前提下赴中，與國民黨傾中的說法完全一致。

· 對立性的抗爭如要理性，不如不抗爭，多此一舉。

· 即將赴北京的陳菊，今晚在總統府前的靜坐會上的演講內容，盡量迴避攻擊中國，一再強調維護民主、自由、人權，並非主權，涉中部分，只有：反對中國勞工來台、抵抗馬英九集團及中國集團。她還呼籲台灣人要團結。

院轄市長要投奔中國了，還要團結什麼，數十年的嘴臉依然不變。

· 賣台比貪汙罪惡更大。馬英九果真賣台，其罪責比貪汙的陳水

322

扁更不可原諒，至少馬扁勢面已拉近爲半斤八兩。

5/18・民進黨及本土社團在台北、高雄動員了六十萬人遊行和靜坐，進行了一場「很乖的抗爭」，配合拗蠻的馬英九「理性和平」演出，對嗆馬毫無作用，只是一場很成功的秀，蔡英文及四大天王搶盡鋒頭而已。

・葉金川在瑞士被留學生嗆聲「賣台」，葉反駁，「誰會比他愛台灣」？SARS時他犧牲生命愛台灣，以此例說他愛台灣，無邏輯。眞正愛台灣是維護台灣主權，如不維護主權，其他枝節性的愛台灣均是說好聽話而已。愛主權才是眞正愛台灣。

・官員說「愛台灣」，其實是「愛做官」。

5/19・葉金川昨天在日內瓦罵台灣留學生有感——

一、葉金川忘了他是公僕，竟罵主人不要臉。

二、討人情，過去他抗SARS的事自認他是抗煞（SARS）英雄，愛台第一人。

三、表現傲慢官僚。

四、教示台灣人給中國看。

五、要學生講台灣話，殊不知年輕人大部分台灣話不流利。今後立法院詢答均應用台灣話。

六、愛台不等於維護主權，無主權還要愛什麼。

七、對嗆賣台學生保留追訴權。要追什麼訴？幼稚、無知、肚量小，學生縱有錯誤或不知，也是情有可原。

5/20・寧爲烏鴉不爲狗官。

・媒體是毀台灣的殺手——

一、過去我曾說台灣的媒體Callin節目有三種人：有吃說有吃的話、無吃說無吃的話、吃一點點說一點點的話。

二、政黨（幫派）操作媒體。

三、藍綠媒體各爲其主。

四、名嘴十年來均爲那些人，有些人由他的嘴臉無是非心，無公義的品德，無中立、超然、客觀、公正的性格，無了解

真實和行政程序的瞎説。社會付出相當代價，人民均受那些名嘴麻醉誤導而不自拔。

5/26
- 無公平就無永續，炒短線自無永續。
- 財團影響國土規劃和國家重大建設最嚴重，而政府官員敵不過利的誘惑和賄賂紅包，無法維護國家整體長遠計劃，致很多建設計劃受到財團與官員互利關係下，很多建設失衡、炒短線，不只無長久性，更談不上永續。
- 台灣的機關首長不少是頒獎、破土、剪綵、合照、拍馬屁專家，因此卸任後一切空白，僅留下上列見笑的照片，可惜！
- 人爲的大部分是假的，但政治人物最假。
- 自然真實是人類最有價值的生活。
- 心靈的美麗比環境的美麗重要。
- 無公義，心靈絕不會美好的。

5/27
- 群策會董事會上，李總統説，李遠哲傷害台灣很大，今日教育的失敗他應負最大責任。同時他説，李遠哲反對發射衛星及發展飛彈。

5/28
- 一位優秀領導者應實踐道德，不是只會説道德，要別人遵守道德，而自己不實踐道德生活，言行不一致，説的一套做的又另一套，不誠信，最後矛盾，無邏輯的生活，均爲最缺德的，非好的領導人。
- 約翰・加爾布雷斯（John Galbraith）在《自滿年代》一書中説「今日哪怕是富人的蠢話，也會被奉爲至理名言」。我想同理，「今日哪怕是大官的蠢話，也會被奉爲至理名言」。可憐的人類墮落到這種地步。

5/30
- 民主只是好聽的名詞、口號，對台灣生存優質的永續是否定的。
  一、很難有智慧、學問、道德、誠信、公義、能力、典範的政治家出現。
  二、選出的官員或民代大部爲中等以下人才，下等最多，如台

灣選黑與金爲多，賢能（中等）之士很難出頭。

三、國家、社會、人民、歷史敵不過炒短線的選票，亦即一切爲選票。國家的理念、理想不存，人民只是被裝笑爲的而不自知，社會歷史更談不上。

四、政黨輪替，國家大目標、社會秩序、人民福祉在政客輪替下難永續，只有斷層，很難有一貫性。

五、是壞人管好人，下等人管上等人的反淘汰制。

六、在中下等人統治下，所謂立德、立功、立言、風範、風格、風骨，從此再見。

七、只有價格觀而無價值觀的社會。

5/31 ・一、參加派對人數超過六百位，大部分均站著，台上講話，台下靜悄悄，台灣則台下聲音比台上大。

二、派對自上午十點到下午三點，貴賓參與人員很少離開會場，台灣是流水席，早就跑光了。

足見日本社會與台灣社會不同，是有無教養的問題，台灣差多了。

6/1 ・無倫理道德、無靈性，不管你的權位多大，財勢多大，均是動物園式的生活，毫無意義可言。

6/2 ・無道德的人取得權力和財富，人類將遭殃。

・人民應抗拒無道德的大官和有錢人。

・所謂民主就是無政府狀態，可說是黑金和大官做主而已。

・人民無知識和能力維護選賢與能的選票，所謂「神聖的一票」是騙人的。

6/3 ・同來的一位看相的周老師看我的手相後，說我的智慧很高，但樹敵不少。這些人表面上不錯，但伺機報復我。她說我雖已退休，但鬥志驚人，這些小鬼等著機會報復。我想這是必然，因我對權勢（無德）一向不服，並經常爲人民說公道話，很嚴峻地批判他們，他們報復是必然。

6/5 ・開封府有大宋眞宗皇帝戒諭之文：「一曰清心，謂平心待物不

爲喜怒愛憎之所遷，則庶事自正。二曰奉公，謂公直潔已，則民自畏服。三曰修德，謂以德化人，不心專尚威猛。四曰責實，謂尋求實效，勿競虛榮。五曰明察，謂以察民情，勿使賦役不均，刑罰不中。六曰勸課，謂勸諭下民，勸於孝悌之行，農桑之勞。七曰革弊，謂求民疾苦而釐革之。」

6/9 ・台灣無是非之分，且永遠無是非之分。是非是靠運氣而解套，權力和財富竟成「是非」的主宰者。

6/10 ・要有典範的總統，不要權力的總統；要有謙卑的總統，不要傲慢的總統；要有品德的總統，不要做官的總統。

・活堂堂正正才會永恆，小人、豎仔只是短暫。

6/11 ・酬庸比不沾鍋可惡。

6/12 ・我一向要求自身很嚴，因此我很少滿意過自己的作爲，亦因此要求他人嚴，對國事和社會事較難滿意。

6/18 ・什麼叫做責任政治？首長或政務官說話錯誤或政策錯誤（包括違法或不當），或無法達成施政目標，均應下台。道歉不是責任，唯一下台才是責任政治。

台灣的首長或政務官縱有重大錯失也要強辯、硬拗，最後理虧，至多是道歉而已。符合責任政治的瀟灑漂亮下台很少，責任政治是空談，是學理騙人之詞。

・教育部花十二億推動三品運動，一爲品德，二爲品質，三爲品味。其實品德不好，品質和品味是白說的。然品德是生活教育，應從領導階層、官員、教師、父母做好榜樣，以身作則做起，始有成效。如果領導者、官員、教師、父母品德不好，就是花一兆也無法提升國民品德。台灣今日問題完全出在政治人物爲爭權奪利不擇手段，缺誠信、硬拗、豎仔步、騙來騙去，道不盡的缺德，公然做不良示範，才導致人性消失、無倫理道德，領導者品德不好，叫人要有品德，實在不可能的，花十二億，是作秀，掩蓋其本身無品德的招數而已。

6/19 ・無品無資格搞有品運動，不是官大就有品，其實政治人物大部

分最無品，有品的人不會爭權奪利，有品的人才有廉恥。今日的官「說呷口液全波」，只是豎仔嘴、硬拗嘴，最無恥、最無品。由無品的政治人物搞有品運動，真會笑死人，也是一大諷刺，真是無知、無恥、無格。是浪費人民十二億血汗錢的史上大秀而已。

· 國安會祕書長蘇起之妻陳月卿公然到中國舉行新書發表會，馬英九說「下不為例」，這句話是人治、威權、統治者心態。一位哈佛法學博士的法治觀念是如此，很為哈佛悲哀。照理應追究國安會祕書長之責任，民主法治只有法律之前人人平等，無下不為例的鬼話。

6/20 · 高雄港務局長等數十位因浮報貨櫃量詐取三億獎金，今被檢察官起訴，實在見笑。台灣的官員為維護政權，騙取政績，很多報表都是隨便製作、膨風（誇大之意）數字，以騙取政績，鞏固政權。由高雄港務局被捉到之例，政府的報表虛偽，不足採信，人民不應相信官方的統計數字，否則會被誤導，死得很難看。

6/21 · 不少高官及司法人員卸任後均被網羅於大企業，當顧問或董事長獨任董事，當然它們的共同語言就是「借重他們的專業」，其實不然。我從政數十年來一直反對，在任官員就預先籌謀卸任後的出路，即在任與財團掛勾甚緊，特別為財團服務，以換取退休後的出路。因有那段互相利用建立退休後酬庸關係，此地無銀三百兩，在任時出賣公權力或將公權力為特定財團服務，否則誰會理你？台灣本就是公私不分的社會，在任內盡量中飽私囊，並預籌退休後的出路，吃得大碗又抹得乾乾淨淨，才有退休後的酬庸職位。倘在任時不為特定財團服務，人家連認識你都不可能，焉有天掉下來的董事長、董事或顧問，領取鉅額乾薪的機會呢？

以我從縣長、政務委員、中選會主委、國家文化總會……二十多年退休後，與財團從不發生酬庸關係。其實我與財團的關係

並不遜於他們，但從不出賣公權力或以公權力為他們做特別的服務，人家自無酬庸意念，因此我退休後不染指財團任何酬庸職位，一切清清白白，不會看財團臉色而生存。人生苦短，尊嚴才是人的真實生命，是我的價值觀。我不會像人家想東想西，無魚蝦也好，加減賺，淪為受雇人的地位，亦即晚節不保，成為退休後的可憐蟲。

6/22 ・政治只有利害而無是非，更無人格可言。政治是大是大非的問題，怎可私了。如果大是大非可私了，政治人物最無品、無格，人人可共唾棄之。

・大是大非如可私了，人民納稅錢算什麼？白白被無是非的政客玩完，公義在哪裡？

・三立電視節目報導，看到李宋已修好。我想政治立場的翻臉、決裂是政壇之常情，無可厚非。唯如因政治利害導致感情決裂，甚至演變成仇視、毒罵，十年無來往，兩人相當有志氣，如今可修好，相當有勇氣。凡是政治無是非，只有私人恩怨，公私不分，只有私人利害，修好也是常情。

6/23 ・《聯合報》第A4版刊載「馬訪中南美，將遇歐巴馬」。上次到薩爾瓦多遇到希拉蕊，堂堂總統出國訪問，均在等「拾碎肉」，如小孩看大人的熱鬧而高興，失去一國之主之尊，這是台灣人繳比他國多稅金而換來的「拾碎肉」悲哀！

・《聯合報》第A8版刊載「老本被搶竟是曾孫下手」。林口鄉八十一歲蔡姓老翁積蓄六十萬元，竟被曾孫夥同外人行搶，倫道全失。

・校長、教授、讀書人如無公義感，表示人品不良。

6/24 ・這個社會已無真實和良知可言，只有說謊比賽。說謊漂亮贏得掌聲，可說騙術高明，較易使人上當。

6/25 ・周的禮樂文化；
春秋戰國的諸子百家；
漢朝的儒家文化；

唐朝的佛教文化；

宋朝的朱子學；

明朝的陽明理學到新儒文化；

清朝與基督教文化相遇；

近代的三民主義與共產主義。

- 三絕：詩、書、畫。
- 孔子說天德的本質是仁，漢朝董仲舒明言天是仁。孟子說天命的核心是仁」。王陽明主張「天是良知」、「真誠」、「誠愛」。

6/26
- 台灣不如大陸之處——

一、大陸領導階層雖專制，唯無權力的傲慢，而台灣高層雖稱民主，但均有權力的傲慢，如台灣高層之家屬子女不斷在媒體上曝光，而中國高層家屬子女很難看到在媒體上。阿扁子女的世紀婚姻、金孫，馬英九之女馬元中等一舉一動均在媒體上，馬夫人更多，其他高層之家屬子女亦然。

二、中國大量起用年輕人、新臉孔，而台灣迄仍由那些老人、老臉孔占住，年輕人難有出頭機會。而那些老人、老臉孔全為既得利益者，終身得利，享受權力的傲慢、榮華，並非好貨，僅是官大學問大而已。

三、名嘴誤國，那些固定的名嘴，是萬能之神，能呼風喚雨，什麼都懂，什麼都有高見，什麼都是他們對的，不少是權力財團的打手工具，藍綠分明，非公正、客觀、超然、中立之士，台灣整個社會均彌漫著對立、偏見、鬥爭的氣氛，而中國則無此情形，不讓此種人在媒體上到處放火，汙染、製造亂源。

台灣最近爆料名嘴和財團蔡竹雄及陳聰明，在新同樂吃魚翅餐的，有胡忠信、張啟楷、黎建南、江岷欽，還是與權貴結合。

6/29
- 一位私心重的領導者，最喜人家拍馬屁和討好他的人，因此他的用人也止於會討好他或拍他馬屁的人。大部分領導者屬於此

類的人。

6/30　・修養是健康之本，無好的修養是健康不起來。

　　　・黃石城是永遠未當過官的黃石城。

7/3　・在國際會議中心「發現幸福的密碼」座談會。我的看法——

　　　一、滿足滿意自會幸福。

　　　二、有人性也會幸福，即有倫理道德的修養才像人，自然幸福。

　　　三、謙虛也會幸福，謙虛的人不虧欠人家，自無壓力，也會幸福。

　　　四、有價值觀的人也會幸福，價格觀則沒完沒了，自難幸福。

　　　五、相對性求平衡也是幸福，不平衡就有壓力，壓力就不幸福。

　　　六、要創造幸福，並非等著幸福。

　　　七、心靈上的幸福比名利上的幸福重要。

　　　八、修養的人才會幸福。

7/13　・我一生最吃虧的是沒有幫派背景相挺，也未曾靠幫派吃飯，只靠一根硬骨頭到處亂竄，為堅持公義奮鬥到底，經常仗義執言，得罪幫派頭目，被幫派圍剿，永不屈服，雖然人家討厭我，我偏偏不討人歡喜。

　　　・無良心的人，才會勢利，才會西瓜偎大邊，才會出賣來出賣去，才會見利忘義。

7/15　・台灣人口兩千三百萬，大學近一百七十所，入學考試成績十八分就可讀大學，已失去大學的意義，破壞大學學術尊嚴，大學設備和師資均有問題，造成大學泛濫之罪源。立法委員為選票紛紛答應爭取升格，而教育部長無骨頭髓，為求保官位，毫無責任地核准升格，今日大學水準低劣，主政者難卸其責。

7/17　・做官不可走雲頂，不少做官均走雲頂，尤其民主怎可走雲頂。

　　　・台灣反對運動人物，大部分的目的僅限於抬高自己的身分與地位而已。此可由其言行舉動可了解，很少具使命感，無凝聚力

也無團結力，反而是排斥力、內鬥力，怕他的既得利益（身分、地位）被同僚取代。台灣的反對運動僅止於此，很難再突破。

7/19　·政治家說未來理想，政客說現在、現實。

7/21　·馬英九說清廉、不沾鍋，唯不誠信、酬庸（還有椿腳、金主、功臣，當監委、考委、資政、國策顧問），亂用人亂花錢才可怕。

　　　·台灣政治人物患有嘴巴與事實、行動不一致症。

7/22　·年齡這麼大了，只能談根的問題、原則問題，已無時間說枝葉問題。

7/24　·人性消失、無倫理道德、社會無是非、價值崩解、公義不存的台灣，有些人還為台灣歌頌、稱讚、傲慢、灌迷湯，不說實話，真非使台灣安樂死不甘心。

　　　·不要說為自己舒適的話，不要說為自己滿足的話，不要說為自己得意的話，應為他人多說他們哪裡不舒適的話，應為他人多說他們哪裡不滿意的話，應為他人多說他們不得意的話，亦即應為弱勢說話。

　　　·如果是動物園的舒適，台灣人將當之無愧。

　　　·人性被掏空了，地球被掏空了，人性消失，地球創傷，人類基本修養和生存環境被破壞，人類面臨存亡關鍵性的犧牲，得利者僅是少數的大官和大財團，而大多數的人類均是被害者，如此公平嗎？合乎正義嗎？被害的人類應奮起團結起來，向那些少數既得利益的大官和財團討回公道，要回純潔的人性和完美的地球。

　　　·破壞人性和地球的兩大惡勢力，一為權力，一為財團。這是簡單明確的事。

7/25　·為什麼現在無士紳、無人格者、無有志者？一方面無倫理道德，一方面被反淘汰的惡勢力鬥垮、消滅。

7/26　·馬英九兼任黨主席的不當——

一、未當選總統前反對總統兼黨主席，要做全民的總統，當選總統後要兼任黨主席，不只無誠信，沒有「品」，並違背政見，犯了政治領袖的大忌。如我以一個選民，當初是因馬要當全民總統的主張才投他票，如今他突然要做國民黨的總統，不做全民總統，當然我覺得受騙。馬做總統剛滿一年就想孔想縫，要兼黨主席，使他的人格破產，也可證明他權力慾強的野心。違背政見亦構成罷免下台的理由。

二、中國共產黨是國家主席兼黨總書記，我們批它們為專制非民主，然馬英九也兼黨主席與中國共產黨一樣，居然還自誇「台灣民主成就」，其實與中國共產黨的專制無異，嗣後不可再騙世人說台灣民主的成就。

三、馬英九兼黨主席是權力野心，而非要多負點責任。由他整個談話的嘴臉看來，理不直氣不壯，他的「馬腳全露」，看他談話的電視鏡頭快要吐出來，不沾鍋的人格完全破產。

四、總統無法做好，牽拖無當黨主席，太扯了。美國總統並無兼黨主席，他居然可領導全世界，馬呢？

五、馬兼黨主席說要貫徹「廉能政治」，其實黨內政要（黨中央高幹）清廉嗎？國民黨提名人選，大部分是黑金，清廉嗎？他能解決嗎？

7/29　‧馬英九號稱不沾鍋，但他的說話都沾鍋，說話沾鍋就是不誠信。

‧民進黨現存的大官，只有大官名而無政績，因任期太短，只沾沾醬油而已。

‧反對黨要批執政黨應根據事實、證據加上政治哲學的思考，才站得住腳。

7/30　‧扁案辯論終結，看到扁、珍與過去紅人陳鎮慧的絕情對峙，證明人心險惡，世間無道義。

一、扁、珍如真那麼多貪瀆重罪，自應依國法處罪，珍、扁也

應接受國法制裁，勿狡賴，罪責推給過去共享權力傲慢的戰友。

二、過去這些幕僚於扁總統任內，是天下最紅的人，如馬永成婚禮，大財團均到，內閣部會首長都未受邀參加，如非扁的關係，馬有何本事能吸引那麼多財團參加呢？當扁幕僚既有此權勢，自應付出代價，協助扁或配合扁的不法，倘當時不當阿扁的紅人，自可拒絕配合或協助，早就應了斷辭職，何必於扁、珍東窗事發後，將扁、珍的罪證，在法庭上向扁、珍發難，有出賣長官而求自己脫罪的動作。當扁權力顛峰時，他們也紅得發紫，共享人生最榮華、最風光的一幕，如今免付出些代價嗎？早知如此何必當初，至少要些道義的表現。

三、我常說台灣是自私自利的社會，好處大家要，遇到事，日頭赤焰焰，隨人顧生命，大家為求脫罪或減刑，紛紛出賣來出賣去，俗語說「人不為己，天誅地滅」。在這句合理的指引下，所謂「道義」是蕩然無存。如今他們揭穿扁、珍的罪狀，對法庭來說是立一大功，但回想阿扁盛世時，他們共享數年權力傲慢的情景，他們雖得到免刑或減刑，該有點良心吧！

8/3　・葉金川就任衛生署長不到一年，又離職要到花蓮選縣長。一年三個月換四任署長，與民進黨時代無異，大家均混三溫暖式的經歷來騙社會騙人民，毫無政績，只有大官經歷而已。

・國民黨正在提名縣長，黨高層到處「協調」，其實是到處「搓圓仔湯」。如無圓仔湯，最憨的人也不會參與協調，然搓圓仔湯是違法的，是國民黨數十年的傳家寶，國民黨迄今仍用過去的手法搓圓仔湯，把台灣的民主搓掉。

8/6　・《中國時報》第A22版刊載「大陸民調：官員誠信度低於妓女」。中共中央理論刊物（求是教育集團旗下的《小康》雜誌）誠信調查，結果前三名是農民、宗教家、妓女（性工作

者），調查顯示民眾寧願相信拿錢辦事的妓女也不相信官員。接近百分之九十的人認為官方的調查數據「絕對」是假的，從來都不相信，與我一貫的看法一致。

8/7 ・國民黨式的協調就是搓圓仔湯，縣市長、鄉鎮市長、民代的協調均以相當對價搓出來的。

8/9 ・莫拉克（八八）颱風，豪雨重創南台灣，造成重大災害，而馬政府無法招架。國民黨統治台灣六十年，口水淹沒了公義，但敵不過洪水，逃不過大自然的反撲。國民黨的建設是炒短線選票建設、分贓建設、人情建設，因「無整體規劃系統建設」，不管花多少錢投入防洪建設，均難解決根本問題。馬英九誇談政績，人民無可奈何，只有天公能對國民黨驗收，亦唯有天公才能對付國民黨政府。

・每逢天災幾位首長才匆匆從國外趕回，他們出國理由是出國招商或出國考察。其實哪一位有招商本領？出國考察是搭頭等機票，住五星級大飯店，花費鉅額公帑，也是「開公」以達私人到外國遊覽而已。不管出國招商或出國考察完全是說謊無人追蹤，然民代本身亦然，天下烏鴉一般黑。

8/11 ・要做就要做有效果，無效果最好不必做，無效果的作為就是作秀，浪費時間和資源。

8/13 ・馬英九的真面目——

一、八七晚莫拉克颱風夜，馬英九參加婚宴還高興致詞，太離譜。

二、到災區勘災無法當場解決問題，反而怪東怪西，作秀大王。

三、八月十二日勘災，竟有數十名警察大陣容保護，還在展示威風，笑死人。哪有勘災須那麼多人保護，顯示不得民心，須防意外，勘災意義盡失。

四、馬的不沾鍋完全破功。

五、馬英九為何不到災區Long Stay？

- 看到到處災區災民求救無援，政府在哪裡？馬英九、劉兆玄除了在秀場怪來怪去，可說一籌莫展，任憑災民叫苦連天，他們都聾了。碰到白痴政府，人民莫可奈何，今日已是災後第六天，搶救工作之慢，似無政府狀態，顯示馬、劉的無能、無責。

- 馬的不沾鍋，由此次莫拉克災害一籌莫展看來，不沾鍋是無知、無能、無賴、無恥之意。

- 國軍（特戰部隊）投入救災，效果最大，唯此次莫拉克救災並未發揮力量，可能是最高統帥無知、優柔寡斷、無明確命令，國防部長未積極動作，使救災坐失良機績效有限，否則應可發揮數倍力量。如此次狀況，災後第六天，各地待救人民還那麼多，顯示國軍並未發揮力量，如果說國軍已盡所能投入，效果只是如此，則軍隊戰力令人擔憂，如何作戰。

- 總統或首長勘災如無法當場解決災民問題，是作秀，如要了解災情，媒體鏡頭足使首長全面了解，不必親到現場做有限的秀。

- 馬是無能的不沾鍋，也是無能的獨裁者（救災無半步，還執意做全程的秀）。

- 南台灣空前大災害，但股票一直漲不停，不正常，可能有政治因素在操作，顯不合常理。

8/14 ・看到電視報導馬英九及劉兆玄鏡頭──

　　一、馬在災區接受外國記者質疑政府救災動作慢，馬竟說「是災民沒先撤」，意思是災民活該。把責任推給災民太無人性、太可惡，那麼多的災民就是要先撤，要撤到哪裡？誰給他們安置？說撤簡單，撤離是大工程，如何撤？撤到哪個地方？政府有否先規劃場所給他們住？交通工具在哪裡（不是大官出門黑頭車）？撤離非易事，由此可看出馬的真面目，他是一個裝模作樣的高手，表面上說不沾鍋，其實是大沾鍋，是偽君子，由他此次怪災民（死人）推卸責

任，他已無資格領導台灣，全民應向馬宣戰、究責。又先前不知災害之嚴重竟拒外國援助，今日才改口歡迎外國援助，出爾反爾的總統，台灣何其不幸，出了五流總統。

二、劉兆玄在記者會自誇這次救災算很快，眞是「明眼說瞎話」，明明大失職，不承認罪責，還誇政績，把人民當白痴，災民快要死光了，劉還自誇救災很快，這種無知、無能、無賴的閣揆，悲哀！

三、三立《大話新聞》（八月十三日）提出《紐約時報》及《華爾街日報》指責馬失職，外交部拒外國支援，副參謀長公開聲明的證據。

・《自由時報》第一版刊載——

一、八月十三日《紐約時報》「台灣總統在颱風後成爲民怨箭靶」。

二、《華爾街日報》刊哭求馬英九尋找失蹤父親下落的台東災民李昱穎，馬答應後等了兩天，仍未得到承諾的協助，只好自行催怪手開挖，向電視台抱怨，這算哪門的援助。

三、CNN、國際通訊社、美聯社、法新社均指政府救災不力，速度過慢。

8/15 ・餘年不多，剩下時間只能與有智慧、人格者、正人君子相處，遠離政客、豎仔、小人。

・馬英九還命來！由於你無法治國，無法保護人民生命財產安全，照你掌握大權（決策和金錢）和三軍統帥，莫拉克大災害完全一籌莫展，「占糞坑不拉屎」，不立即行使統帥權，立即命令軍隊進入災區搶救人命，只顧到災區作秀，又無法面對問題、解決災害問題，還拒絕外援（雖然推給外交部），依理你應主動命外交部向外求援，你並無主動要求外援，也是你的責任。由於你的瀆職失政，才增加無數同胞的死亡和財產損失，面對這麼多無辜台灣人的死亡，依日本武士道精神，應切腹自殺，比叛國罪還重。不要再硬拗下去，人命關天，不要裝聾作

哂，以為是一般的責任，道歉了事。無治國本事不要執政，「沒那個屁股，還吃瀉藥」，否則全國人命會被你玩完。這次你對那麼多死亡同胞的亡魂如何交代？由於你優柔寡斷、笨手笨腦，無法行使總統職權，光作秀到昨天才開國安會（災後一星期），人都已死光了，你才啟動國安機制。國安會蘇起秘書長和諮詢委員你們還在睡覺，無人立即提起召開國安會，總動員緊急搶救災區，才釀成那麼大傷亡，你們也應負殺人罪責。這些酬庸的蛋頭學者，無知、無能、無恥、無賴，只靠那個利嘴享受權力的傲慢和天天吃香喝辣的榮華，你們如有良心，應速自行了斷以平民憤，而慰亡魂，台灣已被你們拗完了。

劉兆玄院長是很好的學人，但政治一竅不通，治國非在教學生，不要以靜態寫小說的如意算盤，就能處理「天有不測風雲」的動態天害。這次死亡增加那麼多，你是罪魁禍首，你想逃避罪責，竟編一篇「這次救災算很快，比九二一還快」的卸責騙人小說。相信全國人民已學聰明了、學乖了，也許你的標準「還死不夠嗎」、「難道要全部死光嗎」，你的「救災快速論」，台灣人不敢領教。現在已闖大禍了，如何向台灣人民和死難同胞交代，希望你也寫一篇「公道有責」的小說。本來你接行政院長很為你慶幸，然你一上任，看到你權力傲慢的嘴臉，甚為失望。救災快速論就是你權力傲慢的自然流露，死那麼多人還敢說救災很快，有良心的人，死亡那麼多，縱然救災很快也不敢說出來。而馬英九一直把責任推給受災同胞，竟說「災民沒先撤」，把責任推給災民，死有餘辜。我們何其不幸，出了連責任都不沾鍋的寶貝總統，台灣人的悲哀！須知道要撤離危險區，說是簡單，其實是高難度的工程，不是喊撤就能撤，幾個鄉、幾個村那麼多人怎麼撤？撤到哪裡？政府有否安置場所？衣食住行政府有協助否？撤離工程困難重重，軍隊要撤離或政府本身要搬離也沒那麼簡單，何況是無知的老百姓，馬英九應知道「飯可亂吃，話不能亂說」，否則會貽笑天

下，連外國媒體都笑出來。

　　總之，馬英九統治集團無知、無能，失職釀成台灣空前的災難，雖是天災亦是人禍。天災人禍接踵而來，唯馬英九集團「權力的傲慢」加上對「責任的不沾鍋」，才鑄成台灣今日這麼慘的下場，馬英九集團應負實際全責。如何負責，馬英九還命來。

8/17・飯可以黑白吃，話不可黑白講，我說「官不可黑白做」。莫拉克災害，馬英九、劉兆玄及政務官失職、無能，即官不可黑白做。

8/18・馬英九在記者會說他負全責，他的負全責是什麼全責，如何負起責任，怎麼負呢？其實負責不能隨便說說，責任是應付出代價的，非一般口號隨便喊喊就算了。但依馬的意思是，將來救災會改進、會做好，並懲處失職官員，這就是責任，太離譜了。須知道，責任是過去式，不是未來式。

・馬英九在記者會上居然說「很多人已經得到教訓」。莫拉克死亡滅村說是很多人已得到教訓，馬的邏輯很可怕。

8/19・台灣政治若要好，只能台灣人自己要有自主、自覺性的智慧選擇和決定，要拒絕黨派、惡勢力和黑金的牽制、影響，否則永難出頭天。

・馬英九在記者會上，有感──

　　一、說負全責，其實是要懲處他人，和今後災區重建要做更好，這是他的責任觀，自己均無責任。

　　二、全場記者會從不認錯、硬拗，雖有道歉，但不認錯，又解釋那麼多，使道歉七秒鐘泡沫化，一點道歉的誠意都沒有。

　　三、顯示馬無能治國，難怪CNN民調百分之八十二要他下台，災民亦嗆聲要他下台。

　　四、不知人間煙火，絕無「苦民所苦」的誠心，只是美麗的謊言。

五、災害那麼嚴重，馬參加喜宴，劉兆玄理髮、染髮，薛香川吃爸爸節大餐，邱正雄對廖了以說災害沒有那麼嚴重……在在均可看出執政團隊的傲慢。無把嚴重災害看在眼內，如此草菅人命，均無資格擔任公職。

- 中時頭版刊載「急難金只有政府還沒發」，太可惡。急難金還要受法令限制，那乾脆不叫急難金了，這種政府不要也罷，刁難急難金是最不可原諒，馬政府是在害台灣人，可惡！可惡！

8/20
- 台灣的高層平時極盡權力的傲慢，失職時厚顏垂淚低頭道歉，這樣官位照幹，台灣人很好騙，悲哀！

- 災害救災不力，失職造成無數生命死亡，官員草菅人命，豈可道歉了事，難道殺人道歉就可無事嗎？很多殺人犯事後也後悔道歉，這樣就可無罪嗎？馬英九一再道歉、九十度鞠躬十秒就無事嗎？災民就要白死嗎？其實馬英九鞠躬道歉時間越久，表示草菅人命罪責越重，是白目的行為而已，對草菅人命仍難逃罪責。災民們家破人亡，勿被道歉謊言所騙，有良心的高官應自行了斷，勿再騙了，道歉是無能的切牌，你們以道歉來掩蓋權力的傲慢和草菅人命的罪責，企圖再以困獸之鬥來騙無知人民的同情，好讓無能、無責的官照做，可惡！

- 草菅人命與道歉不能對話。

- 草菅人命的責任與重建責任應分開算帳，馬英九昨天到小林村以未來式的重建來騙小林村村民，村民不疑有他竟鼓掌，顛倒是非，災民好騙。

- 馬英九的話哪可信，狗屎都可吃了。馬一路騙來均極順利，市長任內貓空纜車、文湖線、新生高架，無一項做好，均發生問題，浪費公帑至鉅，以至現在草菅人命均不負責，在記者會上全為自己罪責強辯、硬拗、不認錯，口頭負責，其實是負空責，無誠意，吃台灣人夠夠，可惡！

- 行政院要改組，總統府包括馬英九均應改組，國安會及總統府幕僚無知、無能，只會做大官對國家權力運作均無經驗、無治

國的責任感，只會權力的傲慢，才釀成今日的災難。馬團隊難適任，應立即改組，否則白痴的總統府是無法治國。

- 發送慰問金還要依程序，真是白目政府。災害是「緊急救難」，如要按程序，緊急的意義何在？馬政府可惡。

- 馬政府失職應立即改組，勿以標準答案「現在救災重要為不影響救災士氣，九月初才要改組」。既無能，應早一天改組，早一日解脫，那些昏庸無能怎可拖到九月初呢？馬英九真是硬拗高手。須知道只要無能庸人多一天，國家人民多一天損害。

- 消費券都發了，對災民如此刻薄，重建貸款竟要利息，太不合理，這是無能政府的傑作。

8/22
- 為什麼有權力的傲慢，因取得權力的人，大部分是走雲頂，忘了自己是人，而不知人間煙火。

- 「政局安定」為由不改組內閣，如此則內閣失職、違失均不必改組了，永遠給那些爛貨占住，國家還有什麼希望？以政局安定替爛貨解套，是國民黨歷史悠久的文化。

8/23
- 馬英九、劉兆玄這幾天在災區走泥漿、燒銀紙、祭拜死亡災胞，相當賣力，如在災害發生時能立即救災，不至於死亡這麼多，如今造成死亡太嚴重，知道代誌大條，罪責深重，這幾天為慰問災民、祭拜亡者，亡羊補牢，日夜到處奔波，值得肯定，唯可看出馬政府——
  一、治喪能力強（包括燒銀紙、祭拜、向家屬擁抱、握手、拍肩很周到）。
  二、救死不救生。
  三、作秀能力強。

- 既然國民黨要和中國合併，而馬英九能力又這麼差，不如讓胡錦濤兼台灣總統，也許對台灣有利。

- 廈門市街上看到「人人爭當有道德的人」很有意義，是動態的廣告，台灣連靜態的道德一詞都不易聽到。

8/24
- 無風骨的官，即狗官。

- 人格是不死的，而生命是會死的。
- 馬英九到災區忙著亡羊補牢的工作，如擁抱災民、祭拜、燒銀紙、握手、拍肩，不斷做道歉秀，此動作是消極行為，而非積極的救災重建。他對如何救災重建並不清楚，他這幾天，天天在災區走動，均在慰問災民，企圖拉回百分之十六的民調，至於如何救災，如何重建，如何做，從何做起，並無執行，也無具體內容的辦法，對災民的請託為求脫身均答應，但均難做到。

8/25
- 馬英九所用之人大多是做官不是要做事，支持率才百分之十六，國民黨的官大都是要做官，由每位大官的臉上看出大多是「做官臉」，做官臉絕不會做事。
- 真正有政治理想或為公義而坐牢的是可敬的，謀取政治利益而坐牢的，活該！為私利而坐牢是應該的，也是社會問題。

8/26
- 過去我說年老用金錢換回生命，如今我想更需用時間來換生命。
- 只有官殼而沒有內涵（靈魂）的台灣大官，才造成騙來騙去的政府。

8/30
- 洗腳就是謙卑，謙卑的人始有愛心。
- 是官不是人，官不會謙卑，是會傲慢，只有真正的人，才會謙卑。
- 道歉是「放屁安狗心」。

9/5
- 馬英九昨天在嘉義縣，當他正在講話時，有人舉布條要求馬快來救我，馬竟說「等我講完再來救」。權力的傲慢，失格。
- 台灣領導人物的缺失：無智慧（私心重）、無真實感（無誠意）、無能力（規劃、做事）、無道德感、無正義感、無公正、中立的性格。
- 品格與客觀（金錢的炫耀或權力的炫耀）不相稱時，不會有價值觀，只有價格感。很多有權力暴發戶或財團暴發戶，縱有數億豪宅或山珍海味，只有價格感而無價值感，因品格是無法用

權力或金錢所取代，無品格不管多大權力，不管百億財寶，均
無意義。

9/6 ・媒體工作者大都缺公義感和真實意識，利用言論自由權做為其
利害的工作手段，一方面可修理人家，一方面做為自肥利器，
因此政治人物不正，怕他們暴料，只好任其予取予求，有的請
吃飯、送禮、送錢，有的給他官位。

9/7 ・經數十年的觀察，政治人物大部分缺品德，然均能言善道，騙
來騙去的豎仔。

・我從事公事喜陽光化、透明化、公開化，在縣長任內從不搞小
圈圈，連藍綠的大圈圈我都不要，因此我不靠圈圈吃飯。

9/8 ・不少政治人物只有官位，而無內涵（修為、理念、品格、責
任、使命感）是政治豎仔。

・無智慧、無能力，也無實力，又要權力的傲慢，是穩死的，台
灣大部分政客均然。如果有智慧、有實力能力又強，在這方面
的傲慢也許還講得過去。

9/9 ・付出多少代價才享有多少傲慢，但最好都不可傲慢。

9/11 ・《聯合報》第A4版刊載「馬期行動內閣，因應六大挑戰」。
我盼能切實做到，非美麗的騙詞——
一、後重建。
二、強化防災。
三、治水防洪：特別預算、整治河川，不適任地區快遷移。
四、拚經濟。
五、新流感防疫。
六、立院開議。

・吳敦義四大施政主軸，我認為過去的主政者均說大話，很難做
到，只是官話、口號而已——
一、國土保育。
二、防治新流感。
三、提振經濟。

四、促進就業，務實推動兩岸及外交關係。

他堅定「以台灣為主對人民有利」的立場，並提出「開誠布公建立誠信」及「與民同理心榮辱與共」。

9/12 ・年輕時享用自然資源而活，年老時靠人為資源而活。

9/13 ・台灣人好騙——

一、馬英九利用幾天的LongStay就可騙來總統大位。

二、南台灣莫拉克災害死六百人以上，和無數財產的損失，馬英九無能、失職，但利用名為救災重建，到災區燒銀紙、膜拜、十秒鐘鞠躬道歉，和擁抱災民就可拉平死傷慘重的民調。亦即死了六百人的生命和無限財產，馬雖無能，但只要肯道歉、燒銀紙、擁抱災民，人民還是會被騙的。

9/18 ・平等應建立於權利義務的平等，才是真平等。非建立於權義的平等，均非平等。兩性的平等亦然，男女因生理上不一樣，怎能平等，只要權義平等，就是平等。

9/19 ・領導者的言論均很周全、美麗，唯行為內涵與言論不一致，甚至相反，也即背道而馳，因此對領導者的言行不可有何期待，才不會受誤導。

・對領導者的評價首先檢驗其行為，其次檢驗其言論，言行一致才是好的領導人，否則是騙人的。

・由於「權力無私」，我執政時只有無私的團隊。因無私，團隊完成任務後即解散，因此我無班底、小圈圈、大圈圈，由於無利害關係，不需班底、小圈圈、大圈圈，一切為國、為民、為公，心安理直，自由自在，獨來獨往，正大光明。

9/21 ・馬英九的筆記是騙人的，作秀，很少按筆記去做事解決問題，別人看來以為他很認真聽話，還記起來，表示尊重。其實做事解決問題不需筆記，災民訴苦馬上做馬上解決，寫筆記不知道真記或假記，是形式的、是騙人的，做事不需看筆記，看筆記做事太差了，表示無心未進入狀況，馬英九太假。

9/22 ・功利社會——

一、誠信的人不多；二、巧言令色者最多；三、說多做少原理；四、口才好又能做事最好，惜口才好能做事者並不多。

- 心六倫是要做給人看而不是講給人聽。

- 倫理、道德、典範均應做給人看，不是講給人聽。

9/28
- 雲林縣立委補選，民進黨的劉建國高票當選，得七萬多票，國民黨加脫黨兩位張姓候選人，得票才四萬多票，國民黨吳伯雄的理由是說，這是給國民黨警訊，會檢討，加上雲林政治生態不佳，以上這些是國民黨失敗的標準答案。吳敦義也說同樣的理由，足見國民黨一貫不認錯的硬嘴巴。
澎湖縣國民黨推動設賭場案，經公投結果壓倒性否決，亦給國民黨當頭棒喝，加上馬英九的核心葉金川在花蓮提名戰落馬，足見國民黨及馬的執政能力嚴重創傷。

9/29
- 無典範就無歷史。

- 子曰：「君子矜而不爭，群而不黨。」意思是君子矜持而不爭執，合群而不偏私。對自己能力有自信，而又知道自己仍有不足，不驕傲自滿，自然不與人爭強爭勝。

10/2
- 吳敦義答立委詢問，國策顧問參加中共國慶大典，吳答「不恰當」，這是吳的性格。如此不恰當答法，則參加者有何不可，以後再參加也只是不恰當而已。行政首長答法應明確「可」或「不可」，吳的不恰當答法是雙面刀鬼，一方面怕得罪中國和國策顧問，另方面可應付立法委員，其實非在解決問題。吳是歷史學家和優秀辯論家，而非做事的材料，很可憐民進黨無人可辯過他，均為吳的手下敗將。

10/3
- 看到高官巡視各縣市防災指揮中心，頻頻握手，浪費時間。理由為慰勞地方官員，其實在拉票、作秀而已，按災害已到臨，每位官員如臨大敵，心煩如焚，焉有心情握手？況大官的手並不比官員乾淨，如此強握，才如吳敦義說的「不恰當」。大官們應「檢點」、應看場合，況大官的握手秀有點官僚氣，正如手插在褲袋裡的架式，官僚上對下的階級性心態，仍難脫做官

心態，大家不要上當！

10/4 ·與大官對話均在說「官話」，與財團對話均在說「錢話」。我最討厭官話和錢話。很少大官和有錢人會說人話、有智慧的話、公義的話，因此我對大官和有錢人「驚而遠之」。

·這把年紀的人只能活原則、重點、智慧、真實、價值，已無時間活枝枝節節、聰明、利害、價格了。

·權力的傲慢和財富的傲慢均非善類，與權力炫耀和金錢炫耀的人相處是最倒楣的，均會被權力和金錢迫死的。

10/6 ·土石流的元兇——

一、廢土亂倒，破壞山坡地和溪谷兩千五百公釐雨量將會回填到原位。

二、國土規劃和復育均缺，土石流是必然的。

三、高層只會叫人撤離，但應將危險地區補強或解決，不可永不作為而年年叫人撤離，如此就不必設政府了。

四、土石流區應徹底解決，從根本解決。

五、土石流地區總清查，然後設法補救、解決。

·邱議瑩與葉宜津質詢吳敦義關於財政部售地事，吳敦義答覆五百坪以上土地他不贊成出售。行政首長怎可答「不贊成」呢？該明確答覆「不可賣」。足見吳的答覆均不明確，又不敢負責。

10/8 ·實力高於名位，才有正面作用。無實力的名位，是空殼、虛偽，對社會是負面的，不足取。

10/10 ·在漢城上空看到韓國一大片土地、住屋，感到一位統治者，如未具典範條件（智慧、學問、道德、人格、能力）何德何能當之。

10/16 ·我的胸襟雖是三百六十度，唯對缺德、違法、惡勢力之徒難忍受。

·大官、政治人物，甚至政府的話，如同媒體的商業產品廣告，很難奏效的。因此對大官、政治人物或政府的話只能當產品的

廣告，效果是有限。

- 政治人物不如翁祿仔仙（江湖術士、賣藥郎中之意）。
  教育應教育國民服公職不可有私心。
- 行政院及各部會首長是談做事，在立法院報告用多少錢做多少
  事的問題，不是解釋或辯論，不要以辯才來轉移無做事或以辯
  才代表做事。
- 智慧潛能和做事能力是檢驗政治人才好壞的試劑。
- 有超人的辯才而無做事能力是最壞的政客。
- 有超人的辯才應是能幹的律師，做事能力強的才是好官。

10/22 · 為責任和信譽才使我緊張和操煩。

10/26 · 台積電張忠謀說，一個領導者應有「誠信正直」的條件。
  我也贊同。更重要的是「權力無私」。私心的人絕不會「誠
  信」，私心的人，更無「正直」的可能，因此誠信正直只有無
  私的人始能做到。

- 馬英九式的建設——
  一、貓空纜車斥資十三億只運作一年三個月就停駛，馬英九如
  　　此浪費公幣，大過於不沾鍋的千萬倍，應追究其政治及民
  　　刑罪責。
  二、柵湖線捷運開始營運迄今狀況連連，無法正常運作，造成
  　　人民怨聲載道，將成貓空的命運，也是馬英九的傑作，此
  　　種低能的決策者，竟能當上總統，是台灣人的悲哀！

10/29 · 台灣什麼都是假的，棒球是打假球，國民黨中常委選舉也是
  辦假的（當選證書袋未燒就要求全體辭職）。

10/31 · 民選公職人員不是當選後就可獨裁專制，應時時刻刻注意民
  意、尊重民意。民主的缺點是一旦當選，權力就屬於他家的，
  如此名為民主，其實比過去更專制。
  就如這次美國牛肉進口，中央與地方落差那麼多，且舉國譁
  然，人民反彈強烈，照理中央不可一意孤行，應尊重民意。
  公投就是新民意的表現，公投是制衡權力獨斷的法寶。

· 權力與責任是對等的,有多少權力就要負多少責任。奈何台灣的權力者,從不負責,民代、輿論和人民也不會追究責任,至多只是批判、謾罵,人身攻擊就了事。

如美牛進口,是決策單位(國安會、總統府)應負責任,但台灣不會追究決策進口的責任,只會叫人民抵制、拒買拒吃,這像什麼國家,像什麼政府?

· 凡事應追根究底,非追枝枝葉葉,永難成事。

· 要有典範才可批評他人,有倫理才可說倫理,有道德才有資格說道德。典範、倫理、道德均表現於日常生活言行舉止,典範、倫理、道德均不能冒充,也許別的可冒充。

· 台灣式的民主不只破壞人性,更破壞國家整體建設,甲黨釐訂的,乙黨推翻之,造成斷層,無系統銜接性的系統建設,因此,國家整體建設應立法,任何政黨執政均不能變更。

· 吳敦義與黑道殺人犯江欽良同遊峇里島(週刊爆料),吳的理由如下(很會編故事)——

一、說江是更生人,應予鼓勵,振振有詞。

二、他是立委又在黨工作,五湖四海朋友很多,他怎知江的底細。以吳的聰明過人,哪有亂交朋友?如非知交怎會一起遊峇里島呢?五湖四海的朋友,吳為何不挑他人,只挑他的更生人。

三、問到費用誰出的,他硬拗不知道,他怎麼會去問呢?自己掏腰包或他人出錢很簡單,為何他答得不答不七(亂七八糟之意),把人民當白痴,誰會相信他的鬼話。

· 貓空纜車、文湖線捷運浪費數十億均在馬手裡計劃動工,如今貓空運作幾年已報廢,文湖線狀況不斷,不久可能停駛,如此重大責任,馬英九裝做不知道,一點責任都不沾鍋,而反對黨無能追查責任,必要時可動員人民抗爭迫馬下台,亦可向馬追究民事賠償責任。須知道,做官責任很重大,不是來做玩的,享受權力的傲慢,而永不負責任。八八水災的失職、現在美國

帶骨牛肉的開放進口，均應追究決策責任，不是讓各級政府或人民自行抵制，他就無責任。

11/6 ·民主、自由是人類鬆懈期，也是劇烈競爭期，結果人性和地球遭到掏空。

現在世局的變遷，人類面臨新的挑戰和危機，自然生態的破壞，地球暖化和人性消失，倫理道德淪落，社會無是非，大自然的反撲到處災害不斷，加以人性消失，人不像人，亦是人類災難的開始。面對人類的災難，價值觀應做適度調整，始能維護人性和地球，人類始可永續。

11/8 ·「古今來許多世家，無非積德。天地間第一人品還是讀書。」（大陸書法家陳明墨寶）

·朱熹詩「半畝方塘一鑑開，天光雲影共徘徊，問渠哪得清如許，為有源頭活水來。」；天道酬勤，厚德載物。

11/9 ·主觀重的人，不重證據，易信口開河，傷害他人，侵害人權，因此主觀重的人，往往是最笨的人。主觀重的人，較不會關心他人；主觀重的人，不容他人存在，眼中無他人；主觀重的人，私心亦重。

11/13 ·台灣之敗在於首長不是「解釋一大堆理由」便是「研究改進」的本領。其實首長是解決問題、做事而已，無解釋的權利。研究改進或檢討改進是騙詞，是無能的切牌。我一生最討厭解釋理由、檢討改善、檢討改進的官員。

11/18 ·領導者必須知道──

一、對國家、社會、人民問題。

二、整體性、綜合性的整合智慧和能力，尤其解決問題的能力。

三、領導者絕對無私。

11/19 ·說門面話，說截稻仔尾的話，說無責任的話，均係走雲頂的人，大部分的人易受騙。因為這些話好聽又不負責，更無行動的付出和可行的成果，只是爽話、好聽話而已。惜高層的人喜

聽好聽話、爽話，自易受騙。

- 國民黨統治台灣六十年，對台灣只維護漢賊不兩立的貢獻。當初是被中共趕來台灣躲，然後以保護大台灣，吃香喝辣五十年，國民黨高官個個油洗洗，如今又白白地把台灣送給中國，違背兩蔣的遺志，對台灣零貢獻。

11/21
- （馬政府對中國政策的危險性座談會）中國國民黨藉消滅共匪，在台灣吃香喝辣（貪腐、中飽私囊、吃喝玩樂）一甲子，如今又將台灣交給共匪，換來榮華富貴一輩子，真是甘蔗雙頭吃，苦嘆台灣人被國民黨玩完了。

- 我一生很少情緒化，但一聽到無公義的國民黨，就火大了。

- 世上只有自由、民主、人權解放專制，未聞過專制解放自由、民主、人權。

11/22
- 電影《2012》中演出地球毀滅，人類亦隨之消失，原因在於自然生態破壞，溫室效應，天候不適人類生存。三十年前我在彰化扶輪社演講，題目為「科技發展中應如何維護人性」，即科技領先人性，人類易被科技消滅。如按電影《2012》，我擔憂的事將出現，人性消失，倫理道德淪喪，地球自然破壞，人類的末日不遠了。

11/23
- 幫派式的政黨，尤其看到它們硬拗、豎仔，以黨利高於國家人民的猙獰面目和權力的傲慢，缺乏公義、誠信、負責、道德、典範的格局和吃香喝辣的難看吃相，已由幫派進入惡勢力。此種惡勢力公然在台灣統治六十年，台灣人應覺醒，群起討伐，惡勢力一日不除，台灣人應難出頭天。

- 二〇一二年民進黨如不顧台灣人整體利益，共推總統候選人，而仍執意為黨利推什麼天王競選，屆時為救台灣人，可考慮當仁不讓，以喚醒台灣人，共同消除惡勢力。

11/25
- 民主就是賄選，賄選就是民主，這就是台灣式的民主。賄選就是犯法，每年選舉有數百萬件賄選，等於數百萬人犯法。為何五十年來均無法杜絕，是執政者之恥，法務部、調查局、檢警

位均是自設的。

11/27・政客一貫伎倆是將清楚的事以權力使其模糊，將單純的問題故以複雜化，而從中取利。

11/28・求真的人，聆聽人家的意見時也會聽清楚，聽真實。

・領導人除了道德、智慧、能力外，最主要應具公信力和使命感，不是那些拾碎肉的人所能碰的。當今的領導階層或高官大多是那些拾碎肉者，無公信力和使命感，國家社會才落到這種地步。

・世事變化萬千，一切順其自然和上蒼的安排，不要強求，不必勉強，只要守本份盡人事，一切聽天由命，無可奈何！

11/29・出了馬英九缺大智慧，一旦掌權，過去的想法、理想全失，以小人之風治國，天理難容。近日看到他到處趴趴走，大街小巷頻頻助選，把自己做小，到處樹敵，與當初說要做全民總統的信守，完全違背，是一位不誠信的總統。台灣人無目睭，才選這樣的人。

・死固可怕，老更可怕，因越老生理機能喪失（退化），生活不便又不自在，應是生不如死。

11/30・毛治國給杜麗華助選，竟以交通部長身分，公然以興建東部高速公路為支票，公開賄選，應移送法辦。政策或公資源買票，比金錢賄選罪加十等。

・得意忘形是人生一大敗筆。

12/1・倫理是人與人之間的自然關係，如何做到「尊重」，維護人的尊嚴，是倫理的核心。倫理非人權，倫理是人性。家庭倫理是親情關係的倫理，校園倫理是教育關係的倫理。生活倫理是修養處世的倫理，職場倫理是利害關係的倫理，族群倫理是平等關係的倫理，自然倫理是天人合一的倫理。

12/2・信口開河的人不做事、不會做事，但很會作秀。

・馬英九在花蓮縣長提名人杜麗華站台時，公然以鐵路電氣化作為政策賄選，應依賄選罪論處。唯他是總統，依憲法可免受追

訴，如此憲法是保護總統犯罪。黨主席助選，如有政策或公資源賄選，不應受憲法免受追訴的保護，否則總統可犯法保護其執政權，對反對黨是不公平的。

12/5 ・馬英九是國民黨的總統，非全民總統，此次縣市長選舉，他親自到各縣市掃街，並動用公的資源和辦公時間，違法並公然與民為敵。照理總統應超然、中立、公正，才能受全民敬重，如今他把餅做小，成為國民黨的總統、某某候選人的總統，因此，非國民黨的人民和對敵派的候選人及支持者自應與馬英九劃清界線，不只不必以元首待之，甚至可唾棄他、輕視他。他對人民有大小眼，與民為敵，基於人的尊嚴和公義，人民自可不尊重他或可唾棄他，這是天理非人民不敬重他，是他不敬重人民，自討沒趣要怪馬英九自己。

・台灣政治的腐敗於司法不彰，司法本身貪腐，無法發揮司法功能，杜絕官員民代貪腐和賄選，因此一逢選舉，三教九流紛紛出籠，參選者絕大多數無政治理想、責任感，也無公義意識和典範才能，只是想僥倖地撈一筆。他們知道司法已死，吃定政府吃定人民，否則誰會花那麼多銀兩爭當奴隸呢？尤其黑金泛濫，靠黑道暴力和賄選，因此檯面上的政客大部分均係壞人，由於司法敗腎，大家吃定司法，公然向公權力挑戰，今日那麼多政治問題、社會問題，完全無清明的司法，因此司法工作者應負最大責任。

12/7 ・經國民黨提名連任的虎尾鎮長陳振輝，經馬英九親自背書授旗，竟於五日選敗後攜槍對已當選的對手林文彬開槍，致傷到當選人之姊。看到此電視鏡頭，對馬英九一大諷刺，證明反對黑金的馬英九竟是黑金頭目。馬英九經其授旗及站台的黑金不計其數，經他培養的黑金比比皆是，他實無資格說反黑金，他應是黑金教父，事實勝於雄辯。

・此次三合一選舉國民黨賄選被收押的候選人最多，足證國民黨是買票黨。

- 黑金黨、買票黨在台灣已統治六十年，足證國民黨的黑金治國。國民黨如無黑金早就跨台了。

12/8 · 杜絕賄選唯一辦法，政黨提名人，賄選確定應註銷該政黨。

12/9 · 吳敦義是國民黨有史以來最會說話、最會辯論的行政院長，比律師更會辯，比大學教授更會說話。惜行政院長是要做事的，無做說什麼也無用，因行政院長的職業是做事的，很會說話或辯論，非適任行政院長，較適合當大學教授。

12/12 · 看到電視媒體訪問總統或各級首長的鏡頭和內涵，可說不懂訪問不懂，笑死人。

12/15 · 黑金＋無知＝白痴政府。

- 沒有理想的國民，各政黨只好競相炒短線，只要能取得政權就滿意，就可有權力的傲慢，就有人拍馬屁，就可享盡榮華，理想、責任全沒有，這就是台灣的民主。

- 彰化縣議長白鴻森落跑，媒體把他當為頭條新聞，其實這是台灣社會正常現象，何必大驚小怪呢，台灣的官場與罪犯是一丘之貉。

- 地方性政治人物皆是不正常背景出身，政府應做清查和統計。過去地方士紳、人格者、有志者已消失，現在很難找到士紳、人格者、有志者擔任地方領導人。

- 過去地方領導人物是地方士紳、人格者和有志者，現在這些人都消失了，三教九流取而代之，政治社會自難好到哪裡去。

12/16 · 人到顛峰時如不節制（謙卑），一摔下來將會粉身碎骨，高官如不節制（謙卑），一摔下來人格將破產，不少高官如劉松藩、王玉雲、朱安雄、伍澤元、劉泰英。有錢人也然，如不節制也會破產。

12/17 · 待客之道是中華文化的重要環節。此次陳雲林來台，住於台中裕元飯店，因民進黨動員十萬人抗議，而警方在緊鑼密鼓中動員千人警力維護安全，此際國民黨中央馬英九呼籲民眾要有待客之道，江丙坤在今日聯合晚報頭版也說要待客之道。其實這

個「客人」是國民黨高層私人之客，並非台灣人之客，況過去國民黨的高層一直要台灣人消滅共匪，現在他們又將共匪變成高級貴賓，到底是對待共匪或對待貴賓？發言權均為國民黨的人士，人民算老幾？人民只有被裝笑為的感受。

12/20・演戲的不需要做事，也不會做事。

12/21・對公眾談話應說價值觀的話，不要說價格觀的話。

12/22・看到陳雲林來台的態度，發覺中國與國民黨同質性很高，台灣人受國民黨踐踏六十年，已吃不消了，現在又來了中國。台灣人開始對中國厭煩了，把中國拉來與國民黨同夥，公然與台灣人為敵，很可惜！

・文化總會今天十時在圓山大飯店敦睦廳召開第五屆第二次會員大會，我的提案──

一、文化是超國界，是中性，意識形態及政治力如介入文化，就無文化。

二、工作計劃第一點提升國民氣質，唯內容並無氣質問題，國民氣質最重要是倫理道德，孔孟思想，儒家價值觀。

三、馬英九的國家文化總會，委員（理事）缺文化界人士，清一色是部會首長及企業家，因此應為「政商總會」而非「文化總會」。

12/24・昨晚看到連戰等歡宴陳雲林的場面有感──

一、共匪與要消萬惡共匪的國民黨聯合對付台灣人，如此能統一嗎？

二、台灣人本只對國民黨六十年的貪腐，台灣人恨之入骨，對中國亦無敵意。如今中國正在支持原先要消滅萬惡共匪的國民黨，使台灣人大失所望，亦將中國列為幫兇，中國挺少數國民黨高層將付出相當大的代價。

三、中國與國民黨合流引起台灣人的公憤，足見中國缺乏有智慧的領導人。

四、跡象顯示，中國將與國民黨聯合高壓統治台灣，台灣人該

死，反對勢力絕無法對抗聯軍，只是民進黨高層幾個人和那些本土領導人作作秀而已。

五、第二次二二八將再爆發，面對聯軍勝算難測。

六、我只求公義，對國民黨六十年來不公不義的腐敗統治甚為不服。

12/25・行政首長只有做事和責任而已，因他們拿人民的稅金。

・政黨政治必須有高於政府，有獨立公信力的司法，否則司法將成為政黨的護身符及整肅異己的工具。

12/26・中共和國民黨聯合治台，永難得台灣民心。

・馬英九、江炳坤一再強調維護主權，其實他們所說的只是形式主權，至於事實主權的流失，大勢已去，最後是形式主權配合事實主權而已。

・連戰、宋楚瑜、吳伯雄、江炳坤是中國治台的第一戰將，也是第一功臣。

・吳敦義在巡視鹿港彰濱區電動汽車廠時說，要賺有道德的錢（彰視新聞），我想這是正確的，唯能否做到呢？

一、國民黨一黨專政以黨政軍聯合作戰，打擊、對抗手無寸鐵的黨外，是否公道？是否有道德？

二、國民黨權貴霸占國有財產（黨產），長期吃香喝辣是否公平？是否有道德？

三、黨產千億與無產階級的黨外或民進黨競選，是否公平？是否有道德？

四、國民黨權貴以不公平、不道德手段，並以假民主、假人權的藉口，長期享受權力的　慢，大部成富人，不只是不公不義，也不道德的。

五、因此國民黨權貴無資格說道德，因為他們長期以不道德的權力和不正當的財富吃香喝辣，說道德是無恥。

12/28・不可做不痛不癢的官，要做轟轟烈烈大有為的事。

・台灣的建設大部分是選票建設，選票來了，虧損無人負責。高

捷爲例，興建前調查乘客率高，目的要大建設才有選票，同時也可撈一筆，待選票騙來，錢又撈到了，才發現高捷營運不佳，迄仍在賠損中，唯責任誰負？無法追究，這就是台灣政府無責任的特色。

12/29 ・無良心的人最缺德、硬拗、豎仔、無公義，不誠信者均爲無良心。

2010年

1/2　・金溥聰説要裁減黨工人員，由九百人減爲三百人，唯毫無作用的副主席那麼多人，爲何不裁減？應先裁副主席，再裁黨工才對，況中國共產黨只一位副主席。

・昨日中國時報報導，馬英九要擴增顧問。應裁撤的資政、國策顧問近七十人已相當多，要擴增顧問，顯被聘的資政、國策顧問無一人可當馬英九眞正顧問，是酬庸是花瓶而已，有能力的顧問一、二人就夠了。美國、新加坡一至二人就夠了。馬除非無能才要擴增顧問人員，太可惡了！

・醫生的職業是救人，唯現在醫生是生意人，人命在生意指標下很危險。

1/3　・《聯合報》第一版刊載，十九世紀俄國作家托爾斯泰説：「人活著是要爲後人建造一個更美好與喜樂的家園。」

・一生做官，一生既得利益，一生權貴，一生權力的傲慢，一生被拍馬屁，是二十世紀台灣人的公敵。

・陳雲林這次來台，特地拜訪林洋港，亦即拜訪這些當時帶領台灣人要消滅共匪的大老，目前竟成爲共匪的搶手貨。當時無意消滅共匪的善良百姓算老幾，原來共匪和大老是在唱雙簧。

・我一生最痛恨做官不做事、説官話不説人話、官僚屎桶氣、眼中只有黨派（幫派）而無人民、私益重而無公義之徒。

・民主下的台灣高官，將權力作自己利益（人情）的一生營運發展中心。

1/5　・無私才會自然，有私自不自然。

1/7　・我一生感到最驕傲是從二十年以上政務官退休後，能恢復與鄉下人一樣的平民生活，如在台北擠捷運、（天天）穿褲在街上跑來跑去，在鄉下與鄉民打成一片，完全與幼時農村生活一樣，很難得能完全退場。

1/9　・台灣人應向馬英九收回政權。

1/10　・唯有公義始有共識，無公義永難共識，無共識永難解決問題（台灣目前就是無共識才會天下大亂，亂不完）。

1/19 ・國民黨強行通過《地制法》有感：馬英九做事無半步，做秀天下第一。新法規定，鄉鎮民代表轉任五都的區諮詢委員，這是酬庸特權。江宜樺部長說，台北市及高雄市改制有前例，須知道當時是威權兩蔣時代，現在是民主化一切均應依法選出，不能由任何人（不管是馬或金或立法院）的喜惡直接命令或透過修法。區政公所本來就無諮詢委員之制，為何屁股癢要拿一尾蟲來作怪，口中說無給職，然最後還是想東西變相加給至相當金錢。國民黨政府騙人的伎倆是一貫的，過去國代修憲說無給職，灌水後也達十萬以上，省諮議也然，完全是騙局。試問省諮議做什麼，掛名領錢而已，現在區也設區諮議員多出一筆，顯有討好鄉鎮民代表、綁樁的味道，是反淘汰之制。須知道鄉鎮代表不少黑道，今遽升為諮詢員，無中生有，私做人情，甚為惡質。

1/20 ・自己會做能做始有資格批評他人，名嘴亦然，如自己無法做，不會做，就無資格批判人家，論斷他人的是非。

・台灣政治的腐敗在於酬庸用人，是私行為的結果，好人才難出頭。

1/28 ・無人格和典範價值觀的人，無資格當領導人，縱然當了，也是不良示範，為害國本至鉅。

・過去貧窮時，孩子一生十個八個，三、五個很普遍，現在富有了，生孩子一、兩位最普遍，甚至不生孩子。其原因，功利作崇也。

2/2 ・講倫理先決條件是親情和感情。無親情和感情就黏不起來，黏不起來就倫理不起來。不管校園、職場、族群、自然、生活等倫理，如無感情、親情存在，是白說的。家庭倫理更需感情、親情，應特強調家庭價值、天性、天倫，這是基本原則。

2/5 ・我生活雖迄今仍如往常緊張、繁忙，但因體內有充分的道德和公義血液，因此不覺疲累，仍如年輕時有熱誠、體力和精神，亦即有道德和公義的血液，不因年齡而被淘汰或有所折舊。

2/9 ‧文湖線又出事，停駛半小時，郝市長還說「處理很滿意」，眞不知人間疾苦，權力的傲慢是官不是人，乘客受害算老幾，是民主還是專制。

‧倫理道德是每一個人的基本盤，也是人類的基本盤。

‧法務部統計公布公務員貪汙被判刑，司法官貪汙年終考績，居然有達五成爲甲等，評語爲「優良」者達百分之八十。可笑、諷刺，這款的政府像政府嗎？人民繳稅金給這款政府開玩笑，太扯了，可憐的台灣人，你們的政府全是假的，太丟臉了，爲何不追究責任。

‧根據《聯合報》二○一○年二月八日第A8版報導，法務部統計因貪汙被判刑的公務員中，逾五成的考績是「甲等」，有八成被評爲「良好」。法務部清楚發現有公務員向知名業者索賄百萬元，主管在品德操守的考核「優良」。曾數度涉貪瀆案件不時向業者收賄接受招待的公務員，竟被列爲重點栽培的對象。過去也被指控收賄賣案的法官、檢察官，被發現考績「年年甲等」。高檢處統計九十五年至九十七年七月止，七百二十一名因貪瀆遭起訴的公務員的年終考績，有六成是年年甲等，法院一審判決有罪的貪瀆案中，有五成六拿到甲等考績。

2/10 ‧馬英九毀滅中華文化——

一、全員全數爲政府部會首長及企業家，無一位文化界人士，應是政商總會，非文化總會。

二、去年的工作報告，今年工作計劃中有關提升國民氣質一欄「無倫理道德，無傳統文化的儒家思想」。顯與文化總會老總統蔣介石復興中華文化以對抗大陸文化大革命消滅孔孟思想的意義相違。

三、將會長遊原本均爲總統兼任，改爲社會人士的劉兆玄擔任，顯示馬英九不重視中華文化，亦將失去交接的特殊性，如此既成爲一般社團，很難永續，政黨輪替後將難存在，將來經費會發生問題。

・人性消失亦即人性泡沫化。

2/11 ・物化競爭力的提高淘汰了人性，如職棒打假球，貪汙犯年終考
績甲等，評語優良、良好，死豬肉充數的市場，死人用的床流
在市面三萬多，農藥、二氧化碳、自然生態破壞……這像什麼
世界，什麼國家，什麼政府。

2/19 ・民主政治是政黨政治，而政黨政治敗於政黨之私。政黨之私比
專制政治更惡劣，政黨之私是民主之癌。

・人民可拒絕繳稅給政黨之私的政府，政黨之私的政府無權要人
民繳稅，應由其黨員自理。

2/22 ・經富士山沿途看到日本迄仍保持二階傳統房屋，顯示日本政府
有眼光又負責。在台灣，傳統農村房屋幾乎消失，換來的是暴
發戶心態的粗俗大樓，農村原來的面貌消失，這是無能又不負
責政府所造成，也是破壞性自由的結果。

・居住在無文化的暴發戶心態的粗俗大樓下，人的氣質會好到哪
裡！

・本土的居住文化消失，還提倡什麼本土文化，完全在騙人。

2/25 ・與李蕙到王金平家，當要送蘇志誠到西華飯店，在車上蘇志誠
表示李總統曾說我是有思想的行動家。前面加有思想才屬害，
我想應是「有智慧的行動家」。

・具有思想、智慧、品格、能力、典範者才是最佳領導者。

2/26 ・二○一二年非馬救黨。

・嘴皮主導台灣，一切皆空。

・台灣之敗在於只有嘴皮力，而無行動力。

2/28 ・企業家是生意人，政客也是生意人，生意人是說利害，而不是
說是非，不說是非的人，人格條件自有問題。
人格是價值觀，財富是價格觀，生意人只有價格觀。可是功利
社會是以價格觀壓制價值觀，教育是價值觀問題，可惜現在是
以價格觀辦教育，是反淘汰的教育。

3/2 ・我個人的人生已可交代，唯對人類的永續，人性的維護，倫理

道德的推動和公義的追求仍失望和憂心。

- TVBS四野人獻曝，南方朔、馬凱、林建三、洪奇昌，說得頭頭是道，批馬很動聽，其實他們都沒有實際行政經歷，批判容易，做起來就不是那麼簡單，就是由他們來做也不比馬好多少，台灣政治生態和社會結構如無打破，任何批評均是徒然而無濟於事，只是清議而已。

  政府貪腐結構環環相扣，為了取得政權需財源，民意代表自身都難保了（為自己利益都不夠了），還能為國家、為公、為人民設想，與政府是共犯結構，而功利社會人性消失，無倫理道德，社會無是非，價值崩盤。政治人物缺公信力，社會又無公義，這些根本問題無法排除，很難做好。

3/8
- 有的是以人格典範而得名，有的是以金錢漂白而得名，有的官大學問大而得名。

3/9
- 不要貪求短短兩、三年的政務官，而出賣靈魂、人格、公義、風骨。政務官貴在風骨，失去風骨的政務官就成為可憐蟲，是一生的恥辱（評楊志良與閣揆理念不合，堅辭衛生署長，值得肯定，唯最後在權力強行運作下，打消辭意，可惜）。

- 道德、倫理、法律不容挑戰，只能共識。

- 現在的政務官大多缺政務官的風骨，大都淪為統治者的共犯結構，因此政務官已失去價值。

3/11
- 選票是萬惡之源——

  一、總統府的授勳和褒揚除外國人外，大部為選票而頒。

  二、政治人物到處伸手硬與人握手也是為選票，否則何德何能跟人握手。

  三、硬拗、豎仔均為選票的產物。

  四、政治人物說話，不誠信、騙來騙去，也為選票。

  五、面對選票，目睭就起濁，連道德也崩盤。

  六、選票毀了民主的意義，賄選、政策賄選、搓圓仔湯、政策操作選票均破壞民主真髓。

七、公義也被選票破壞，為了選票公平正義不存。

3/14 ・上蒼送給我一顆「無私的心」，這是我的福氣（少煩了很多）。私心越重，煩惱越多。

・TVBS訪陳維昭校長，有關陳維昭回憶錄抗拒陳水扁的施壓，極力維護學術獨立，與政治劃清界線的精神，值得欽佩。

3/15 ・看到劉玉梅著《背著書包上田去》一書有感。往昔過著心靈豐富，物質貧乏的生活，現在過著心靈貧乏，物質豐富的生活。如能過著心靈豐富物質也豐富的生活，最理想，唯不可能，價值觀與價格觀無法一致。

3/17 ・看到王金平七十壽，馬英九和吳敦義參加壽宴的場面，馬王的十指緊扣，和吳稱讚王七十看起來六十歲的場面，覺得政治人物最假、厚臉皮、爾虞我詐、無志氣，完全在騙人，甚至馬王、吳王對峙、仇恨不和人盡皆知，如今為選票，演了一場尊王的假戲。

3/19 ・我一生如果有些成就，我會以我的成就很謙卑地分享給所有的人，很謙卑地對待所有的人，這是我的價值觀。

3/22 ・考績法亂烘烘，其實誰有資格考績他人？我想應是典範。有典範的人始有資格考績他人，不是官大考績小的。如果大官本身無典範，將會產生反考績。現在的考績是選票考績、藍綠考績、馬屁考績、金錢考績、人情考績、情緒考績，難怪現在幾乎成無考績的國度。無是非的考績，怎會有公平考績，怎會有令人信服的考績？無典範的人，無資格考績他人，非在官位之大小，而是在考績者有無典範。

3/30 ・該批評而不批評，不是得到好處，便是曖昧。

3/31 ・ECFA什麼讓利，陸工不來台、陸農產品不來台、台灣活魚可直銷大陸……均為可變動性的炒短線，不可變動性的主權將因可變動性的產業利多而受影響。

4/2 ・ECFA台灣人真正擔憂的是主權流失。馬口口聲聲均說不損主權，唯馬應保證主權絕不流失，如有流失，願負賣國之罪責，

如此就解決了。

4/6　・在此賊仔比人還惡的年代，老百姓是很難面對的。

・政務官下鄉，吳敦義說是「聽聽民意」，其實高官下鄉是作秀、炫耀、傲慢、喜人拍馬屁而已。他身爲政務官，如不了解民意，怎有資格當高官？現在當了大官才要聽聽民意已太遲了，愛作秀喜被拍馬屁，何必找理由，反而自暴其短。

4/10　・傲慢是權力之癌。

4/11　・有維護人類尊嚴和社會公義的智慧、性格和能力的人，始足以當領導人。

4/12　・兩蔣時代的國民黨，是靠反攻大陸拒與中國交流而將台灣的經濟建設成就，成爲亞洲四條龍之首。現在馬英九的國民黨須靠中國，並主張簽ECFA與中國合作台灣才能生存，眞是五味雜陳，不知其所以然。台灣人民永是被國民黨的愚弄而已。

・利用老百姓的稅金，來做權力秀、炫耀秀、馬屁秀是最缺德又幼稚的政治垃圾。台灣位居高層者，大多屬於此類。

4/16　・「要用人才，不用親信」，這是從政二十年來的一貫原則。

4/17　・只要無私，一切依法陽光化、透明化、公開化，何必用親信，況用親信是權力私有化的作爲，私有化後弊端層出不窮，沒完沒了。

・腦筋生鏽的人，甚至已有數層鏽，這種人的話不可聽。

・唐太宗諫臣魏徵說：「君王爲舟，人民爲水，水能載舟，亦能覆舟」。

・不是聽他的話，而是要看有影或是無影。

・一位領導者應注意「根」的問題，說根的問題，解決根的問題，而不是說那些「枝葉」問題，處理枝葉的問題，解決枝葉的問題。因根只有一個，枝有百枝千枝而葉有成千成萬葉，解決枝葉等於無解決。

4/19　・私心的人經常表現於言行不一致、沒誠信、酬庸性用人，喜拍馬屁的人、西瓜偎大邊的人，缺德、無公義心，黨派高於國

家人民者，喜占人家便宜者，無責任感的人，喜道人是非的
人……。

4/21　·台灣只有權力的傲慢和金錢的傲慢，而無人格的傲慢。

　　·立法院爲中國學生來台就學，藍綠大打出手，然國民黨竟動員
　　　百多位大學校長到立法院力挺藍軍，通過大學法，讓陸生自由
　　　來台上大學，顯示政治公然干預教育。

　　·中國學生既可自由進入台灣讀大學，國安單位已無存在必要，
　　　如此國安單位成爲馬英九私人特務，整肅異己，甚至已成爲中
　　　國的安全單位，至少是國民黨的黨安會，國家已開始崩盤了，
　　　台灣人還在睡覺！

4/24　·有功利心態的人很難說人格道德，更談不上宗教。

　　·政治家具永遠的理想性，政客只是滿足個人權力的傲慢而已。

　　·我不能再混下去，再混就沒命了。

4/25　·評馬英九與蔡英文的辯論——

　　　爲ECFA辯論：站在維護主權立場，根本無辯論的必要，站在
　　　經貿發展立場上，也不必辯論，當然對台灣產業有發展空間，
　　　也即有利於台灣經濟（目前）。應在WTO原則下辯論，經濟
　　　才有意義。動搖主權對方任何代價均會付出，何況只是經濟產
　　　業有利而已，因此應在WTO架構下辯論。經濟有利或不利，
　　　縱可得到很大利益（經濟產業），也不可損及台灣地位。

4/26　·參與政治而無典範是失敗的。

　　·享受權力的榮華而非典範，是專制威權的心態。

　　·權力關係的質疑，政府應負澄清及舉證責任。人民不擁有情治
　　　國安勢力，怎能舉證？擁有情治特務的政府自應負舉證（檢
　　　舉）和澄清之責。人民與人民間之質疑也即對等關係之質疑，
　　　主張的人自應負舉證責任，這一點要搞清楚。昨天馬英九與蔡
　　　英文爲ECFA辯論，在辯論中蔡英文質疑國民黨高官親人與大
　　　陸太子黨有生意關係，馬立刻反擊要蔡舉證，這是無知的。權
　　　力關係的舉證責任與對等關係的舉證，責任不相同。

4/27 ・權力的傲慢和金錢的傲慢，是破壞人性的兩大元兇。

・道德只不過是即將衝下谷底汽車的剎車器而已，主要是不讓人那麼快毀滅。

・人如果有「相對性的節制」，就不會腐化（墮落）下去。

・有人說官大學問大，其實錢多學問也大。因他們是以官和錢在說話，並非說人話。

・台灣式的民主，既有黨無國，自無國家的歷史，只有各行其是的黨史，而無國史。在有你無我、有我無你的惡鬥下，如何寫歷史？

4/29 ・政治人物開支票如未兌現遭退票，應依票據法原理處理負責，不可不負責。如不負責，顯示政治人物不如商人。

・國道罹難四人，馬英九在中常會默哀，全是為選票而默哀。由他平常的為人處世就可看出他們的真面目，他並不真心關心罹難者，全是假的，全是為選票。

・台灣人永不會覺悟，有地位的人喜爭相說話，只是說出來會爽而已，並無目標可言。應為目標而說話，才有意義，無目標的說話，是一場抵銷而已，台灣之敗在此。尤其反對陣營更然，難怪只好墮落一途。

5/1 ・我有疾惡如仇的豐富經驗，因此對是非、善惡之分最清楚。

5/2 ・民進黨因打游擊戰起家，山頭特別多，不易整合，縱幸而取得政權，很快消失，非正規起家，難維持長久，很快消失。

5/5 ・說話的人必具下列條件，同時自己也能做到，始有資格說話：說有智慧的話、說有真實的話、說有公信力的話、說可行的話、說有典範的話。

5/6 ・說話不要本錢，做事須要本錢，因此說易做難。

5/9 ・民進黨比國民黨權力傲慢，扁子結婚秀、金孫秀，今日蘇貞昌外孫女出世，蘇貞昌也大秀一番。其實國事和私事是分清楚，子女結婚、生金孫，均係私事。阿扁和蘇貞昌公秀作未過癮，現在連私秀也搬上，是權力的傲慢。過去專制時代，未見過兩

蔣的家庭秀。

5/10 ・獲選時代雜誌百大英雄的台東菜販陳樹菊，她的義舉令人欽佩和效法，唯惜也被政治人物介入，有點政治化，模糊了她的價值。政治人物到處貼撤隆巴斯，只要對他選票利多，他的怪手就伸入。政治人物自不量力，靈鷲山每年民調，人民最討厭的是政治人物，其次是罪犯（按陳樹菊捐款逾千萬元行善，興建圖書館，認養孤兒，獲二〇一〇年時代百位影響力人物）。

5/23 ・戲劇中之劇情人物均假的，因此作秀當然也是假的。

5/25 ・只要你的腦裡或心內裝上道德、倫理、公義、誠信、善良、慈悲，你就不會退化，不會老人癡呆症，永保記憶和回憶。

・人性、道德、價值均不能稀釋，人性稀釋了就無人性，道德稀釋了就非道德，價值稀釋了就成價格。

5/26 ・什麼名嘴，什麼政客，不管你說到口沫橫飛、嘴破舌爛，都沒有人會相信，因爲這些人早已失公信力。這些人再說下去，人民只把它當瘋話或笑話，永遠起不了作用，是白說的，浪費時間和社會資源而已。

5/30 ・節制是人的最高修爲，有權力的人如能節制，有錢的人如能節制，才能永立於不敗之地，也能令人尊敬。可惜有錢的人，有權力的人，只會傲慢，仗勢凌人，很難節制。

・現在的人很少說道德，縱有人說道德，也在未取得權力前才說，取得權力的人大多不要道德。

6/3 ・蔡英文「人權條款」應列入兩岸協議，不知蔡的立場何在？如果是統一的協議，將人權條款列入議題才必要，也即只要大陸民主化就可統一。

6/7 ・約翰・加爾布雷斯（John Galbraith）在《自滿年代》一書中「今日哪怕是富人的蠢話，也會被奉爲至理名言。」
我想同理「今日哪怕是大官的蠢話，同樣也會被奉爲至理名言。」亦即官大學問大，錢大學問大。

6/8 ・台中角頭翁奇楠被殺。台灣治安之癌在於——

一、黑白共生：部分警察靠黑道供養（電玩、砂石場、賭場、八大行業），警察插股分紅，自無治安可言。

二、白金共治：警友會到處募款，難敵捐款人的關說，拿人家的錢手軟，怎能有治安呢？

三、法官、檢察官、調查員看財團或地方富商為寶藏，這些財團富商略施小惠，公權力就破功，警察人員亦然。高級警官依附財團（過去的莊亨岱長期由某財團供養），地方警察由地方富人得到好處，警察成為富人的工具，治安自然惡化。說來說去都是功利物化的結果。搞錢已是警察的風氣，亦是警察的價值觀。

6/10 ・不只黑道養白道，財團也養白道，因黑道、白道、財團是生命共同體，這種政府不要也罷。

6/13 ・政治人物取得權力後只有做權力秀，假鬼假怪，不是吃穿秀便是變西變東秀，不然就說那些不入流的五四三秀，騙來騙去秀，權力的傲慢秀，其他正事都不做，也不會做，亦即無正事可做，只要能做不正的秀，就是台灣的高官顯要了（格局太小）。

6/14 ・畢業生表演如Showgirl那些不入流的秀才是創意、自由、民主，李家同批為媚俗化，畢業典禮應莊重，我很贊同。今日大學生的變鬼變怪還是學那些不入流的政客，有哪款領導人，自然有那哪款國民。媚俗節目經常都可做，平時不做，待莊嚴的典禮才做，反教育。所謂典禮，定是莊重的，如果不莊重就不是典禮了，成為娛樂節目。

・前日老師對遲到九次的學生說「遲到大王」、「可列入金氏紀錄」，結果學生家長（書記官）控告老師誹謗（公然侮辱），法官竟判老師四十天拘役，破壞師道尊嚴，反教育。

・別人的回憶錄是一部榮耀的做官史，而我的回憶錄是一部典範的做事史。

6/15 ・所謂「典禮」，字典解釋為正式儀式。既然是正式儀式，自應

莊重、莊嚴，否則不用典禮字句。如要媚俗化，要變鬼變怪，則可用「嘉年華」，如畢業典禮可用畢業嘉年華、告別典禮可用告別嘉年華、國慶典禮可用國慶嘉年華、結婚典禮可用結婚嘉年華，如此媚俗才是名正言順，才符合實際，如果是典禮自應莊嚴、莊重才是正式的儀式。

・前幾天屏東有位警察（副分駐所長）殺死兩位女子，有人問吳敦義院長警察殺人之事，吳當場答，有七萬警察難免發生此事，我想這是不負責的說法。政府有責任做到「零缺失」，不能說人多，犯法是難免，如此中國十三億人口，犯罪多是當然的。行政首長不能說這種話，實在很離譜，不知是什麼邏輯。

6/16 ・民進黨時代有幾位行政院長，當國民黨批評他們無政績時，他們會解釋任期太短才無表現。依常理，如政績佳，自不會那麼快被撤換，就是表現不好才會被撤換，就如同國民黨的劉兆玄院長，因八八水災不盡職才被馬英九撤換，政績好自無那麼快被撤換之理。

・（三立跑馬燈）吳敦義針對百多位大學教授批郭台銘是台灣之恥，吳敦義為郭台銘緩頰，竟說「貪汙罪更大」，比爛！

6/18 ・有人說台灣的問題很難解決，關鍵在於藍綠兩極化。其實兩極化並無不可，只要客觀事實的兩極化，應有正面的結果。可惜藍綠兩極化是空洞的，無客觀事實的兩極化，當然是負面的。

6/19 ・無公信力的人，不管有多大權力，有多大財富，就是說到死，也沒有人會相信。

・台灣之沒救是舞台全被沒有公信力的人霸占住，沒有機會聽到有公信力的聲音，一切是爾虞我詐，騙來騙去，空轉的社會。

・有公信力才是真的，沒有公信力全是假的，這個社會很難找到有公信力的人。

6/20 ・君子不用小人，小人不用君子。

・權力足以使人忘掉自己是人，同樣財富也足以忘掉自己是人。也因此得到權力和財富的人才會傲慢，而不會謙卑。如果得權

力和財富的人均能謙卑，將是人類之福。

6/29　· 人生如無堅強的價值觀，將受權力和金錢干擾而不得安寧。

· 權力不等於典範，金錢不等於價值。非典範的權力，非價值的金錢，足以危害人類社會，亦是危害人類社會之源。

· 政治人物只會用動聽的語言和美麗的文字報告，來欺騙人民社會，誘使人民必須繳納稅金給執政團隊隨便支用而已。

· 當你一一核對政治人物的言行時，你就會很失望，因他們所說的自己都沒有做，甚至做相反的。

· 有做才有用，無做，說什麼都沒用。

· 說話的人，自己都沒有做（力行）等於騙人，騙人的話，最好不說，才不會害人。

· 我只聽可行的話，不行的話已無生命可聽了。

· 人民均被美麗的語言迷失，甚至麻木不仁，可悲！

· 多元社會就是無是非的社會。

· 說話的人，必具智慧和典範，否則會漏氣的，並非權力話和財富話。

· 做才有權威，不做的話權威不起來，只會使人受騙。

· 要做實際工作，不要表面工作。

6/30　· 台灣政治之亂在於領導階層不負責也不知恥，執政者只會說大話說爽話，不知說話應負責任。在野黨因自己也說不負責話，才無法監督執政者應負的責任。既然大家都不負責任，政治自然大亂。其實政治人物尤其政務官對所說的每一句，每一個字均應負全責，否則應負詐欺之罪責。

· 公職人員言行應以公義為之，不得有權力的傲慢、自身情緒、愛憎的言行，公權力不得有私人私意的言行，否則就是失職、瀆職，應繩之以法。

· 台灣的政治人物有說謊的特權，尤其政務官說話從不負責。日本的大臣說錯話，立即下台，這是有廉恥和無廉恥的差別，有廉恥的自動下台，無廉恥的硬拗、硬幹、照幹，悲哀！

- 7/1 ・誠實的人記憶力較好，記憶力好的人，較不會患痴呆症。不誠實的人哪來記憶，記憶什麼！
- 7/4 ・台灣只有權力和金錢，而無典範。無典範的權力和金錢，對人類社會是負面的。
- 7/5 ・要做典範的Pro，而不做說話的Pro。
- 7/6 ・我要謙卑的權力和金錢，我抗拒權力和金錢的傲慢。
    ・公事不需用親信，私事始可用親信。
    ・很可惜，台灣宗教力量相當大，宗教資源很豐富，但影響力有限。照理慈濟、法鼓山、佛光山、中台禪寺，無論資金或人力、能量均比政府強大，但無法發揮力量，原因在於形式大於實質，沽名釣譽大於使命感。
- 7/8 ・不少人取得權力後就不像人。
- 7/9 ・健康時須防疾病即將臨頭，得意時須防失意時之苦。
- 7/11 ・年輕生活習慣化足以延緩老化。
- 7/15 ・參政如無歷史責任和地位，是白費的。
- 7/18 ・國民黨治台無步，如今聯共治台，國民黨高枕無憂。
    ・國民黨政府治台無能，但辯解的能力並不遜於罪犯。
    ・最近爆高院三法官及板檢檢察官貪瀆案，馬英九說迅速成立廉政署（仿新加坡、香港），這是馬聲東擊西的一貫伎倆。我想是人的品質問題，在人性消失，無倫理道德，社會無是非公義的生態下，什麼法、什麼機關均無濟於事。現在那麼強勢的調查局、檢警調都不解決問題了，換個「廉政署」就不會貪瀆？這裡並不是香港，也不是新加坡，不要怪機關、怪法律制度，一切均是人的問題，該換的是「人」，而不是怪東怪西的增設廉政署。馬英九不要再玩弄台灣人。
    ・國民黨強行通過《農村再生條例》，花一千五百億再加五百億。試問農村問題在哪裡，農民問題在哪裡？馬政府無知，只是編鉅額預算來綁樁騙選票，還可賺錢圖利而已，無法實質改善農村面貌，解決農業問題，反而會破壞農村，圖利財團。很

為農民憂，為《農再條例》痛心！

- 不是看官的大小，而是看他任內做什麼事。不只要典範、風骨，最主要是要有事蹟、內涵、貢獻，須知道官大而無事蹟和貢獻，是劣官，有罪責。

7/19 · 官場上的吃垃圾，垃圾肥——

一、做官不做事，也不會做事，坐享權力的傲慢和榮華。

二、向權勢投奔。國民黨執政投奔國民黨，民進黨執政投奔民進黨，國民黨執政又改投國民黨，這種甘蔗雙頭吃，是無原則、無骨氣的無些貨色。

- 所謂人權是「精」的騙「愚」的。政治人物最會說「人權」，但自己最無人權、無誠信，說謊專家。是以人權的口號騙取統治權。

7/20 · 台灣之敗在於檯面上說話的人，大多無公信力，甚至有惡劣的示範。

7/23 · 有實力的人，絕不會說謊、不會詐欺、不會騙來騙去，一定有誠信，一定有公信力。無實力的人，只好靠那一張利嘴，說謊、騙來騙去、詐財、詐官。政治人物也然，無實力的政客，只好騙來騙去，無法做事，專門說謊攻擊他人，滋事生非，騙老百姓而生存。

8/9 · 不只要獨善其身，最重要是要兼善天下。如不兼善天下，表示自私。

- 權力無私是真實的學問，而不是空殼（空洞）的學問。

8/11 · 最近馬英九批罵民進黨八年執政，為害台灣，甚至還哭出來，實在秀過頭。我在《權力無私》這本書第三百九十七頁談到「後任不可批評前任」的原則，這是政治倫理。任何一位從政者應有的分際與基本素養，否則民主政治將成清算政治，後任可清算前任，將永無完無了。如果後任均可批判前任，天天不是清算便是鬥爭，失去民主體制的價值，以我過去的經驗（《權力無私》第三百九十八頁）「如無前任的政績，我怎能

當選」。當政黨輪替，前任或前執政黨帳均人民算清，後任應努力拚自己的政績，而不是天天比爛。

- 我曾在《權力無私》第九十六頁中提及「親信為貪腐之源」。因台灣的政治人物水準差，不知機關設立機要人員的意義，機要才落入首長私人的工具。其實機要人員是在維護公務的機要，並非私人的機要，成為私人的機要，自成貪腐的來源。

8/21
- 打手是不會中立、公正、公義的，電視上Callin節目的名嘴，由他的嘴臉、舉動，只不過是充當打手而已，有吃說有吃的話，無吃說無吃的話，吃一點點說一點點的話，很少看到說公道、真實的話。

8/22
- 一位總統或行政院長、領導人員敢爾虞我詐、胡言亂語、五四三、不倫不類、吃民夠夠，原因在於社會無是非，人民功利無善惡之分，更重要的是，無獨立、超然、公正、客觀的歷史學家可裁判，那些人才敢大膽、不負責、囂張，欺民禍國。如有好的歷史家寫歷史，他們在歷史家的筆下將是禍國殃民的大奸臣、惡官，歷史會還給他們真相，在歷史上，縱然當上總統、行政院長亦與禽獸不如、惡名昭彰、遺臭萬年，永為國人唾棄。

- 台灣現在已很少高官，大多是狗官。惜人民尤其財團、有錢人又喜拍狗官的馬屁，因此狗官遍地，幾乎是狗官的天下。狗官能給人民做些什麼？

- 馬英九就是無台灣心，才要Longstay，而Longstay是作秀、好玩、騙騙憨台灣人。

- 記得在八十年代，台灣縣市長訪美，參加美國市長會議時，有位縣長參加台灣同鄉會時，痛罵國民黨一番，同日又參加台灣同鄉聯誼會，則痛罵黨外或在野人士，真是見人說人話，見鬼說鬼話，俗語說「雙面刀鬼」。當時許水德團長極端不滿，向我提起此事。該縣長後來扶搖直上，當了很高的官。台灣人的命運竟操在這款人之手，悲哀！

・台灣如果有發展是目睭起濁，起瘋狗目的發展，是反發展。

8/31 ・不能多元化，人一多元化就成無原則的人，成了見人說人話，見鬼說鬼話的人。解決問題也不能多元化，一多元化就無法解決問題。文化可多元化，經濟發展可多元化，生活方式亦可多元化。

9/9 ・無典範的人，無資格在台上講話。

9/10 ・一生最討厭權力傲慢的人，包括公權力和私權力（財富）。權力傲慢的人殘害民主和人權的罪人，亦是殘害公義和人道的毒蟲。權力傲慢的人必奸，是高級壞人。

・無道德倫理的血液，縱然說了幾百次倫理道德，也不會有倫理道德。倫理道德成為政客騙人的口號而已。

・說每一句話、寫一個字，均應與心靈相通，並能做到。與心靈不通的話，不說，無法做到的話，不說。否則就是翁祿仔仙。

・道德的控管力比權力的控管力重要，這是擔任首長應具條件。

9/11 ・過去拒絕統一的理由是生活水平差距過大，現在大陸經濟起飛，遠超台灣，經濟生活因素消失。唯差別最大也難解決的是人的品質上差距太大，這是不可否認。人的品質上統一較難，物質生活較易，因此中國必須重視整體人的品質的教養高於經濟發展。

・馬英九是史上最不重視中華文化的總統，將國家文化總會會長，讓與第三人，打破從蔣介石至陳水扁均以總統之尊擔任會長之慣例。其實過去不是「人」擔任會長，而是體制上「總統」是會長，不是蔣介石、陳水扁是會長，而是總統當然會長。如今馬英九把會長當成私人，可私相授受，不獨公私不分並破壞體制。將來政黨輪替時誰當會長？馬從民進黨接來的，將來如何交出？

・政治人物大多具分贓能力、五四三能力、作秀能力，而無控管能力、做事能力與負責能力。

・不少政治人物著書立言，大多是展現權力的傲慢和炫耀，而我

373

的書是做事和風格。

9/14・餐館和殯儀館是政治人物出入最多的場所，這是台灣政治人物特殊工作。

・總統及各級首長的用人，從不考量有做事能力、經驗和完成任務使命感的人，僅考慮與首長私人關係、利害關係而已，行政機關空轉在此。

・台灣的政治人物和媒體僅會說堂皇的名詞，但不知名詞的內涵，自然無從行動。

9/21・凡那比颱風又創傷南部，不少首長只會大言不慚地到處作秀。講那些五四三就能解決問題嗎？其實那些大官連人禍都無法處理解決了，還談什麼天災。

9/23・看到溫家寶在美國的談話鏡頭，由他的眼神和面容，可看出他謀國之忠、愛民之誠，這是無私領導人風格。而台灣的領導人不獨未具治國的智慧、能力，且由他們的眼神和嘴臉看出格局小、私心重，對國家和人民僅限於口號、口水，不知國家和人民為何物，如何治國理民呢？因此他們騙取政權後，只會個人的傲慢、炫耀、榮華、作秀、酬庸而已，無治國格局、智慧、智識、能力和責任，這是台灣墮落腐化之因。

9/26・媒體固然是人類文明的工具，但也是人類墮落的殺手（低劣的媒體人員和內涵）。

・由領導人的眼神和嘴臉，足以看出他有無國家觀念、心中有無人民和責任感。因此政治人物免假仙，照妖鏡時時刻刻伺候。

9/28・炒短線的用人是低劣領導人，最自私而無責的傑作，所用之人如廢物。

・政府事業部門的董事長、總經理不可酬庸，應由基層專業人員升遷，否則成外行領導內行，百害無一利的結果，唯一有利是酬庸和被酬庸的人而已。

・道德和倫理均不應以「新道德」或「新倫理」冠之。道德與倫理係指千年來的規範，不能以「新」來否定之。蔣介石在胡

適墓誌銘中「新文化中舊道德的楷模，舊倫理中新思想的師表」，足見道德與倫理不可用新字，文化和思想才可用新字。

· 別的可以懶惰，道德絕不可懶惰。

· 誠信是政治人物的生命，無誠信就沒命。說一句謊言應立即下台，非道歉所可了事。

9/30 · 政治人物應有內涵，內涵就是典範，不是天天作秀，說那些五四三、不入流、假顛假肖（裝瘋賣傻），瘋言瘋語的小丑。

10/3 · 有特權就非民主，更無人權。古代專制是皇帝獨裁，皇帝有特權才成專制、才要推翻他。現在號稱民主時代，特權更屬害、更嚴重，民主並無杜絕特權，反而製造更多特權。過去只獨裁的皇帝有特權，現在民主，官員、民意代表均有特權，可說多了數百位皇帝了。民主只不過是那些政客騙人民的帽子而已，可憐！

10/6 · 我不應該出世，出世在人性消失、倫理道德淪落、社會無是非的時代，猶如動物園內禽獸的感受，沒有人的滋味，沒有人的感覺，與沒有出世一樣。尤其太固執於維護人性、人格尊嚴、道德公義，面對是官不是人、是錢不是人的唯利是圖的價格社會，活得相當痛苦。雖然曾當縣長、政務官二十餘年，我一直沒有快樂過，真是生不逢時。自幼父母教我要守道德、要誠信、要有是非、要慈善助人，其實這個社會並不然，事實上恰與父母教我的信守相反，有點被出賣的感覺。奈皇天在功利的主導下，連地球都要崩解了，自顧不了人類、禽獸、萬物，只好任憑自然淘汰。

· 我一生自貧窮的農家子女，當上縣長和政務官二十餘年，我始終保持貧窮時的心態，藉公家的職位，為國家、人民做工，沒有得到湯，也沒有得到粒，不違背道義、良心，過著與幼時相同純樸、單純的生活，這點就是我的驕傲。

· 乩童是代表神說話，才有信眾，如果乩童是代表私意，誰會相信？同理，官位是代表政府，非屬於私人所有，如果屬於私

人，誰會相信？誰會繳稅金呢？誰會尊重？

10/7 ·德、官、錢熟重？德最重。無德的官、無德的財富，人人應唾棄之。

·俗語「好看頭不能吃」，同樣，大官是好看頭，但無路用。

10/8 ·在功利社會，財富破壞了萬物之靈的人性，只要有錢，不要品德、不要道德、不要人格。尤其可惜的是那些幫派騙來的大官，讀書人也向財團靠攏。那些大官、讀書人也很愛錢，財團一通電話，幾分鐘就到，比他的工作更重要。這些無風骨無風格的大官、讀書人，藉他的權位討好財團，出賣靈魂，甘拜在那些無知、無德、無格的金錢下，扭曲價值，失去典範，而成時代的罪人，悲哀！

·年代謝震武節目訪問楊秋興。楊說被綠攻擊為大惡不赦、收錢……猶如抄家滅族，使我回想我選縣長時國民黨對付我也然，製造很多是非，動員各方人馬，做惡毒的人身攻擊，使你精神崩潰，放棄競選。如今民進黨也學了國民黨那一套惡招，過去國民黨一黨專政，魚肉人民，現在又加上民進黨，這兩個哥兒黨的圍剿，無黨籍的人怎受得了？楊秋興能面對泰山壓頂，真是勇氣十足，值得同情。

10/10 ·口號政治，台灣第一。試看過去阿扁在總統府設立人權諮詢委員會，成員是同夥、酬庸和豎仔所組成，一點作用都沒有，只是給那些人掛名，在名片上印總統府人權委員會委員，騙騙人而已。現在國民黨也師承阿扁，要設立人權諮詢委員會，亦由副總統任召集人，以欺騙世人。其實那些成員未出爐，我也可斷定與阿扁政府同，是豎仔居多。其實重人權的人應是人道主義者，當今台灣在政界要出人道主義者，難也。都是政客為多。既非人道主義者，哪有人權？叫那無人權觀念甚至侵犯人權的人來擔任人權委員會委員，可悲！

10/12 ·《中國時報》第A10版刊載，吳敦義說台灣新聞「全世界最自由」。其實是「全世界最亂來」。

10/16・人類的墮落在於惡性競爭，惡化的進步而非良性競爭，善良的進步。

10/19・台灣搞政治的人，尤其越高層越無公信力。叫無公信力的人站台，是吃倒頭藥，有害無益，只是喊爽的而已。

・台灣人無是非、無公信力的人特別多。

10/21・政治人物不獨任內言行應為人民表率，卸任後的言行亦應為人民的典範。很可惜，台灣的大官顯要，任內既無建樹、內涵，亦無言行一致的誠信、道德、典範，可資國民學習和效法，一切都是空轉的，只是以其官大學問大的民粹作風，我行我素、無知、無恥地在社會上炫耀作怪而已，這是台灣群官的醜態，亦即在任騙、下任繼續騙。無是非心的台灣人，被政客騙一輩子也不自知、不自覺。可憐！

・可行的話才說，自己能做的才說，自己說的話應句句核對，是否百分之百做到，至少也要百分之九十做到，否則是欺騙人民。騙人的人是最無人權觀念的，既是詐欺犯，自無人格可言。

・甘地「世間的七宗罪」中有一罪是「有知識卻沒有人格」。因此無人格的人，非知識分子，亦即非讀書人。當今的讀書人，幾人有人格？大多是靠學歷搞利害而已。

10/29・政治人物只會喊民主的口號，本身有無民主素養、有無執行民主的能力？我想全是否定的。本身無民主素養，更無執行民主的能力，怎會有民主。

・人是講品德，物是講品質。人性消失後、人物化後，亦成物質。

・功利社會，是「錢在做人」，而非「人在做人」，人在做人也沒人理。

10/30・別人是滿腦金錢和大官，而我是滿腦公義和人道。

11/2・古代五倫，君臣、父子、夫婦、兄弟、朋友。有人說現在不適用，如君臣，現在已無皇帝了，怎會有君臣關係？其實在民主

時代，人民是主人，亦即古代的皇君，現在談君臣關係是指官員與主人的關係，更需要強調君臣關係，即主僕關係，人民是主人，官員是公僕，等於古代的君臣。主僕關係要處理好，這就是倫理。

‧政壇上每日看到那些口水、小丑霸佔著，台灣還有什麼希望呢？

‧有權力的人應以其權力運用於國家社會和人民，如違背、中飽私囊、為害人民，將死無葬身之地。同樣有錢的人應以其金錢做慈善公益，倘以其金錢做缺德、陷害忠良，將遭天譴，並禍害其子孫。

11/4 ‧下午兩點在飯店觀賞國劇《滿江紅》，看到岳飛被秦檜奸臣冤枉陷害至被斬首，含冤九泉情形，深為不平。唯回想我一生，亦經無數次冤枉、陷害，雖感到痛苦萬分，如今看到岳飛含冤而死，我的含冤不足掛齒，沒有岳飛的萬分之一。與岳飛比起來，我過去受冤微不足道，何必傷心呢？

11/5 ‧倫理、道德、誠信、公義、典範是有人格修養的基本條件，缺此，縱然官多大、錢很多，只有官格、錢格，而無人格。世上官格、錢格滿滿是，但有人格的人太少。

‧有智慧的才有活水，有活水生命才能新鮮，生命新鮮才能健康、長壽。

‧有道德的人與無道德的人相處，就如同人與猛獸相處的危險和痛苦。

‧心會橫起來的人是不會有誠信，無誠信的人，絕不會有道德。

‧所謂政黨輪替，就是好康輪流。

11/7 ‧用錢收買高官的人是不德、無恥、無格。能收受不德、無格的人的金錢也是不德、無恥、無格的大官。金錢彌漫於整個政府、大官顯要，國將亡也。周占春說無對價關係無罪，但收錢後的影響力比有對價關係更嚴重。對價是有形，影響是無形，無形比有形可怕。

- 司法公信力完全崩盤。有利於國民黨的判決，國民黨說司法公正，而民進黨說法院是國民黨開的，司法不公；有利於民進黨的判決，民進黨會說司法公正，而國民黨說司法不公。如此，司法威信全失，人民究竟相信司法抑或隨藍綠起舞？人民如不能相信司法，這個國家就完了。照理司法應有絕對的公信力，不容藍綠懷疑各自表述，司法應建立絕對的公信力，司法院長、法務部長責無旁貸，否則司法無存在價值。

11/9
- 無德有錢是錢魔，錢魔比妖魔可怕。
- 金錢落入不德者之手，人民將遭災殃，權力落入不德者之手，國人同樣受災難。

11/11
- 台灣的司法並非獨立，而是司法獨裁。

11/12
- 功利社會處處抄短線，唯生命絕不可抄短線。

11/13
- 公職人員不應有「私爽」，應該「公爽」才是。
- 張博雅在民進黨全數缺席下，國民黨以六十九票同意，二票反對的情況下，通過出任中選會主委之職，如此好像是國民黨的中選會主委。問題出在馬英九對公正、公信力的機關，任用人員應先與反對黨協商，雙方均能信任的人出線，否則以霸王硬上弓的手法，將難獲反對派信任，將失去公正、超然機關的意義，亦陷被提名者於不義。

11/16
- 當局者迷，旁觀者清，因當局者只有利害才會迷失、煩擾。如有是非之心自不會迷失，庸人自擾，自與旁觀者清無異。
- 胡佛教授在接受台大博士學位時說，社會無是非，這句話大家都會說，但迄沒人能使社會有是非，原因何在？有二原因：
  一、領導人本身無是非只有功利，才使整個國家無是非，如果領導者有是非心，國民自有是非。
  二、教育失敗：甘地在七誡中說要有是非的知識，我們教育的結果是無是非的知識，社會自無是非。
- 領導人連「是與非」都搞不清，「黑與白」都無法分辨，才使天下大亂，領導人在無是非盲目的帶領下，全國無是非，與無

是非的動物園的動物何異？

- 孟子説：「無是非之心非人也」，非人怎能治國，只能算爲動物園的園長而已。

- 政黨輪替後的政務官大部是酬庸、椿腳、支持者、幫派分子（黨員）充任，並非有品德、有智慧、有能力、有誠信、有公義、有典範之士，因此不管官位多大，大部均爲下品，沒有什麼歷史價值和地位，只是幫派當道，雞犬升天的一幕而已。

- 原則性的基本修養應完整，才能控管於細則性的無數動態現象，如無原則性的根本，只談枝葉，將難解決問題。

11/22 · 五都選舉正步入殊死戰，兩陣營高手、元老均投入選戰，到處熱鬧滾滾，演講場上只有罵聲、批判聲、抹黑聲、口業聲，很少聽到形象聲、人格聲、典範聲、道德聲、公義聲、能力聲，顯示政治人物水準差、人格差、道德差、能力差、學識差，無公義心，悲哀！

11/25 · 經過幾十年的選戰，政治人物的話應從反面去解讀，才不會受騙，如說人權自己就是無人權觀念，說民主自己是獨裁作風，說人格自己最無人格，說清廉自己最貪腐，說價值觀自己是價格觀，幾乎都是騙來騙去的豎仔，硬拗的高手。

11/26 · 由選戰過程中可洞察檯面上的人大部不是豎仔，便是硬拗，很少看到有理想、有格局、有使命感、有良心、有仁義道德的人。

- 無人格教育，就不須設立那麼多學校；動物園式的教育，何必教育。難怪馬英九在高雄世運授旗中將運動員説成動物園，昨天在談論楊淑君時，維護運動員權益説成維護動物園權益（《自由時報》A10）。馬英九身爲總統對動物園意識特深，顯示他愛護動物園裡動物的苦心。

11/27 · 爲什麼台灣無公義、無是非，爲什麼選舉大部分選黑與金，爲什麼司法無公信力，爲什麼政府無效能，爲什麼治安那麼差（連勝文又中槍），爲什麼政黨如幫派，爲什麼貧富差距那麼

大……，完全出於領導者和政治人物及媒體品德差、私心重、無是非、無公義、又無能力，且喜與黑金（財團）掛勾，無能使司法公正，無能治理政府，無能做好治安，一味討好財團、有錢人，造成貧富差距擴大，政黨本質是掛牌的幫派，這些政客談幾十年的問題，將永無法解決，甚至更嚴重。其原因很簡單，政治人物的猙獰面目是豎仔和硬拗、私心重，絕對無能，檯面上政治人物找不到具無私而有能量的大格局治國人物，因此台灣是無救的，只有沈淪，無法提升。

11/28 ・台灣的大官，只要褪色，無黨官和政府官位，一旦卸任很快消失，原因為一、無真實政績，只有口水政績，硬拗和豎仔步第一名；二、貪汙、Ａ錢成暴發戶，無臉面對社會人民；三、無典範、嫖賭吃香喝辣樣樣會，舉止行為均缺德，做不良示範，人民難服，無懷念和效法的價值，因此易被唾棄和遺忘，無臉見地方父老，自然被淘汰而消失。

・馬英九在五都選後發表談話，今後應「堅持改革深化民主」，這句話是政治人物騙人的口號，就「改革」而言，應言明：一、改革具體內容應指明，也即要改革什麼？二、如何改革？三、誰能改革？這三項應指出，始能「改革」，否則，永無從改革，可能「改革自己」較有效。

11/29 ・有是非才有道理，無是非自無道理。

・台灣一逢選舉，就無是非，只是藍綠而無公義，也無國家。

・功利社會現實而無倫理，注重表面（官位和金錢）而無內涵、氣質，抄短線而無理念，利害運作一切，不是是非運作一切，也即價格操作一切，而非價值主控一切，因此人與動物園的動物同值，也與其他物質同值。

11/30 ・台灣的無格在於無倫理道德，無是非黑白之分，與禽獸一樣無廉恥，與禽獸一樣無良心，與禽獸一樣無人道、公正、公義之心，只有自私自利的功利價格觀，而無公義的價值觀。只有幫派式的政黨而無政治學上的政黨，檯面上政治人物是豎仔、硬

拗、騙來騙去、五四三、沒水準的小人，而無國家觀念、歷史使命感、責任感，大格局的君子。

· 台灣數十年來在檯面上的很少政治家，絕大部分是政客，歷史應還原他們的真面目，如果是政客，不管官位多高，只是垃圾應被唾棄，唯有政治家才有歷史地位。

國家圖書館出版品預行編目資料

黃石城看台灣 / 黃石城著 . -- 二版 . -- 臺北市：
商周出版：家庭傳媒城邦分公司發行, 民99.12
（PEOPLE；10）

ISBN 978-986-120-531-1（平裝）

573.07   99025851

PEOPLE 11

黃石城看台灣──無私見證台灣五十年手記

作　　　者／黃石城
責 任 編 輯／周怡君

版　　　權／黃淑敏、翁靜如、葉立芳
行 銷 業 務／林彥伶
發 行 業 務／林詩富
副 總 編 輯／何宜珍
總 經 理／彭之琬
發 行 人／何飛鵬
法 律 顧 問／台英國際商務法律事務所　羅明通律師
出　　　版／商周出版
　　　　　　臺北市中山區民生東路二段141號9樓
　　　　　　電話：(02) 2500-7008　傳眞：(02) 2500-7759
　　　　　　E-mail：bwp.service@cite.com.tw
發　　　行／英屬蓋曼群島商家庭傳媒股份有限公司城邦分公司
　　　　　　臺北市中山區民生東路二段141號11樓
　　　　　　讀者服務專線：0800-020-299　24小時傳眞服務：(02)2517-0999
　　　　　　讀者服務信箱E-mail：cs@cite.com.tw
劃 撥 帳 號／19833503　戶名：英屬蓋曼群島商家庭傳媒股份有限公司城邦分公司
訂 購 服 務／書虫股份有限公司　客服專線：(02)2500-7718；2500-7719
　　　　　　服務時間：週一至週五上午09:30-12:00；下午13:30-17:00
　　　　　　24小時傳眞專線：(02)2500-1990；2500-1991
　　　　　　劃撥帳號：19863813　戶名：書虫股份有限公司
　　　　　　E-mail：service@readingclub.com.tw
香港發行所／城邦（香港）出版集團有限公司
　　　　　　香港灣仔駱克道193號東超商業中心1樓
　　　　　　電話：(852) 2508 6231　傳眞：(852) 2578 9337
馬新發行所／城邦（馬新）出版集團
　　　　　　Cité (M) Sdn. Bhd. (458372U)
　　　　　　11, Jalan 30D/146, Desa Tasik, Sungai Besi,
　　　　　　57000 Kuala Lumpur, Malaysia.
　　　　　　電話：603-90563833　傳眞：603-90562833
商周部落格：http://bwp25007008.pixnet.net/blog
行政院新聞局北市業字第913號

攝　　　影／Claymens Lee
裝 幀 設 計／張士勇
排　　　版／浩瀚電腦排版股份有限公司
印　　　刷／卡樂彩色製版印刷有限公司
總 經 銷／聯合發行股份有限公司 電話：(02)2917-8022 傳眞：(02)2915-6275

■ 2010 年（民 99）12 月 25 日初版　　　　　　　　　　Printed in Taiwan

定價／900元（共一、二、三卷，三卷不分售）

城邦讀書花園
www.cite.com.tw